Reihe Rhätisches Geisteserbe
Band 2

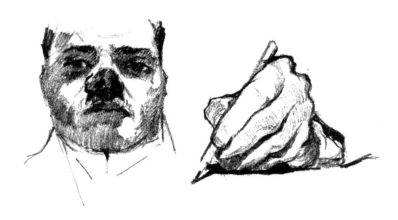

AUGUSTO GIACOMETTI
BLÄTTER DER ERINNERUNG

Autobiographie
Die Farbe und Ich
Aus den Briefen
Skizzen

CALVEN VERLAG
CHUR
1997

Diese Publikation wurde durch die Unterstützung folgender Institutionen ermöglicht:

Stiftung Jacques Bischofberger, Chur
Stadt Chur
Kanton Graubünden
PRO HELVETIA
Pro Grigioni Italiano
Stiftung Ernst und Réta Lienhard-Hunger, Chur
Präsidialdepartement der Stadt Zürich
EWZ Zürich
Freimaurerloge Zürich
modestia cum libertate

Herausgeber: Walter Lietha
Übersetzungen: Luisa Zendralli
Satz, Umschlag: Valerio Zanetti
Druck: Casanova Druck AG
ISBN 3-905261-14-6
© 1997 Calven Verlag,
Karlihofplatz 1, Chur

Inhaltsverzeichnis

Vorwort des Herausgebers

Antonio Augusto Giacometti hat während seines siebzigjährigen Lebens, von der Jugend bis ins Alter, viele Selbstporträts gezeichnet, gemalt und geschrieben. Erste autobiographische Aufzeichnungen schrieb er für Arnoldo M. Zendrallis Buch ‹Augusto Giacometti›, welches nur in Italienisch, seiner Muttersprache, erschienen ist und erweiterte diese später zu den zwei Büchern ‹Von Stampa nach Florenz› (1943, italienisch und deutsch) und ‹Von Florenz bis Zürich› (1948, posthum, italienisch und deutsch). Es ist eine der wenigen Autobiographien eines Schweizer Künstlers und zugleich ein wertvolles Dokument der Zeitgeschichte, zumal Giacometti als freier Künstler gewirkt sowie als Funktionär im Dienste der Eidgenossenschaft gestanden hat und am Kulturgeschehen seiner Zeit grossen Anteil hatte. Ab 1939 präsidierte er die Eidgenössische Kunstkommission. Was immer ihn im einzelnen dazu bewogen haben mag, sich selbst darzustellen, war wohl kein eitler Vorwand, vielmehr eine Suche nach dem Selbst, das sich hinter der öffentlichen Person des Künstlers verbarg.

Diese lebenslange Selbstbeobachtung hat ihn mit seinen charakteristischen Eigenheiten ausgesöhnt, die er in immer neuen Farbvarianten wiedergeben konnte, wie etwa im Selbstporträt von 1927 mit grünem Bart und blauen Haaren. Und so konnte ihm auch die schriftliche Nachzeichnung und sozusagen farbliche Ausmalung seines Lebens in schlichter Prägnanz und Selbstironie gelingen. Carl Seelig, ein bekannter Förderer und Kritiker der Schweizer Literatur seiner Zeit, bezeichnete den ersten Band bei Erscheinen sogar als literarisches Ereignis. Jedenfalls ist es auch fünfzig Jahre nach dem Tod des grossen Bergeller Malers noch lesenswert, frei vom Pathos der Kriegsjahre und bemerkenswert ehrlich und unmittelbar.

Giacometti hat sich in seinen schriftlichen Aufzeichnungen nicht sehr um die politischen Umstände seiner Zeit gekümmert, und so entzieht sich seine Person, wie auch sein Werk einer solchen Zuordnung. Und doch dürfen wir ihm nicht politische Indifferenz oder Blindheit vorwerfen, lässt er doch zwischen den Zeilen oder selten auch direkt seine diesbezügliche Meinung aufblitzen, sprich Verurteilung des Faschismus. Aber als Kulturbeauftragter gehörte er zur offiziellen Schweiz und war an einen politischen Konsens gebunden, der ihm nicht erlaubte, seine Meinung kundzutun, wenn er etwa, wie anno 1940, die italienische Delegation im

Kunsthaus Zürich zur Eröffnung der Ausstellung ‹Italienische Kunst der Gegenwart› zu begrüssen hatte, die damals ja unter der Fuchtel des Faschismus darbte. In seiner Florentiner Zeit hatte er Italien vor der Ära Mussolinis und vor dem faschistischen Einschlag der Futuristen 'erlebt. Zwar unterlagen sie bereits mit Marinettis Ausspruch, die Uffizien besser unter die Wasser des Arno zu versenken, um der neuen künstlerischen Ära Platz zu machen, einem fatalen Wahn, dem Giacometti wenig Verständnis entgegenbrachte. Nun aber, im Zeitalter des Faschismus, musste er, in besagter Begrüssungsansprache, dessen Prophetie anerkennen. Auch über die Tatsache, dass Mussolini im Besitze seines Bildes ‹Markusplatz in Venedig› war, ging er kommentarlos hinweg. War seine politische Diplomatie ein Tribut an seinen gesellschaftlichen Aufstieg? Als Maler kehrte er sich von der Avantgarde ab, der er zweifellos während der Zeit des Ersten Weltkrieges angehörte, als er die grossen chromatischen Phantasien malte und mit den Dadaisten in Zürich verkehrte. Erstere wurden von den ‹action painters› der fünfziger Jahre als Vorläufer ihrer eigenen Kunstauffassung benannt. Der Kunsthistoriker Marco Obrist ist den Beziehungen Giacomettis zu den Futuristen im Nachwort dieses Bandes vertiefter nachgegangen.

Giacometti hatte ein grosses Harmoniebedürfnis, welches er zu seiner Lebensmaxime erklärte. Dieses Bedürfnis entspricht wohl seiner Jugendbiographie, die sich im Spannungsfeld der elterlichen Beziehungstragödie abspielte und deren tragischen Ausgang, mit dem Selbstmord des Bruders Fernando, Augusto nicht verhindern konnte, da er selbst zu dieser Zeit in Florenz lebte. Vielmehr beschuldigte er die Verwandten in Stampa, nichts unternommen zu haben, den Auszug der Mutter aus dem elterlichen Hause zu verhindern. Ist dies vielleicht mit ein Grund, weshalb Augusto mit seinem Vetter zweiten Grades, Giovanni, der neun Jahre älter als er und ebenfalls ein bedeutender Maler seiner Zeit war, und später auch mit dessen Kindern, worunter der nachmals weltberühmte Alberto war, keinen Kontakt pflegte? Gegenüber Zendralli machte er nach Giovannis Tod die bekennende Aussage, dass er Giovanni viele Jahre nicht einmal mehr gegrüsst habe, die Gründe dafür könne er ihm aber noch nicht eröffnen. Dass aber auch der junge Alberto, der als Maler so fulminant begonnen hatte, unter diesen Bann geriet, passt ansonsten gar nicht zu Augustos fördernden Anerkennungen und Hilfen an die jungen Südbündner Künstler. Darüber gibt aber auch dieser Briefwechsel keine Auskunft.

Einen besonderen Rang unter diesen Schützlingen, zwar nicht aus dem italienischen Teil Graubündens stammend, nimmt Andreas Walser (1908-1930) ein, der junge und so früh verstorbene Maler aus Chur, für den sich Augusto Giacometti bei dessen Eltern einsetzte, um ihm den Werdegang als Künstler in Paris zu ermöglichen. Nachdem nun Walser in den letzten Jahren einen Platz unter den wichtigen Künstlern seiner Generation erhalten hat, schien es uns sinnvoll, Briefe, die ihn betrafen oder an ihn gerichtet waren, sowie dessen Artikel im ‹Freien Rätier› über Giacomettis Glasfenster in der Kirche St. Martin in Chur beizufügen.

Einen weiteren Teil unserer Buches bilden die Briefe von Augusto Giacometti an seinen langjährigen Freund und Biographen Professor Arnoldo M. Zendralli in Chur. Diese Briefe, deren Auswahl und Veröffentlichung Zendralli selbst im Einvernehmen mit Augusto Giacometti vorgenommen hat, wurden für das vorliegende Buch von Luisa Zendralli aus dem Italienischen übersetzt.

Als Buchschmuck haben wir eine Auswahl von Zeichnungen aus den Skizzenbüchern des Künstlers verwendet, die uns das Schweizerische Institut für Kunstwissenschaft in Zürich, wo sich zahlreiche Skizzen- und Tagebücher Augusto Giacomettis befinden, freundlicherweise zur Verfügung gestellt hat. Sie sind hier zum erstenmal veröffentlicht.

Besonderen Dank möchten wir Martha und Fernando Giacometti-Dolfi sowie Oreste Giacometti für ihre Auskünfte betreffend die Familie Giacometti aussprechen. Wir danken auch Luisa Zendralli, die für die Übersetzungen verantwortlich war und uns die Originalbriefe zur Verfügung gestellt hat. Weiter danken wir den Mitarbeitern des Schweizerischen Instituts für Kunstwissenschaft in Zürich für die kompetente Unterstützung und Herrn Dr. Beat Stutzer vom Kunstmuseum Chur für die Erlaubnis, die Kurzbiographie und das chronologisch geordnete Literaturverzeichnis hier abdrucken zu dürfen.

Walter Lietha

VON STAMPA
NACH FLORENZ

KINDHEIT

Ich wurde geboren in Stampa (Graubünden) am 16. August 1877.
Die schwarzen Kirschen an den drei Kirschbäumen in unserem Garten
werden reif gewesen sein, und auf den Wiesen wird man das zweite Heu
gemäht haben. An heissen Nachmittagen wird von Villa di Chiavenna, von
Prosto oder von Sant'Abbondio hie und da eine Italienerin zu uns gekommen sein, um uns Pfirsiche, Feigen oder Trauben zum Kaufe anzubieten. ‹Türi sü i bei perzig›, wird sie gesagt haben. Ab und zu werden
meine Eltern etwas davon gekauft haben, aber jedenfalls sehr selten. Man
war bei uns sehr sparsam, und Pfirsiche und Feigen galten schon als un-
nötiger Luxus. Nur für meinen Vater waren Pfirsiche irgendwie Jugend-
erinnerungen aus der Zeit noch, da er als Jüngling als Wegerer an der
Strasse, die von Castasegna nach Maloja führt, arbeitete. Wie er uns oft erzählt hat, habe man damals von den Italienerinnen, die, mit Obst schwer
beladen, das Bergell hinauf gingen, für fünf Centimes einen ganzen Hut
voll Pfirsiche bekommen. Alles das und die Erinnerung an die Jugend, an
Freiheit und an heisse Sommernachmittage hatten in ihm nachgewirkt, so
dass er für Pfirsiche immer ein wohlwollendes Schmunzeln übrig hatte,
ganz im Gegensatz zu seiner gewohnten Strenge.

Wie wohl meine Mutter als junge Frau ausgesehen haben mag? Sie
muss schön gewesen sein. Geboren wurde sie 1853 in Thorn (Deutschland), wo mein Grossvater, Agostino Stampa, eine Konditorei hatte. Es war
eine zahlreiche Familie: drei Söhne und fünf Töchter. Meine Grossmutter,
Emilia Stampa, war eine geborene Meng aus Castasegna. Als meine

Mutter zwölf Jahre alt war, kam die ganze Familie von Thorn nach Stampa zurück. Die Mutter hat mir oft erzählt, wie für meine Grossmutter die Reise mit einer so grossen Familie beschwerlich gewesen sei. Für die Kinder war die Reise selbstverständlich ein Fest. Im Bahnhof Basel angelangt und im Bewusstsein, nun in der Schweiz zu sein, seien alle Kinder an den offenen Fenstern der Bahnwagen gestanden und hätten voll Neugierde und Aufregung hinausgeschaut, ob sie Gemsen sehen würden. Man hatte ihnen doch in Thorn gesagt, dass man in der Schweiz Gemsen sehe. Die Tatsache, in Deutschland geboren zu sein, war für meine Mutter bestimmend; immer hatte sie eine offene und heimliche Sympathie für Deutschland. Sie sprach schlecht und recht Deutsch. Sie war stolz auf den Sieg der Deutschen im 70er-Krieg und betrübt über die Niederlage von 1918. ‹Die armen Deutschen!›, sagte sie oft. Zu Hause in Stampa, in unserer Wohnstube, hängt heute noch ein Bild der deutschen kaiserlichen Familie, natürlich nur ein farbiger Öldruck mit Goldpressung. Wenn an Sonntagen zu uns Besuch kam, wurde das Bild immer wieder angeschaut, wobei dann meine Mutter die Führung übernahm und die einzelnen Figuren des Bildes erklärte. Mein Vater schaute und hörte halb lächelnd zu, nicht ohne einen gewissen Stolz auf seine Frau, die mit der Zusammensetzung der deutschen kaiserlichen Familie so gut vertraut war. Was das Bild für mich bedeutete? Einer der kleinen Prinzen war bei oder auf einem Schaukelpferd dargestellt. So gerne hätte auch ich ein Schaukelpferd besessen! Aber davon war selbstverständlich bei uns keine Rede. Ich sprach auch diesen Wunsch nie aus; ich hätte mich dadurch nur lächerlich gemacht.

Mein Vater, Giacomo Giacometti (in Stampa ‹Giacumin da la gassa› genannt), wurde 1853 in Stampa geboren. Mein Grossvater väterlicherseits war mehrere Jahre lang in einer Konditorei in Modena tätig. Zurückgekehrt, heiratete er Maria Stampa, meine Grossmutter. Mein Vater und meine Mutter hatten zusammen in der gleichen Bank in der Primarschule in Stampa gesessen. Meine Mutter hat mir oft erzählt, wie sie meinem Vater die Schulaufgaben habe machen oder korrigieren müssen; der Vater sei zerstreut und nie recht bei den Aufgaben gewesen. Ihr Lehrer war Giovanni Stampa, der dann an der Realschule in Stampa auch *mein* Lehrer war.

Die ersten Eindrücke und Empfindungen, an die ich mich zurückerinnern kann, und die mir nun unendlich weit zurückliegend erscheinen,

fast wie in einer anderen Welt, waren die, wohlversorgt und warm eingebettet zu sein bei Vater und Mutter und bei unseren Verwandten – ein
Gefühl, viele Frauen um mich gehabt zu haben, die mich liebkosten, mich
verhätschelten, und bei denen ich die Hauptperson war: War doch oft die
Tante Caterina (die noch nicht verheiratet war) bei uns, um nachzusehen,
was der kleine Augusto mache; dann die Tante Anna, damals ein junges
Mädchen, das bei jedem Wetter von der Palü zu uns hereinkam, ihre
Schürze voll gelber Ranunkeln, die sie auf dem Weg gepflückt hatte; dann
die Tante Marietta, die damals noch in Borgonovo wohnte. Sie sprach laut,
machte meine Kissen und Decken zurecht, wusste alles besser als die anderen und erteilte wahrscheinlich meiner Mutter Ratschläge, wie man ein
so kleines Wesen behandeln sollte. Von meinem Bett schaute ich zu ihr
hinauf. Sie schien mir schön zu sein, und ihre rechthaberische und ex-
pansive Art gefiel mir. Dann war da die Tante Augusta, die immer etwas
Gutes brachte, ein Stück Kuchen oder eine Orange; dann die Tante Elena,
die von Vicosoprano zu uns hinauskam, immer elegant gekleidet und immer schwebend; und zum Schluss noch die Grossmutter, die jeden Tag zu
uns herüberkam, stolz war auf ihr Enkelkind, es wohl gut meinte, aber
meiner Mutter beständig Weisungen gab, wie man mit dem kleinen Bub
umgehen müsse, ob man ihm viel oder wenig Milch geben solle. Ich hatte
unbedingt die Gewissheit, Mittelpunkt und Hauptperson dieses grossen
Kreises zu sein.

Dann düstere Erinnerungen an Krankheit. Ich lag in der Stube auf dem
Kanapee, mit einer grossen Flaumdecke zugedeckt. Der Arzt kam. Ich
hatte heftige Ohrenschmerzen; es war eine Mittelohrentzündung. Die sich
bildende Eiterung hatte das Trommelfell durchbohrt. So blieb ich für das
ganze Leben einohrig. Momentan hatte ich nichts bemerkt; erst später, als
wir Buben der Strasse entlang mit den Füssen an die Telephonstangen
schlugen, die Ohren an die Stangen pressten, um das Rauschen der zit-
ternden Drähte zu hören, bemerkte ich, dass ich das Rauschen nur mit
dem linken Ohr hörte, nicht aber mit dem rechten. Ich war nur erstaunt
darüber und nahm das so auf, wie man eine Kuriosität aufnimmt. Wissen
wir übrigens als Erwachsene, dass die Gebrechen, mit denen wir behaftet
sind, und die Unglücksfälle, die wir erlitten haben, im Grunde gar nicht so
schlimm sind? Sie gehören zu uns, sind ein Teil von uns und von unserer
Individualität. Sind sie da, so sollen wir sie gut behandeln und ein wenig
liebhaben, so wie man ein gutes Haustier liebhat. Als ich einmal mit

Amiet über das Unglück von München sprach, wo beim Brande des Glaspalastes fünfzig seiner Hauptwerke verbrannten, sagte er zu mir: ‹Ja, ich habe das erlebt; andere werden anderes erleben.›

Später, aber bevor ich zur Schule ging, hatte mich Tante Caterina oft zur Predigt in die Kirche mitgenommen. Das hatte grossen Eindruck auf mich gemacht. Da war alles anders als bei uns zu Hause oder im Hause unserer Nachbarn oder in demjenigen der Grossmutter. Imposant waren die vielen schwarzgekleideten Frauen aus Coltura, Montaccio, Caccior, Borgonovo und Stampa, die im unteren Teil der Kirche sassen. Im Sommer nahmen die älteren Frauen in ein weisses Taschentuch eingewickelt Majoran mit. Für mich waren dann mit der Zeit Duft und Wesen von Majoran und Kirche identisch geworden. Aber es war schön zu sehen, wie meine Grossmutter im schwarzen Sonntagskleid, wenn sie das Haus verliess, noch in den Garten ging, ihren Majoran pflückte, ihn mit dem gefalteten weissen Taschentuch umband und dann zur Kirche ging. Konnte einem da noch etwas Böses zustossen? Unmöglich. – Würdig wirkten die älteren Männer, die im mittleren Teil der Kirche sassen. Es waren die Patrizier der Gemeinde Stampa – ernste Männer, mit denen nicht zu spassen war. Mit Tante Caterina sass ich oben, mitten in den Bänken der Sängerinnen. Ein Bub ist ja schon ein kleiner Mann. So empfinde ich heute noch den Eindruck, den die rauschenden Sonntagskleider der jungen Sängerinnen auf mich machten, und den leisen Duft von Thymian und Kölnischwasser, den ihre Sonntagskleider ausströmten. Und jede Sängerin hatte ein Gesangbuch bei sich, einige ein solches mit Goldschnitt. Ich konnte ganz still dasitzen und für mich erwägen und feststellen, welches von diesen Mädchen das schönste sei. Diese Wahl war ja nicht verpflichtend; ich konnte ganz gut an einem anderen Sonntag unbe schwert und grausam feststellen, ich habe mich das letztemal geirrt, die Schönste sei doch jene andere dort drüben. – Wunderbar war für mich der Gesang. Zu Hause hatte ja nur die Mutter bisweilen gesungen, bald ein deutsches, bald ein italienisches Lied. Hier in der Kirche sangen viele zusammen. Uns gegenüber sassen die jungen Burschen, die auch sangen. Und in der Mitte, am Taufstein, stand der Mann mit der Stimmgabel, der ‹precantore›. War das alles nicht schön? ‹Precantori› waren abwechselnd Bortolo Silvestri, unser Nachbar, und Luigi Stampa aus Coltura. Das Lied ‹Peccatori redenti dal Santo› wurde oft gesungen. Zu Hause sang ich es dann auf meine Art. So wunderbar kam mir das vor. Unzählige Male und immer wieder wiederholte ich: ‹Le sue spine si cangian in fior, in fior, in fior›, ohne den Sinn der Worte zu verstehen. Aber dieses ‹in fior, in fior› kam mir schön vor, und ich konnte nicht genug davon bekommen. – Und die Predigt. Verstanden habe ich selbstverständlich nichts. Das stille Dasitzen und die eintönige Stimme des Pfarrers langweilten mich oft, so dass ich mit Sehnsucht auf den Schluss wartete. Aber irgendwie machten die Figur des Pfarrers auf der Kanzel, das Spiel seiner Hände, das Pathetische seiner Rede, dieses ‹la potenza e la gloria in sempiterno, amen› Eindruck auf mich. Und zu Hause sagte ich mir dann oft, halb berauscht vom Klang der Worte und mit Tränen in den Augen, laut vor: ‹La potenza e la gloria in sempiterno, amen›. Das schien mir wunderbar und war für mich eine ganze Seligkeit.

Als dann etwas später das eine oder andere Mädchen in Stampa seine Puppe taufte und auch wir Buben der Nachbarschaft zu einem kleinen Tauffest, einer Tasse Schokolade und einem Stück Kuchen eingeladen waren, war ich natürlich der Pfarrer. Man legte mir eine schwarze Schürze oder ein schwarzes Tuch um die Schultern; ich stieg auf einen Stuhl, die Kanzel, und hielt die Taufrede. Was ich gesagt haben mag, weiss ich nicht mehr. Ich ging ja noch nicht in die Schule. Es müssen bloss Worte gewesen sein. Vielleicht klang es wie eine dadaistische Vorführung. Aber ich fühlte mich im Recht und den erwachsenen Zuhörern weit überlegen. Je mehr ich sprach, desto mehr kam ich in einen eigentlichen Taumel hinein, wo ich immer wieder die Worte ‹la potenza e la gloria e la ruina› wiederholte und das bestimmte Gefühl hatte, ich allein verstehe den Sinn und die Bedeutung des Ganzen, die Zuhörer, namentlich die Erwachsenen, seien nur Pack. Viel später hat mir dann meine Mutter erzählt, die Erwachsenen, die meinen Reden zuhörten, hätten sich gewunden vor Lachen; einer älteren Frau aus Coltura, die ein etwas gerötetes Gesicht hatte und die laut gelacht habe, hätte ich zugerufen: ‹Du mit deiner blauen Nase, schweig!›

Es war die glückliche Zeit, da wir Kinder während des ganzen Tages spielen und unseren Phantasien leben und nachgehen konnten. Wir waren vollständig frei. Wirkliche Gefahren waren keine vorhanden, und so liess man uns gewähren nach Herzenslust. Wohl warnte uns die Mutter, nicht auf der grossen Strasse zu spielen, wenn die Post komme. Es war die Post, die von Sameden nach Chiavenna fuhr. Aber wenn sie kam mit ihren fünf Pferden, kam sie mit grossem Getöse, mit Peitschengeknall und wirbelte eine grosse weisse Staubwolke auf, so dass man sie schon von weitem sah. In grosser Aufregung riefen wir uns zu: ‹L'è cià la posta›, und im gleichen Augenblick waren wir von der Strasse verschwunden. Auch warnten uns die Eltern, nicht zu nahe an der zum Teil ungedeckten Wasserleitung der Holzsäge zu spielen. Man sagte uns, ein Tier, die Murgana, sei im Kanal, und wenn man hineinfalle, werde man von der Murgana gefressen. Aufmerksam schaute ich in das dunkle Wasser, ob ich vielleicht das Tier sehen würde. Erst jetzt weiss ich, dass ich mir unter Murgana ein Zwischending von Fischotter und Seehund vorstellte. An einigen Stellen waren im Kanal Rechen angebracht. Der Gedanke war nicht angenehm, dass man, in den Kanal gefallen und vielleicht von der Murgana nicht erwischt, doch ertrinken und, am Rechen von irgend jemandem gefunden, tot und triefend nass herausgezogen würde.

Schon am Morgen, kurz nach dem Frühstück, ging ich von zu Hause fort, meistens hinüber zu unseren Nachbarinnen, zu den beiden Schwestern Magreta und Annetta. Magreta war ein Jahr älter als ich, Annetta einige Jahre jünger. Bei schlechtem Wetter waren wir in der Stube oder in ihrem leeren Stall, bei gutem Wetter auf den Wiesen oberhalb Stampa oder unten an der Maira, um im Sand zu spielen. Im Hochsommer, wenn das hohe Gras noch nicht gemäht war, lagen wir oft nebeneinander im Gras auf der Wiese zwischen dem Garten der Magreta und unserem Haus. Liegend sah man nur die Spitzen des hohen Grases und den blauen Himmel, der von singenden schwarzen Schwalben durchzogen war; dann Käfer, die langsam die hohen Gräser hinaufkletterten, um, oben angekommen, die Flügel zu öffnen und zu fliegen. Still lagen wir da. Der Geruch des frischen Grases und der Geruch der Mädchen war bezaubernd. – Eigen ist es, wie das Spiel der Kinder intensiv sein kann, so intensiv und so wirklich, dass es eine Welt für sich bildet und alles ausfüllt. Unterbrochen wurde das Glück nur am Mittag, wenn meine Mutter laut aus dem offenen Fenster rief: ‹Augusto cià e discnär›. Die Störung wirkte unangenehm, so unangenehm wie das Aufgerütteltwerden aus einem Traum. Wenn ich jetzt bei meiner Arbeit gestört werde, habe ich dasselbe unangenehme Gefühl wie damals. Dem Ruf der Mutter folgte ich selbstverständlich sofort und war bald zu Hause. Das war so unsere Art. Auch mein Bruder Fernando war so. Wir waren in dieser Beziehung gut, sehr zuverlässig und, wie man sagt, brave Buben. Auch viel später, wenn wir an heissen Sommernachmittagen gerne ein rohes, frisches Ei getrunken hätten, fragten wir immer zuerst die Mutter, ob wir in der ‹säla› (das war ein Vorratsraum) ein Ei holen könnten. Meistens war sie damit einverstanden. Wir wollten ja oft etwas: ein Ei, ein Stück Zucker oder einige getrocknete Kastanien. Aber nie haben wir etwas genommen, ohne zuerst die Mutter zu fragen.

Mit dem Mittagessen zu Hause war es so eine Sache. Meistens gab es Suppe und Fleisch. Da man aber im Bergell die Tiere im November im Haus schlachtete, war das Fleisch im nächsten Sommer, im August und September, ziemlich alt; es war ja fast ein Jahr alt. Und so war es oft ranzig. Das Fleisch war ranzig und grau, und die Suppe auch. Aber was wollte man machen? Es musste doch gegessen werden. Aber meinerseits gab es Szenen: Warum man immer Suppe mache – warum nicht etwas anderes? Mein Fall wäre gewesen: Kaffee mit Milch, Käse, Butter und Konfitüre. Davon hätte ich gut leben können wie jetzt auch. Aber mit dem Brot war es im Sommer auch so eine Sache. Meine Mutter buk unser Brot drüben im Ofen der Grossmutter. Das Brot war vorzüglich, und ich rieche heute noch den wunderbaren Duft. Ziemlich viel Brot wurde auf einmal gebacken; der ganze Backofen war voll. Es war immer ein halbes Fest, wenn die Mutter das frischgebackene Brot zu uns herübertrug. Da es bei uns zu Mittag fast immer Suppe und Fleisch gab, ass man nicht viel Brot. Und so wurde es oft alt und trocken, namentlich in der warmen Jahreszeit.

Während des ganzen Sommers hatten wir in unserem Stall ein Schwein, das, wie ich schon sagte, im November geschlachtet wurde. Das Schweinefutter, oder ein Teil davon, musste Tag für Tag gekocht werden und warm sein. Ich glaube, es war kurzgeschnittenes Heu, das gekocht wurde. Im Parterre unseres Hauses, zuhinterst im Hausflur, war in einem mächtigen, offenen Fass das flüssige Schweinefutter aufbewahrt. In jedem Hause war das so. Das ganze Haus war also von unten bis oben von dem penetranten Geruch des kalten Futters im Hausflur und des gekochten, heissen Futters in der Küche durchzogen. Das alles gehörte zu unserer Landwirtschaft. Jetzt würde ich es mit dem nötigen Humor gut verstehen; als Kind ist man irgendwie reizbar, man begreift die Zusammenhänge und Notwendigkeiten nicht, stampft auf den Boden, kritisiert und macht Opposition. Im Grund hätte ich gewünscht, dass der Geruch nicht gewesen wäre.

Und nun zurück zu meinen Kameradinnen Magreta und Annetta. An

Regentagen spielten wir oft ‹Eheleute› in ihrem leeren Stall. Ich war der Ehemann, der auf die Gemsjagd gehen musste, um Wild heimzubringen, das dann gekocht oder gebraten wurde. Das Fleisch war ein grösseres Stück Lärchenrinde, das ja auch rot war und ein bisschen die Form eines Stückes Fleisch hatte. Ich wurde ein wenig gescholten wegen meiner späten Heimkehr (wie das richtige Eheleute auch tun). Dann sassen wir einander gegenüber (auch wie Eheleute), so, als ob wir beim Abendessen wären. Dann machten wir die Stalltüre zu; es war ‹Nacht›. Wir legten uns im dunklen Stall nebeneinander auf den Boden, so, als ob wir schlafen würden, und blieben eine Zeitlang so. Dann machten wir die Stalltüre wieder auf; es war ‹Morgen›.

Oft nahm mich die Tante Caterina mit, wenn sie auf einer kleinen Weide in der Nähe der Maira die Leinwand bleichte, die meine Mutter gewoben hatte. Das war wunderbar. Ich höre jetzt noch das Fallen der Wassertropfen auf die im Gras liegende Leinwand und rieche den guten Duft von Wiese, Leinwand und Wasser. Das war wirklich das, was Nietzsche den ‹Honigseim der Dinge› nennt, den man nur in der Kindheit erlebt.

DIE PRIMARSCHULE IN STAMPA

Langsam rückte die Schulzeit, das siebente Altersjahr, heran. Ich ging gerne in die Schule. Den Geruch der frisch angestrichenen Schulbänke habe ich jetzt noch in der Nase. Dass man zu einer bestimmten Stunde dort sein musste und zu einer bestimmten Zeit wieder heimgehen konnte, machte mir Eindruck. Man war eingereiht, man war ‹jemand›. Man war sauber gekleidet, trug saubere Überärmel aus grauem Futter, welche hinten mit einem Gummiband zusammengehalten wurden, und die meine Mutter schon einige Wochen vorher bereitgelegt hatte. Man hatte viele Dinge bei sich: die Schiefertafel, den Schwamm, die Kreide, das Lineal, den Schulsack, und wie die herrlichen Dinge alle heissen. Bald wussten wir, dass es ‹utensili di scuola› waren. Alles das und der ganze Betrieb gaben einem eine gewisse Wichtigkeit. Auch war ich neugierig auf das, was man uns eigentlich lehren und wie es anfangen würde. Man musste ziemlich aufpassen beim Unterricht, und es gab doch interessante Dinge: z. B. dass ein ‹G› anders ausgesprochen wurde, wenn es von einem ‹A› oder einem ‹I› gefolgt war, dass es einen Buchstaben gab, der für sich allein keinen Klang hatte und stumm war: das ‹H›. ‹Das ist ein eigener Kauz›, dachte ich. Dass man aufpassen und alle diese Sachen auseinanderhalten musste, machte mir Freude. Es war fast wie über das Seil oder einen kleinen Bach springen. Man spürte die Freude über die eigene Gelenkigkeit. Du gute rothaarige Federica, die du vor mir sassest, du hattest Mühe, alle diese Sachen auseinanderzuhalten und allen diesen Dingen zu folgen! Verwirrt und hilflos sassest du da. Die Welt mit ihrer Kompliziertheit und Spitzfindigkeit muss dir grausam vorgekommen sein. Weisst du, dass ich viel später, wenn im Religionsunterricht von den Seligpreisungen die Rede war und es hiess ‹Beati i poveri di spirito› – weisst du, dass ich dann immer an dich gedacht habe? Du warst ein gutes, liebes Mädchen. – Schön war das Singen; das kam mir wunderbar vor. ‹Ecco l'alba risplende giuliva, ad oriente la stella d'amor› war mein Lieblingslied; dann ‹Quanto bello o sole, nel tuo volto sei›. Alle vier Klassen sangen zusammen.

Eine wirkliche Hölle und eine ganze Qual war für mich das Kopfrechnen. Ich habe es nie gekonnt. Auch später, an der Kantonsschule, waren diese Zins- und Zinseszinsrechnungen im Kopfrechnen so entsetzlich,

Hölle noch grausamer hätte gestalten wollen, er unbedingt für
ten noch Zinseszins- und Kopfrechnungen, die in alle Ewig-
nehmen wären, hätte einführen müssen. Eigen war es, dass
ernichtenden Minderwertigkeitsgefühl sich hie und da in mir
ein Lichtschimmer zeigte, wie eine schwache Erkenntnis,
nen vielleicht doch nicht alles sei, dass es vielleicht doch
Werte gäbe: vielleicht ein wenig Güte, ein wenig Mensch-
ein wenig Gutmütigkeit; dass, wenn man eine Ziege
eine Kuh, wenn man mit der Kuh spricht oder den Hüh-
t, man doch irgendein Glück empfindet; dass das alles doch
. Nur ganz kurze Zeit dauerte diese Erkenntnis. Dann kam
wusstsein der Schande wegen des Kopfrechnens. ‹Alle gros-
önnen kopfrechnen›, sagte ich mir, ‹der Zolleinnehmer in
Kreispräsident, der Arzt, der Lehrer, der Tierarzt in Soglio,
präsident in Borgonovo, der Präsident der Schützengesell-
nicht!› Es war furchtbar. Wie man sich doch quälen kann
ich möchte jetzt die Herren Pädagogen fragen, ob das
muss; ist da nicht irgendein Fehler in unserer Erziehung?
nicht das einzige Kind, das sich so grenzenlos quälte; andere
stillen und aus ganz anderen Gründen dieselbe Qual er-
an ich jetzt im Schaufenster an der Bahnhofstrasse eine
e ausgestellt sehe, bleibe ich meistens stehen und habe ein
l der Entspannung und die Gewissheit einer himmlischen

für mich die Examen, an die ich noch oft zurückdenke.
r im April. Kein Schnee war mehr auf den Wiesen; sie
rün und hatten noch keine Blumen. Die Erwartung eini-
Examen, das Gefühl der Angst und zugleich der Hoff-
cherheit, es werde alles gut gehen, hatten eine besondere
age des Examens hatte man den Sonntagsanzug an; auch
hrer, die allein in der Bank uns gegenübersassen, waren
det. Mein Onkel Zaccaria, der die unteren Klassen hatte,
gestrählt; sein Haar glänzte. In der oberen seitlichen Ta-
gefaltetes, weisses Taschentuch. ‹Es gilt also doch›, dachte
te waren gekommen, auch viele aus Borgonovo, Vico-
nd Castasegna. Der ganze Saal war voll – ein Geruch
dern, wie wenn man einen Kleiderkasten aufmacht.

Korrigenda: S.20 zuunterst, nach dem Komma: dass ich oft Selbstmordgedanken hatte. Ich hatte A Minderwertigkeitsgefühle, die kaum zu ertragen waren. Auch heute denke ich, dass, wenn

Schön waren die Schülerinnen, die mit ihren grossen Zöpfen in ihren Sonntagskleidern irgendwie verlegen, scheu und still dasassen. Ihre gewohnte Aggressivität, Zanksucht und Rechthaberei hatten sie für diesen Tag abgelegt. Auch sie wurden vom gemeinsamen Schicksal des Examens beeinflusst, waren verschüchtert und still und wunderbar. Im eigentlichen Schulzimmer waren an diesem Tag unsere Schulzeichnungen ausgestellt. Sie waren, wie damals üblich, alle nach Vorlagen gezeichnet. Für die wenigen farbigen Zeichnungen hatte mein Onkel Zaccaria die Farben angerieben, so dass wir sie mit einem Aquarellpinsel nur auftragen konnten. Ich sehe den Onkel noch, wie er die Farben in einer weissen Schale vorsichtig anrieb. Man hatte in Stampa keine Tubenfarben, sondern nur harte, billige Farbstücke, die langsam angerieben werden mussten. Zaccarias Farben waren immer ganz dünn und mit viel Wasser angemacht: ein helles Preussischblau, ein helles Rot und ein ganz helles Grün. Beim Anreiben der Farben habe ich ihm aufmerksam zugeschaut und habe mit Sehnsucht erwartet, er würde das Blau so satt wie das der Ostereier machen. Aber sobald das Wasser in der Schale nur ein wenig bläulich war, hörte er zu reiben auf und sagte, es sei gut so. Ich war ein wenig enttäuscht, dachte aber zugleich, es werde so sein müssen, als Lehrer werde er wohl wissen, wie es sein müsse. Der Inbegriff aller Herrlichkeit war für mich eine der ausgestellten Zeichnungen, auf der ein Korb mit Birnen, Trauben und Äpfeln dargestellt war. Dass am oberen Rand des Korbes auch ein gezacktes Rebenblatt sichtbar war, war einfach herrlich. Am Schluss des Examens trat man an den kleinen Tisch heran zum gemeinsamen Gesang: ‹Perchè ti muovi a tenerezza, o mio cuor in questo dì.› Wir waren ja Bauernkinder, waren nicht verwöhnt, nicht verhätschelt, nicht sentimental; wir waren froh, dass die Schule fertig war und dass wir nun unsere Freiheit hatten. Und doch entsprach das kleine Lied im stillen ganz dem, was man empfand: ein leises Heimweh nach der Schule, den Mädchen, die mit uns zur Schule gingen, den Kameraden und nach der gemeinsam verlebten Zeit. Wir wussten, dass nun alles auseinandergehen würde. Einige gingen mit ihren Eltern in die Maiensässe nach Loppia, Isola oder Maloja. Unsere beiden Lehrer gingen nach Bormio. Ich blieb mit den Eltern in Stampa. Regelmässig brachte mir der Onkel Zaccaria aus Bormio einen Hut mit, welcher meistens zu klein war. ‹Schade, er ist zu klein›, sagten meine Eltern; aber ich musste ihn doch tragen.

Meine Eltern waren Bauern, und wir hatten in Stampa zwei oder drei

Kühe, einige Ziegen, ein Schwein, einen Ziegenbock und ziemlich viele Hühner, alle schwarz. Wenn man die Hühner auf der Strasse oder in den Wiesen sah, wusste man sofort, dass es die Hühner von ‹Giacumin da la gassa› waren. Meine Mutter hatte darauf gedrungen, viele Hühner zu halten, in der Annahme, dass man durch den Verkauf der Eier etwas verdienen könnte. Ob aber ihre Erwartungen erfüllt worden sind, weiss ich nicht; ich glaube es kaum. Mit der Zeit hatten wir eine Unmenge Eier; aber es war schwer, sie zu verkaufen. Man wollte sie in St. Moritz verkaufen; aber wir hatten keine richtigen Beziehungen zu den Hotels, oder die Hotels hatten schon ihre Lieferanten, und so ging es nicht. Es war also doch das Gescheiteste, wenn an heissen Sommertagen, wie ich schon sagte, mein Bruder und ich und manchmal auch unsere Mutter ein frisches rohes Ei tranken. Die Eier waren, wie man in Italien sagt, ‹per proprio uso e consumo›.

Bei den Arbeiten auf dem Felde musste ich natürlich mithelfen. Das war für mich sehr mühsam und schwer; wahrscheinlich war ich körperlich doch nicht sehr widerstandsfähig. Man stand in der Zeit der Heuernte schon um vier Uhr auf, trank stehend in der Küche ein Glas Wein. Der Wein war kalt, und so, ohne etwas dazu zu essen, schmeckte er mir nicht; ich machte nur ein saures Gesicht dazu. Aber es war so Sitte, dass man ein Glas Wein trank. Dann ging man hinaus, der Vater mit der Sense, die Mutter und ich mit Heugabeln. Manchmal war es noch Nacht. Niemand von uns sprach ein Wort; man war noch halb im Schlaf, war mürrisch und schlechter Laune. Erst der Geruch des frischen Grases und das Wetzen der Sense brachten den Begriff, dass es Morgen war und ein neuer Tag begann. Zuerst wurden die Grenzen der Wiese abgeschritten: Der rechte Fuss wurde nachgezogen, um im hohen Gras die Grenze sichtbar zu machen. Dann begann das Mähen. War die Arbeit auf einer Wiese beendet, so hätten wir meiner Meinung nach heimgehen können. Dem war selbstverständlich nicht so, sondern man ging zur nächsten Wiese und von da zur übernächsten. Erst gegen acht Uhr durfte man heimgehen zum Frühstück. Ich war todmüde. Der Gedanke, dass nach dem Frühstück die Arbeit wieder beginnen würde und am Nachmittag wieder und jeder Tag so sein würde, war entsetzlich. Wahrscheinlich war ich körperlich doch nicht sehr stark, dass ich das nicht aushielt, und wahrscheinlich habe ich mir auch zuviel Arbeit zugemutet. So kam es, dass ich oft talabwärts schaute gegen die Berge oberhalb Chiavenna, ob nicht bald Regen komme; denn an Regentagen war ich frei. Ich konnte tun, was ich wollte, und da habe ich meistens gemalt. Tante Maddalena hatte mir eine kleine, längliche Aquarellschachtel geschenkt, die ihrem Manne, meinem Onkel Christian, gehört hatte. Es waren kleine, ganz harte, runde Farbstücke darin. Man musste lange reiben, bis sich überhaupt ein wenig Farbe löste. Aber ich war selig. Auch ein Stück Zinnoberrot war darin, das mir als Inbegriff aller Seligkeit vorkam.

Aber mein Malen musste sehr im stillen und versteckt vor sich gehen. Mein Vater war damit nicht einverstanden. Er konnte sehr heftig werden, wenn er mich mit meinen Farben und meinem Papier erwischte. Sein Spott kannte dann keine Grenzen. Und eine Ohrfeige von seiner breiten Hand tat zwar nicht sehr weh, aber das Ganze war doch sehr demütigend und das eigene Prestige dahin. So habe ich nicht in der Stube gemalt, sondern auf dem Treppenabsatz, der in den Estrich führte. Dorthin kam der Vater selten oder nie. Auch hat mich die Mutter, die zu mir hielt, immer gewarnt, wenn der Vater kam. Ich habe dann schleunigst alles zusammengepackt und versteckt.

Wahrscheinlich ist es meinen Eltern doch aufgefallen, dass das strenge Arbeiten auf dem Felde schon von morgens vier Uhr an für mich mühsam war. So musste ich später nicht mehr in aller Frühe mit aufs Feld. Ich konnte zu Hause bleiben und musste dafür die Ziegen melken und den Kaffee kochen, damit alles bereit war, wenn die Eltern heimkamen. Das habe ich gerne und sehr gewissenhaft getan. Es war irgendwie schön – schön das Alleinsein mit den Ziegen im Stall; sie schauten einen an; der Stall war still. Dann auf dem Estrich Holz holen, um Feuer zu machen. Es war schönes, weisses Tannenholz. Dann das Mahlen des Kaffees. Die Mutter hatte mir genau angegeben, wieviel Kaffeebohnen ich in die Mühle tun musste, und in der Mühle ein Zeichen angebracht. Ich habe mich ganz streng daran gehalten. Durch das Fenster der Küche hörte man das Horn des Ziegenhirten, der von Coltura kam. Ich musste schnell hinuntergehen, um die Ziegen aus dem Stall zu lassen. Überhörte man das Horn des Ziegenhirten, so riskierte man, dass die Ziegen während des ganzen Tages im Stall bleiben mussten. Und das wäre katastrophal gewesen.

Kam der Herbst, so begann das Hüten der Kühe im Walde oberhalb Stampa – eine schöne Zeit. Manchmal war ich allein mit unseren Kühen dort, manchmal mit meinen beiden Freunden. Von uns dreien, die unzertrennlich waren, ist der eine jetzt Lehrer und Zivilstandsbeamter in Casaccia, der andere hat eine grosse Konditorei in der Avenue de la Grande Armée in Paris, und der dritte ist Maler und hat sein Atelier in den Denzlerhäusern in Zürich. So ist das Leben! War ich allein mit unseren Kühen im Walde, so wurde der Wald unermesslich gross und still; unsere Kühe waren dann für mich nicht nur Tiere, sondern es war mir, als ob sie zu uns, zur Familie gehörten – sie waren ein Teil von uns. So hatte ich immer Angst, sie könnten sich verletzen, sich ein Bein brechen oder von einem herunterrollenden Stein getroffen werden. Schön war es, wenn sie ganz in die Nähe kamen und man ihr tiefes, regelmässiges und gutmütiges Schnaufen vernahm. Man streichelte sie und sprach mit ihnen. Dann entfernten sie sich wieder langsam, um ihrer Nahrung nachzugehen.

Zu uns drei Freunden gesellten sich manchmal einige Italienerbuben, die in Stampa lebten. Nach der Art der Buben entspann sich dann nicht selten ein aufgeregtes, leidenschaftliches Gespräch über Politik: über die militärische Stärke der Schweiz und Italiens, über die Hilfe, die Frankreich der Schweiz gewähren würde im Falle eines Krieges mit Italien. Das Gespräch artete dann meistens in eine Schlägerei aus, in der wir Schweizer den Italienern gegenüberstanden. Das Ärgste, das sie uns aus einiger Entfernung zurufen konnten, war: ‹Piöv, piöv dasü dal dazi, tre dì polver e ün dì föc› (vom Schweizer Zoll aufwärts – also in der Schweiz – soll es während dreier Tage Schiesspulver und einen Tag lang Feuer regnen). Das war grausam. Weniger schlimm war der andere Refrain: ‹Tütt i Lüter a cà dal diavul, tütt i Lüter a cà dal diavul› (alle Lutheraner sollen zur Hölle fahren). Da wir im Bergell protestantisch sind, hielt man uns für Lutheraner. Man war zwar nicht ganz sicher, ob die Hölle wirklich existiert, und so hat uns auch die Verwünschung, man solle zur Hölle fahren, keinen grossen Eindruck gemacht. Es versteht sich von selbst, dass am anderen Tag nach einer solchen Schlägerei wir wieder die besten Freunde waren. Wir haben die Italiener gern gehabt, und mit einem von ihnen, Ricardo Lisignoli, war ich eng befreundet. Als ich viele Jahre später auf der Mauer unseres Gartens sass, um ein Aquarell zu malen, und Ricardo plötzlich auftauchte und sich auf die Mauer neben mich setzte und zu mir sagte: ‹So, bist du Maler geworden?›, und ich ihn fragte, was er mache, sagte er zu mir, er sei Schmuggler. Lange hat er mir zugeschaut. Dann nahmen wir Abschied voneinander. Ich habe ihn nie mehr gesehen.

DIE TANTE MARIETTA

Ich war zwölf Jahre alt, als meine Tante Marietta aus Zürich auf Besuch und in die Ferien ins Bergell kam. Sie wohnte in Borgonovo bei der Tante Augusta. Sie kam oft zu uns, zu meiner Mutter, und das Resultat war, dass die Mutter eines Tages zu mir sagte, ich dürfe mit der Tante Marietta nach Zürich. Das war wunderbar! An einem der folgenden Abende spielte ich noch mit den anderen Kindern auf der Strasse, mit der Magreta, der Annetta, Agostina, Armida, Evelina, mit Edmondo, Emilio und meinem Bruder Fernando. Dann nahmen wir voneinander Abschied. Ich weiss noch, in welch gehobener Stimmung ich mich befand. Nach Zürich gehen zu können, war unvorstellbar schön − hatte uns doch schon der Lehrer in der Schule gesagt, der Bahnhof Zürich sei ganz aus Glas gebaut. In meiner Phantasie habe ich mir natürlich vorgestellt, der Bahnhof Zürich bestehe aus einer einzigen, riesigen Glasglocke, wie die Glocke der kleinen Pendule der Tante Elena. In meiner Vorstellung war Zürich wie ein tausendfach geschliffener Diamant, auf den die Sonne schien. Welche herrlichen Dinge in einer Stadt sein könnten, hatte ich mir schon bei einer Schulreise nach Chiavenna ausgedacht, wo hoch an einem Brunnen ein vergoldeter, vielzackiger Stern angebracht war. Das war einfach überwältigend!

Die Reisevorbereitungen waren schnell getroffen. Die Mutter stopfte meinen Schulsack voll mit Salami, Mortadella und Ziegenkäse. Damit meine Ausrüstung möglichst gut war, gab mir Tante Anna ein Paar ihrer Schuhe, die für sie zu klein waren. So trug ich bei der Abreise die Schuhe

der Tante Anna. Die Reise ging über Chiavenna, Como und den Gott-
hard. Meine erste Bahnfahrt war also die Strecke Chiavenna–Colico. Ja, die
Eisenbahn fuhr rasch; doch hatte man in Stampa so viel von der Bahn
erzählt, wie rasend sie fahre, dass ich ein wenig enttäuscht war. Neu und
fremd und der Inbegriff der weiten, grossen Welt war für mich der Geruch der Steinkohle, des Eisens und der eigentliche Geruch der Bahn, den
ich jetzt noch liebe und immer lieben werde. Übernachtet haben wir in
Como, in einem Hotel am See. Am Abend, als es anfing dunkel zu werden, war eine leise Beklemmung in mir beim Gedanken an meinen Vater
und meine Mutter, die nun weit weg und unerreichbar waren. Am Morgen, als ich angekleidet war und zur Tante Marietta hinüberging, war sie
noch mit ihrer Toilette beschäftigt. Sie kämmte ihr Haar und machte sich
schön. Schöne Kämme hat sie gehabt und schöne Silberdosen, alles Sachen, die wir zu Hause nicht hatten; dann schöne weisse Arme − das hat
irgendwie Eindruck auf mich gemacht. Bei meiner Mutter war es mir nie
eingefallen, zu denken, sie sei schön. So war in mir, dem zwölfjährigen
Knaben, eine Art Verliebtheit in Tante Marietta entstanden, eine Art Verehrung für ihren schönen Körper und ihre selbstbewusste, stolze Art. In
einem Laden kaufte sie ‹Makrönli›. Sie behauptete, solche ‹Makrönli› wie
in Como bekomme man in Zürich nicht. Dann fuhren wir in einer offenen Kutsche hinaus zum Irrenhaus, um ihren Bruder, meinen Onkel
Christian, zu besuchen, der dort interniert war. Die Strasse zum Irrenhaus
windet sich in langen Kurven hinauf. Die Fahrt war schön. Oben angekommen, hatte ich ein wenig Angst, der Onkel könnte vielleicht aggressiv
und böse sein. Aber er war ganz ruhig. Er hatte einen struppigen, braunen
Vollbart und kleine, schwarze Augen, trug einen gestreiften Anzug, wie die
Leute im Zuchthaus. Das grosse Ereignis für mich war die Fahrt in der
offenen Kutsche, namentlich als wir wieder hinunterfuhren; ein Gefühl
von Reichsein, Vornehmheit und Lässigkeit beeindruckte den Bauernbub.
Wieder in Como angelangt, hatte die Tante eine Auseinandersetzung mit
dem Kutscher, von dem sie sich überfordert glaubte. Ein herbeigerufener
Carabiniere schlichtete dann die Sache. − Die Schuhe von Tante Anna, die
ich trug, mochten ganz recht sein, aber sie fanden bei Tante Marietta
keine Bewunderung. Es wurden in Como sofort neue italienische Schuhe
gekauft, die elegant waren und schöne dünne Sohlen hatten. Ich kam mir
darin vor wie eine Art Kronprinz oder wie ein englischer Lord. Es war
die erste zivilisatorische Tat an mir. Die ganze Arbeit musste ja Jahre

dauern und ist jetzt noch nicht abgeschlossen.

Am anderen Morgen erfolgte die Abreise nach Zürich. Ich sehe jetzt noch die langen Reihen von Güterwagen, die am Bahnhof in Como standen. Jetzt weiss ich, dass es deutsche Kohlenwagen waren. Ich hatte eine Schweizerkarte bei mir, die mir Onkel Zaccaria geschenkt hatte. An jedem Ort, an dem der Zug hielt, schaute ich auf der Karte nach, ob der Name wirklich stimme. Alles stimmte vollkommen. Die Namen kamen in derselben Reihenfolge, wie sie auf der Karte angegeben waren. Auch der Gotthardtunnel kam. Er war mächtig und imposant. Und es kam das, worauf ich mit Beklemmung, Innigkeit und mit Angst gewartet hatte, es könnte vielleicht nicht kommen: der Vierwaldstätter See. Wie oft hatte unser Lehrer in Stampa diesen See mit den beiden Zungen von Luzern und Küsnacht, die wie Hörner aussahen, auf die Wandtafel gezeichnet! Und die Namen Küsnacht, Flüelen, Brunnen, Altdorf, Luzern waren uns vertraut und lieb; sie waren für uns ebenso unerreichbar wie Jaffa, Bethlehem und Jerusalem. Die gute Tante war eingeschlafen. Der Schnellzug raste dahin. Es kam der weitgespannte Himmel über dem Zürichsee! Unermesslich gross war er. Unser Himmel über Stampa war ja klein; die Breite des Tales, also die Strecke zwischen Piz Grand und Piz Duan, war nicht gross. Ich hatte mir vorher nie vorgestellt, dass der Himmel so gross sein könnte. Und die niedrigen Berge! So niedrige Berge hatte ich noch nie gesehen. Eine neue Welt war das. Und eine leise Bangigkeit war in mir. Ich dachte daran, wie wohl Onkel Torriani in Zürich mit mir sein würde, ob er gut mit mir sein würde. Ich dachte an die Buben in Zürich, ob sie mich nicht auslachen würden, weil ich kein Wort Deutsch verstand. Am Bahnhof holte Onkel Torriani uns ab. Kaum aus dem Bahnwagen gestiegen, schaute ich um mich, ob der Bahnhof wirklich ganz aus Glas gebaut sei, wie unser Lehrer Rodolfo uns in der Schule in Stampa gesagt hatte. Aber er war grau und schwarz, und war nicht eine einzige Glasglocke, wie ich ihn mir vorgestellt hatte. Damals sind die Züge noch in die grosse Halle hineingefahren. Gewohnt haben wir Bahnhofstrasse 76, und vom Balkon aus, auf dem ich oft stand, sah man das Leben der Strasse und das Rösslitram. Ich dachte zuerst, das Rösslitram sei der Omnibus eines grossen Hotels, das für ihn habe Schienen bauen lassen. ‹Das Hotel ist natürlich im Vorteil gegenüber den anderen›, dachte ich mir, ‹alle Fremden, die in Zürich ankommen, steigen dort ab› – eben weil der vermeintliche Omnibus auf Schienen lief. Alles war also schön in Zürich.

Onkel und Tante waren sehr lieb mit mir. Täglich hatte man zu Mittag frisches Fleisch; zum Frühstück gab es frische Gipfel und am Sonntag als Dessert Meringues. Meringues hatte und kannte man in Stampa nicht. Aber wenn ich am Morgen erwachte und zur weissen Stuckdecke und zum dreiarmigen Glasleuchter, der an der Decke hing, hinaufschaute und die dunkelblauen Plüschmöbel sah, die im Zimmer standen, kam in mich ein Gefühl von Fremdheit und Verlorensein; ich dachte an meine Mutter zu Hause, an unsere einfachen Zimmer, die ohne Stuckdecke waren, an das einfache Hausbrot, das wir zum Frühstück assen, dachte daran, dass meine Mutter vielleicht Heimweh nach mir hatte, dass ich sie lange Zeit nicht mehr sehen würde, und ein unsagbares Heimweh kam über mich, das mich ganz erfüllte, so wie der Herbstnebel die Landschaft erfüllte. Das war furchtbar. Am peinlichsten war für mich die Zeit des Frühstücks. Die guten Gipfel blieben mir im Halse stecken, weil ich dem Schluchzen nahe war. Arg waren auch die Sonntagnachmittage, an denen Onkel und Tante ein Gartenkonzert besuchten und mich mitnahmen, und arg waren am Sonntagnachmittag die Fahrten mit Onkel und Tante auf den Uetliberg. Aber eines Tages, als wieder ein Brief von meiner Mutter kam, hatte sie zum Schluss geschrieben: ‹E rallegrati della tua nuova posizione.› Das wirkte Wunder! Sie sagte also, ich solle mich freuen über meinen neuen Aufenthaltsort. Ich habe diesen Satz im stillen wiederholt und immer wiederholt, und so nahm langsam das Heimweh ab und hörte ganz auf. ‹E rallegrati della tua nuova posizione. . .› Besucht habe ich die Sekundarschule im Linth-Escher-Schulhaus. Wie das möglich war, und dass man mich dort nicht hinausgeschmissen hat, ist mir jetzt noch ein Rätsel. Ich verstand kein Wort Deutsch. Der Lehrer sprach mit mir Italienisch. ‹Far camminare l'orologio›, sagte er. Als Fremdsprache hatten wir Französisch, wovon ich kein Wort kannte. Wahrscheinlich behielt man mich, um meinem Onkel Torriani entgegenzukommen, der damals Sekretär am italienischen Konsulat war und im Kaufmännischen Verein Italienischunterricht erteilte. Auch war ich, der ich aus dem Bergell kam und nicht Deutsch verstand, eine Art Kuriosum, das man gern hatte. Gezeichnet hat man auch hier nach Vorlagen; es waren einfache griechische Vasen ohne Figuren. Man hat sie mit Indischrot und Schwarz bemalt. Die Indischrottuben kaufte man in einem kleinen Papierladen am Rennweg. So wie mein Onkel Zaccaria machte ich das Indischrot in einer Schale mit viel Wasser recht dünn an. Die Folge davon war, dass meine griechische Vase

29

ganz wolkig und fleckig wurde. Es war zum Verzweifeln! Die Kameraden sagten mir dann, ich müsse die Farbe ganz dick nehmen, fast so, wie sie aus der Tube komme, also ‹deckend›. Ich erinnere mich jetzt noch an den Eindruck, den diese Deckfarbe auf mich machte. Die Sache sah ja tadellos aus. Es war alles schön gleichmässig, ohne Wolken und Flecken, aber wie mit der Maschine gemacht und im Geschmack trocken wie Holzmehl. Aber Deckfarbe war für mich neu. Man kannte sie in der Schule in Stampa nicht. Bei der Tante malte ich für mich kleine Aquarelle. So habe ich vom Bauschänzli aus das Grossmünster gemalt. Das Bauschänzli war damals noch ganz einsam; nur einige alte Frauen sassen dort. – An der Beatengasse war eine kleine Kunsthandlung, an der ich oft vorbeiging, um die ausgestellten Sachen zu sehen. Es waren, wie man sagte, ‹Ölgemälde›, Ansichten vom Vierwaldstätter See mit der Tellskapelle und dem Urirotstock. Da an diese Kunsthandlung angrenzend der Südfrüchteladen von Casparinetti war, drang aus dem Kellerfenster unangenehmer Geruch von eingelagertem Gemüse und Obst. Das alles hatte sich bei mir mit den ausgestellten Bildern assoziiert, so dass ich zuletzt nicht mehr recht wusste, ob ‹Ölgemälde› so riechen oder wie das eigentlich war. Wahrscheinlich haben doch die Ölgemälde so gerochen.

Vom Küchenfenster unserer Wohnung aus sah man das Zuchthaus, das an der Ottenbachstrasse war. Es hatte ein Türmchen mit einer kleinen Glocke. Die vergitterten Fenster machten mir natürlich Eindruck. Weiter unten an der Werdmühle, also ganz in unserer Nähe, war eine Schokoladenfabrik. Auf einer Terrasse daneben bereitete man oft frischgeröstete, noch heisse Kaffeebohnen aus. An heissen Sommertagen kamen der gute Duft der Kaffeebohnen und der süsse Duft der Schokolade zu uns herüber. Das machte irgendwie schläfrig und faul. Die Liebe zur Tante Marietta, die schon an jenem Morgen in Como leise in mir entstanden war und in Zürich immer grösser wurde, hat mich oft gequält. Auf dem Turnplatz hinter dem Linth-Escher-Schulhaus war einmal eine Kaninchenausstellung. Während der Pause und vor und nach der Schule haben wir Schüler selbstverständlich die Ausstellung angeschaut. Auch für mich war die Ausstellung interessant. Die Kaninchen waren reizend. Aber eigentlich habe ich doch immer an Tante Marietta gedacht und habe mich gesehnt, bald wieder zu Hause und bei ihr zu sein. Kam ich dann am Mittag zu Hause an, so stand sie in der Küche, im Dampf der siedenden Butter, drehte in der Pfanne ein Beefsteak und war mit Kochen beschäf-

Mittag zu Hause an, so stand sie in der Küche, im Dampf der siedenden Butter, drehte in der Pfanne ein Beefsteak und war mit Kochen beschäftigt. War sie guter Laune, so war sie gesprächig und guter Dinge. War sie schlecht gelaunt, so bekam man keine Antwort; ‹ich habe wirklich nicht Zeit zuzuhören›, sagte sie. Und was ich an ihr verehrte, waren nicht etwa die Charaktereigenschaften, ihre Freigiebigkeit und ihre Herzensgüte – aus allen diesen Tugenden machte ich mir nichts –, nur ihr Körper schien mir wunderbar: Eine rein sinnliche, irdische Liebe war es.

Ungefähr zwei Jahre mag ich in Zürich gewesen sein, als aus Stampa mein Onkel Cesare kam, um in Zürich ein neues Jagdgewehr zu kaufen. Ich durfte wieder nach Stampa, und er nahm mich mit. Es war im Winter. Unendlich schien mir die Fahrt im geschlossenen Postschlitten das Oberhalbstein hinauf. Der Schlitten war vollbesetzt, und alle rauchten. Fast in allen Ortschaften trank man Wein, wozu selbstverständlich auch Postillion und Kondukteur eingeladen wurden – also wieder der kalte Wein, den ich nicht mochte, der mir schaurig vorkam, und den ich nur widerstrebend und mit saurem Gesichte trank. Wir übernachteten bei Heinz in Silvaplana. Ein hohes Bett und ein eiskaltes Zimmer, am Fensterglas Eisblumen. Dann ging es am anderen Morgen mit der Post hinauf nach Maloja, dann hinunter ins Bergell. Ich sehe jetzt noch den trägen Schnee, der im Bergell auf der Landschaft lag. Er war vom Regen durchnässt und vom Föhn angefressen. Ich höre jetzt noch die Stille oberhalb Casaccias, als wir durch die Kehren hinunterfuhren. Ausser den Glöcklein der Pferde und dem stossweisen Gleiten des Schlittens hörte man nichts. Ein wohliges Gefühl war in mir, nun bald wieder bei den Eltern und in unserer Stube zu sein. Und in der Nase hatte ich schon irgendwie den eigentümlichen väterlichen Geruch der Bauernstube – ein Geruch von altem Heu, von Pfeifentabak, von Schuhen, Strümpfen, von immer wieder neu angezündeten und nie brennenwollenden Schwefelzündhölzchen.

In Stampa besuchte ich die Realschule. Zürich hatte mir gut getan. Eine ganze Klasse konnte ich überspringen und war dann noch im Deutschen und Zeichnen ‹der Beste›. Irgendwie fühlte ich mich innerlich frei und überlegen. Irgend etwas Schwungvolles war in der Luft. Schon waren im Vorfrühling die Übungen im Feldmessen, und schon waren Auszüge der Geschichte Griechenlands, in deutscher Sprache, wo der Ausruf der Athener: ‹Nein, nein, aus Gold und Elfenbein› vorkam. Aus Gold und Elfenbein wollten sie ihre Pallas Athene haben. Der Ausruf ging mir durch

Haut und Knochen, und ich musste ihn immer wiederholen: ‹Nein, nein, aus Gold und Elfenbein.›

Unser Lehrer war Giovanni Stampa-Baldini, der auch der Lehrer meiner Mutter gewesen war. Sie hatte einmal mit ihm, mit Pfarrer Lechner und mit ihren Kusinen eine Besteigung des Piz Duan gemacht. Oft hat sie uns davon erzählt. Wir haben sie dann immer ein wenig angestaunt und bewundert; denn weder mein Vater noch mein Bruder noch ich waren je oben gewesen.

CHUR

Im Laufe des Sommers hiess es dann plötzlich, ich müsse im Herbst in die Kantonsschule nach Chur und, um in die zweite Klasse eintreten zu können, im Deutschen Privatstunden nehmen. Zu den Privatstunden ging ich nach Borgonovo zu Lehrer Agostino Stampa. Es war heiss. In seinem Zimmer waren die Jalousien wegen der heissen Mittagssonne geschlossen, und es war dunkel; aber trotzdem las und deklamierte ich laut und mit Wonne:

Schwarze Wolkenzüge flogen über Mond und Sterne hin,
Und der Griechenfürst, er seufzte: ‹Ach, dass ich gefangen bin!›

Ich war ja auch gefangen. Mein Vater hatte sich mit Professor Silvio Maurizio dahin verständigt, dass ich mit ihm die Reise nach Chur über den Septimer machen konnte. Maurizio war Lehrer an der Kantonsschule und musste also auch einige Tage vor Schulbeginn für die Prüfungen in Chur sein. An einem düsteren Septembermorgen traf man sich in Vicosoprano vor dem Negozio Maurizio. Ich hatte eine grüne Botanisiertrommel mitgenommen, die mir Tante Marietta geschenkt hatte. Mein Vater war mitgekommen bis unterhalb Loppia, bis zum ‹Rovan›. Dann nahmen wir voneinander Abschied, und er kehrte zurück. Ich war gerührt, dass er mitkam. Ich war nicht verwöhnt. Unsere Lebensart in der Familie war eher hart. Bloss konventionelle Formen haben wir nicht gekannt; sie waren uns verlogen vorgekommen. Was man also tat oder sagte, war echt. Mein Vater trug an jenem Tag seinen grauen Sonntagsanzug aus schwerem Tuch, das meine Mutter gewoben hatte, und das man in Chur bei Pedolin hatte ‹dekatieren› lassen. Wie oft habe ich das Wort ‹dekatieren› gehört! Was es eigentlich ist, weiss ich heute noch nicht. Aber es war immer eine aufregende und wichtige Sache. Da, vom Bergell aus gesehen, Chur eine Grossstadt ist, mit allen Tugenden und Lastern der Grossstadt, wurde auch regelmässig zu Hause behauptet, man bekomme aus Chur viel weniger Tuch zurückgesandt, als man zum Dekatieren eingesandt hatte.

Mit bedächtigen Schritten wanderten wir, Professor Maurizio und ich, den Septimerweg hinauf. Da er doch Professor war, gab ich mir Mühe, alles, was ich sagte, so gescheit als möglich zu sagen und zu formulieren. Es wird ja trotzdem alles so einfältig wie möglich gewesen sein. Übrigens sprachen wir nicht viel. Er ging voraus, und ich folgte ihm. Aber nach und nach nahm er ein derartiges Tempo an, ging so unsagbar rasch, dass ich ihm kaum folgen konnte. Ausser Atem, war ich oft nahe daran, ihm zu sagen, ob wir nicht doch ein wenig langsamer gehen wollten. Aber das wäre ein Prestigeverlust gewesen, und ich schwieg. Wie ein Specht sprang er von einem Stein zum anderen und über die Steine hinweg. Dann wurde der Himmel immer dunkler, und in der Gegend von Cavrecia kam ein schweres Gewitter herauf mit Regen und Schnee. Wir waren froh, als wir Bivio erreichten. In anderthalb Stunden waren wir von Casaccia nach Bivio gelangt. Am anderen Morgen war die ganze Gegend mit Schnee bedeckt; alles war weiss.

In Chur kam ich ins Konvikt der Kantonsschule. Auch mein Onkel Zaccaria und unser Lehrer Rodolfo Stampa waren dort gewesen. Es war logisch und selbstverständlich, dass auch ich ins Konvikt kam. Vom Konvikt sprach man im Bergell nicht gut. Es hatte keine ‹gute Presse›, wie man zu sagen pflegt. Das Essen sei nicht gut und sei ungenügend, sagte man. Nun, so schlimm war es nicht. Ich war ja auch nicht verwöhnt. Nicht gut war die Stimmung. Man wusste nicht recht, ob man in einem Waisenhaus oder in einer Besserungsanstalt war. Das war deprimierend. Und heute noch, beim Lesen von Jakob Schaffners ‹Johannes›, muss ich an das Konvikt in Chur denken. Schön war nur die sogenannte ‹Studienzeit›, wo am Abend jeder an seinem Pult im grossen Saale sass, um die Schulaufgaben zu machen. Der Saal war gut geheizt und beleuchtet. Freundschaft habe ich geschlossen, schon in den ersten Tagen, mit einem gewissen Jäger aus Poschiavo. Seine Eltern hatten dort eine Bäckerei. Er hatte in Chur die Prüfung gemacht, um in die dritte Klasse der Kantonsschule einzutreten, war aber nicht angenommen worden und kam so zu uns in die zweite. Schon die Art, wie er diese Katastrophe aufgenommen hatte, gefiel mir. Er hatte etwas Geniales, verbunden mit einer Freiheit und Leichtigkeit, wie nur ein Franzose oder Westschweizer sie hat. Telegraphist wollte er werden. Diesen seinen zukünftigen Beruf haben wir natürlich oft durchgenommen und besprochen. Da beim Telegraphieren ja der elektrische Strom beständig unterbrochen wird, sagten wir, der Telegraphist sei eigentlich ein Quäler der Elektrizität. Und da Jäger und ich bei Professor Tarnuzzer englischen Unterricht hatten, nannten wir den Telegraphisten ‹the tormentor of electricity›. Das schien uns herrlich. Was haben wir darüber gelacht! Einige unserer Mitschüler wollten später Postbeamte und -angestellte werden. Jäger hatte sofort einen Spruch erfunden, der lautete:

Wer nichts weiss und wer nichts kann,
geht zu Post und Eisenbahn;
wer dagegen klug und brav,
geht zum Telegraph.

Und was konnte ich? Ich konnte unseren Rektor Bazzigher und ein Mädchen aus Poschiavo, das ich ein einziges Mal gesehen hatte, aus dem Gedächtnis zeichnen, und beliebig oft und jedesmal, wenn Jäger es wünschte. ‹Zeichne den Bazzigher›, sagte er, und sofort konnte er ihn haben, wie auf Bestellung. Er hatte eine unbändige Freude daran. Zusammen waren wir in einem beständigen Taumel. Die vernünftige, reale alltägliche Welt war tief unter uns. So waren für uns die Fächer an der Schule zum Teil mühsam, zum Teil langweilig. Gerne habe ich Algebra und Planimetrie gehabt. Die Planimetrie hatte etwas von Zauberei. Dass man die Länge einer Strecke berechnen konnte, ohne sie wirklich an Ort und Stelle zu messen, war doch fabelhaft. So ist auch unser Lehrer Professor Bridler mit seiner hageren Gestalt uns immer ein wenig als Magier vorgekommen. Aber in einer anderen Klasse kam wie ein Gespenst wieder das Kopfrechnen zum Vorschein, wieder Zins- und Zinseszinsrechnungen. Ein Trost und eine Erlösung war das Zeichnen. Schon der Vorraum im Parterre, mit den Abgüssen griechischer und römischer Skulpturen, war wunderbar; der grosse Kopf der Minerva; dass diese Köpfe überlebensgross und dass sie weiss, unantastbar und erhaben waren. Es war wie die Vorahnung einer reinen, grossen Welt.

Und wie war der eigentliche Unterricht? Über Zeichenlehrer aller Art ist so viel geschimpft, kritisiert und gelästert worden, dass ich keine Lust habe, da mitzumachen. Dieses Geschimpfe ist derart banal, abgegriffen und konventionell, dass es zum Ekel geworden ist. Ich bin davon überzeugt, dass unser Lehrer Birchmeier alles für uns getan hat, was in seinen Kräften lag. Er war sehr leidend und hustete beständig. Seine Stimme war kaum hörbar. Ich habe ihn einmal in seiner Wohnung aufgesucht, die an der Plessur war, und ihm eine Zeichnung gezeigt, die ich nach einer Abbildung gemacht hatte: es war der Kopf des Augustus. Ich durfte dann auch ausserhalb der Zeichenstunde den Zeichnungssaal benutzen und kommen und gehen, wann ich wollte. Als er kurz nachher starb, war ich an seinem Begräbnis. Ich weiss noch, dass bei der Abdankung der Pfarrer sagte, für Birchmeier sei München alles gewesen, immer habe er von München gesprochen, und immer wieder sei er nach München gekommen, dorthin, wo er seine Ausbildung genossen habe. – In der St. Regula-Kirche in Chur bin ich von Pfarrer Hosang konfirmiert worden. Von den Zöglingen des Konvikts war ich der einzige, der in jenem Frühjahr konfirmiert wurde. Als ich von der Konfirmation zurückkam, rief mich der Konviktvater in den Speisesaal hinunter. Er hatte ein Glas Wein, kaltes Fleisch und Brot gebracht, das alles auf den Tisch gestellt und war dann fortgegangen. Ganz allein in dem grossen, leeren Speisesaal habe ich mein Glas Wein getrunken und das kalte Fleisch gegessen. Das war sehr traurig. So war meine Konfirmation.

Schön waren im Frühjahr die militärischen Übungen der Kadetten der Kantonsschule. Und wenn wir in der Marschkolonne, die kleinsten Schüler an der Spitze (das ‹Krottenbataillon›), mit klingendem Spiel durch die Stadt zogen und auf der Strasse alles stehen blieb, um uns zuzuschauen, und alle Fenster voll Menschen waren und die Musik in den alten Gassen dieser ehrwürdigen Bündner Stadt widerhallte, ja dann war es herrlich. Ich habe jetzt noch einen dieser Militärmärsche in den Ohren und sehe noch das langsame Sichheben und -senken der Marschkolonne, die wie ein Ährenfeld aussah. Unsere Offiziere und Vorgesetzten waren Camenisch, Bener, Zanugg, Nadig und Albrici. – Wunderbar waren im Herbst die Butterbirnen, die wir am St. Martinsplatz kauften und oben auf der Galerie des St. Martinsturmes assen. Und schön war ein Mädchen im Welschdörfli, das prachtvolle rotgoldene Haare hatte, und das wir, mein Freund Jäger und ich, innig verehrten, ohne je ein Wort mit ihm gesprochen zu haben. Ich glaube, es war eine Pedolin.

DIE KUNSTGEWERBESCHULE
IN ZÜRICH

Es war an einem Vorfrühlingstag, als ich in einer Zeitung das Inserat der Kunstgewerbeschule Zürich las. In dem Inserat stand, dass das Sommersemester dann und dann beginnen würde, und dass Anmeldungen an das Sekretariat zu richten seien. Wer mir die Zeitung in die Hand gespielt hat, weiss ich nicht: ob es unser Konviktvater, mein Onkel Zaccaria oder die Tante Marietta war. Sicher ist, dass es wirkte. Ich war vom Inserat vollständig fasziniert. Ich liess mir ein Programm der Kunstgewerbeschule zusenden, trat aus der Kantonsschule aus und ging zu Fuss bis nach Thusis. Die Strasse war trocken, nur am Strassenrand war noch Schnee. Ein eigentümliches Gefühl war in mir; ich fühlte mich leicht, gehoben und befreit, und zugleich war in mir das Gefühl, ich sei den schweren Sachen, dem Kopfrechnen, der Grammatik und dem Geschichtsunterricht, ausgewichen. Wenn ich an die anderen Schüler dachte, die in Chur geblieben waren und das Schwere der Schule ausgehalten hatten und weiter aushalten würden, so kamen sie mir tapferer vor, als ich war. Das war bitter. Aber dann siegte wieder die andere Version in mir, und ich war froh, dem ganzen entronnen zu sein. – Von Thusis fuhr ich mit der Post nach Stampa, wo ich während der kurzen Zeit bis zum Beginn des Sommersemesters bleiben wollte. Als ich von dort aus einmal meine Tante Augusta in Borgonovo besuchte und zu ihr sagte, ich werde nun nach Zürich in die Kunstgewerbeschule gehen, war sie erfreut und sagte: ‹Also doch Kunst!› Meine anderen Verwandten, ausser Onkel Zaccaria, waren apathisch und stumpf. Zu Hause malte ich ein Aquarell: unsere Küche, am Herd mein Bruder, der das Feuer anmachte. Ich konnte die Porträtähnlichkeit, die ich doch anstrebte, nicht herausbringen und war beunruhigt und neugierig, ob man das Ähnlichmachen wohl in der Schule lernen würde.

Die Kunstgewerbeschule war damals in Selnau. Es waren alte, schlechtbeleuchtete Räume. Eine ausgetretene Holztreppe führte hinauf. Im Parterre war das Gewerbemuseum. Aber die Stimmung und die ganze Haltung der Schule waren anders als in Chur. Alles war irgendwie eleganter, gehobener, aber auch rücksichtsloser. Die Schüler, die sich nicht kannten, sagten ‹sie› zueinander. Als einmal einer von uns, der auch vom Lande kam, aus Versehen zu einem älteren Schüler ‹du› sagte, antwortete der

andere: ‹Ich habe mit dir noch nie die Säue gehütet!› Man wusste also,
woran man war. Dann waren die Schülerinnen da, zu denen man immer
mit einer gewissen Verehrung aufblickte. Weisse Malblusen hatten sie an.
Eine Schülerin, die sehr schlank war und goldgelbe Haare hatte, trug ein
kastanienbraunes Samtkleid. Sie hat nur ‹in Öl› gemalt, nur Porträts gemacht und durfte immer wieder ins Atelier des Professors hinübergehen,
das danebenlag und nur durch einen Plüschvorhang vom Schulraum ge-
trennt war. Ihr Gehen war kein Gehen, sondern ein eigentliches Schwe-
ben. Es versteht sich von selbst, dass sie uns, die wir im ersten Semester
und erst seit ein paar Tagen da waren, vollständig ignorierte und nie ein
Wort an uns richtete. – Wunderbar und neu war für mich der Stunden-
plan. Es war nicht mehr der verhasste Geschichtsunterricht mit dem
Dreissigjährigen Krieg und den Bündner Wirren, aus denen man nie recht
klug wurde, sondern es war immer Zeichnen, die ganze Woche hindurch:
Gewerbliches Zeichnen, dann Figurenzeichnen, Studienkopf-, Aktzeichnen,
perspektivisches Freihandzeichnen, Blumenmalen, Ornamentzeichnen, dar-
stellende Geometrie, Modellieren, Stillehre und Anatomie. War das nicht
wunderbar! Und wie habe ich zu den älteren Schülern hinaufgeschaut, zu
denen, die schon im fünften oder sechsten Semester waren! Was konnten
die nicht alles! Es waren wirkliche Nelken in ihrer ganzen Pracht, die sie
in Aquarell malten, und im Herbst wirkliche Zweige mit allen Herbst-
farben. Aquarelliert hatte ich ja auch in Stampa schon vor langem. Einen
Zweig mit Johannisbeeren hatte ich während der Kantonsschulferien einmal in Stampa gemalt. Aber ich trug eine Farbe immer so oft auf, bis sie
ganz müde und tot war. Sie malten also frischer, diese reiferen Schüler der
Kunstgewerbeschule. ‹Herrgottsdonner› waren sie. Wie gerne hätte ich mit
einem von ihnen Freundschaft geschlossen! Aber die Hierarchie, die vorhanden war, machte es unmöglich. Als ich zu einem der älteren Schüler
sagte, er solle mir die Zeichnung *zeigen,* die er eben fertig gemacht hatte,
antwortete er mir: ‹Es hat keinen Zeiger daran.› Damit war die Sache erledigt. – Mit mir eingetreten waren Alfred Kolb und Wilfried Buchmann.
Kolb war Thurgauer; aber er hat mir nie etwas entwendet.

Ich war erst einige Wochen in der Schule, als Tante Marietta, bei der
ich wieder wohnte, krank wurde. Der Arzt kam; es waren Pocken. Die
Tante kam ins Pockenspital. Vor unserem Hause stand ein Wagen, auf den
man unsere Matratzen und das ganze Bettzeug auflud, um es zu desin-
fizieren. Die Sanitätspolizei kam, und die Türe unserer Wohnung wurde

versiegelt. Ich kam ins Absonderungshaus. Man war dort eingesperrt und durfte den kleinen Garten, der um das Haus ging, nicht verlassen. Im übrigen war es nicht so schlimm. Man wurde wieder gegen Pocken geimpft. Es gab fünf Mahlzeiten im Tag: wunderbaren Kaffee mit Milch, dann Honig, Butter, Konfitüre, Käse und Obst, alles in Fülle. Die Männer haben Karten gespielt. Ich habe irgendeinen Schauerroman gelesen, in dem eine Figur vorkam, die Thekla hiess. Sie kam in der Nacht mit aufgelöstem Haar und in weissem Kleid auf den Balkon und schaute den Mond an. Das schien mir wunderbar.

Es kam die Zeit, wo die Kunstgewerbeschule ins neue Haus, einen Flügel des Landesmuseums, umziehen konnte. Ich half mit, unsere Gipsabgüsse, den Apoll, den Seneca und den Homer, auf einem Handwagen die Bahnhofstrasse hinunterzuführen. Ich hatte eine weisse Bluse an. Dieses Handlangerspielen machte uns froh und übermütig. Die neuen Räume im Landesmuseum waren prachtvoll, gross, gut geheizt und gut beleuchtet. Treppe und Wandelgang waren geräumig. – Es war in einer Pause des Aktzeichnens, als ich mit einem Mitschüler, den ich nicht kannte, ins Gespräch kam. Ich tat das mehr aus Gutmütigkeit und Höflichkeit als aus Bedürfnis. Der Schüler kam aus der Dekorationsmalerabteilung, aus einer Abteilung also, die wir anderen nicht besonders schätzten und als minderwertig betrachteten. Er trug braungestreifte, enganliegende Hosen, hatte seinen Fuss auf den Heizkörper gelegt und schaute zum Fenster hinaus. Bei unserem Gespräch war ich angenehm überrascht, wie er phantasieren konnte. Dass jemand, der nur in der Dekorationsmalerabteilung war, so phantasieren und so ideal veranlagt sein konnte, war mir ein Rätsel. Es war Rudolf Dübendorfer. Da wir in der Schule für phantasieren ‹spinnen› sagten, hiess er ‹Spinnerei Dübendorf›. Die Schülerinnen, die boshafter waren (wie immer), nannten ihn ‹Tübenstopfer›. – Ein anderes Mal, auch während des Aktzeichnens, während alles still und an der Arbeit war, sagte jemand von uns, nach einigem Flüstern mit dem Nachbar, laut: ‹Ja, Schopenhauer ist fein.› Ich hörte den Namen zum erstenmal, ging am anderen Tag zu Rascher und kaufte das Buch; es war ‹Die Welt als Wille und Vorstellung›.

Manchmal konnte es auch ziemlich burschikos zugehen. An einem Tag, an dem eine Feier zu Ehren Pestalozzis war, hatte Professor Regl, der unser Lehrer für Modellieren war, uns – vier oder fünf seiner besseren Schüler – zu einem Bierabend in die ‹Blaue Fahne› eingeladen. Regl war dort sehr gesprächig und anregend. Er erzählte uns von Italien, sprach von Donatello, Rubens, Rembrandt und auch von Pestalozzi – alles in seinem Münchner Dialekt. Wir, die Schüler, waren scheu; wir waren gut erzogen und tranken wenig. Unsere Gläser waren immer noch voll. ‹Saufen S'›, sagte Regl, ‹saufen S' nur. Wenn der Pestalozzi Geld g'habt hätt', hätt' er auch g'soffen!›

Nach und nach waren wir nicht mehr die Anfänger von früher. Wir waren schon im vierten oder fünften Semester, und man fing an, die eigene Wichtigkeit zu fühlen und das eigene Können einzuschätzen. Man fing an, die jüngeren Schüler, die eben eingetreten waren, ebenso von oben herab anzuschauen und als Luft zu betrachten, wie man uns im ersten Semester in Selnau als Luft betrachtet hatte. Irgendein Stolz und ein Schwung war in uns, eine Vorahnung von Frühling, Liebe, Freiheit und Glück. Es war die Zeit der Geburt der ‹Art nouveau›, des ‹Jugendstils›. Die Münchner Zeitschrift ‹Die Jugend› war eben gegründet worden. Sie war das Lebendigste, das wir uns vorstellen konnten. Wie ein Sturm ging eine Bewegung durch das Land und riss alles mit. Die ersten Hefte der Zeitschrift ‹Die Schweiz› mit dem Titelblatt von Pfendsack waren erschienen. In der Bibliothek des Gewerbemuseums haben wir immer wieder den ‹Studio›, dann den ‹Pan› angeschaut. ‹Ein Schiff war fort, beide Schiffe waren fort›, stand im ‹Pan›. Das schien uns unermesslich. Angeschaut haben wir in der Bibliothek die illustrierte Bibel von Doré, dann die Kinderbücher von Walter Crane. Walter Crane war für uns der eigentliche Gott. Sein grosser Holzschnitt ‹Der Triumph der Arbeit› schien uns vollendet und unerreichbar. Dazu kam, dass mein Freund Dübendorfer damals sehr sozialistisch angehaucht war. Er konnte also diesen ‹Triumph der Arbeit› nicht genug rühmen. Es ist merkwürdig, was auf die Jugend Eindruck macht. Ein Bild von Rudolf Koller hatte uns trotz seiner kraftvollen Malerei nichts gesagt. Allerdings haben wir die Qualität der Malerei, ‹le côté peinture›, nicht gesehen. Das bildete für uns kein Problem. Wilhelm Lehmann, der uns an der Schule Unterricht im Landschaftszeichnen gab, hat uns einmal zu einem Besuch bei Rudolf Koller mitgenommen. Koller war schon alt. Im Atelier schauten wir alles an, auch die Bilder, die am Boden gegen die Wand gelehnt waren. Aber es war mehr ein neugieriges, unschönes Schauen. Und was sagten uns Kühe und Kälber? Uns schwebte eine grosse dekorative Malerei vor, irgendein ‹Triumph›. Mit der Ungerechtigkeit, die der Jugend eigen ist, lehnten wir stillschweigend Rudolf Koller ab.

Es war in dieser Zeit, als im ‹Helmhaus› in Zürich die Konkurrenz-
arbeiten für das Wandbild im Waffensaal des Landesmuseums ausgestellt
waren. Es war ein Regentag, als Dübendorfer und ich hingingen, um die
Entwürfe zu sehen. Keine Garderobe war da, wo man Mantel und Schir-
me hätte abgeben können. Man ging also in den Parterresaal hinein, so
wie man von der Strasse kam: mit nassen Mänteln und Schirmen. Auch
der Boden des Saales war nass. Hodler ging als Sieger hervor, und sein
grosser Landsknecht (jetzt im Zürcher Kunsthaus) hing dort. Das war kein
kostümierter Landsknecht, wie diejenigen im Sechseläutenumzug; es war
ein wirklicher Krieger. Die Wirkung, die von ihm ausging, war ausserordentlich. Heftig war der Kampf um Hodler. Ein mächtiges Inserat im
‹Tagblatt der Stadt Zürich› trug die Überschrift: ‹Hodler ist ein Mords-
genie›. Es waren vor allem die Lehrer und Lehrervereinigungen, die gegen
Hodler waren. Sie befürchteten, die abgehauenen Beine des einen Krie-
gers, der am Boden lag, könnten einen ungünstigen Eindruck auf die
Jugend ausüben – als ob Kunst für den Anschauungsunterricht da wäre!
An der Kunstgewerbeschule hatten sich sofort zwei Gruppen gebildet; die
eine war für Hodler, die andere *gegen* ihn. Wir hatten ihm geschrieben
und ihm unsere Verehrung und Bewunderung mitgeteilt. Die ganze
Gruppe hatte den Brief unterzeichnet. Dübendorfer, der Nationalturner
und Schütze, hatte sich vollkommen mit dem Landsknecht Hodlers identifiziert. Auch er, Dübendorfer, würde, wenn es dazu kommen sollte, so ein
Schwert schwingen können, sagte er sich.

Es wäre interessant, anhand der damaligen Inserate und Zeitungsartikel
die Sache auszugraben und zu rekonstruieren. Man hätte dann ein ge-
naues Bild des Vorganges, wie der Aufstieg eines grossen Künstlers be-
kämpft wurde, welche Kreise und welche Mentalität der Kunst Hodlers
feindlich gegenüberstanden. Eine interessante psychologische Studie könnte daraus entstehen. Sicher ist, dass es unsere gebildeten Kreise waren, die
ihm Opposition machten – nicht etwa das breite Publikum, wie man jetzt
anzunehmen bereit ist, und auf das man gerne die Schuld schieben möchte. Es waren unsere Lehrer, Professoren, Pfarrer, Juristen, Mediziner, Kunsthistoriker und Erziehungsdirektoren, die vollständig versagten.

In der Bibliothek des Gewerbemuseums schaute ich oft ein Werk an,
das Eugène Grasset in Paris veröffentlicht hatte: ‹La plante et ses applications ornementales›. Ornamentale Entwürfe waren darin von Schlum-

41

berger, Milesi, Mangin, M. P. Verneuil und anderen. Jemand sagte mir, dass dies Schüler Grassets seien, und dass Grasset in Paris eine Schule habe. Was mich an diesen Entwürfen interessierte und fesselte, war ihre Farbe, ihre farbige Haltung. Merkwürdig war das. Einige dieser Entwürfe erinnerten mich an den Wald oberhalb Stampa, an das dunkelgrüne und dunkel-farbige Moos am Boden des Waldes. Andere Farbenstimmungen waren wie die Flechten am Stamm der Tannen oder Erlen oder wie die Moose an den Steinen im Wald. Wieder andere Farbenstimmungen waren hell und leicht, wie ein Waldweg, auf den die Sonne scheint, oder wie ein von der Sonne beleuchtetes Ährenfeld. Alles war so sehr mit der Natur ver-bunden, als könnte man die gute Luft des Lärchenwaldes oberhalb Stampa einatmen. Wie konnte man solche Farbenharmonien machen? Machten diese Schüler Naturstudien? Wie gingen sie in ihrer Arbeit vor? Rätselhaft war mir das alles. Aber ich spürte, dass mich das alles anging, intensiv an-ging. Ich glaube, so spürt man das Schicksal.

Meine Eltern hatten mir erlaubt, die Kunstgewerbeschule zu besuchen, unter der Bedingung, dass ich das Zeichenlehrerexamen machte. So habe ich am Schluss des sechsten Semesters das Examen gemacht. ‹Zeichen-lehrer auf der Stufe der Sekundar- und Mittelschulen sowie der gewerb-lichen Fortbildungsschulen› stand auf dem Diplom.

PARIS

Dann kam der Abschied, der Abschied von der Schule, den Lehrern, den Kameraden und von den Schülerinnen. Man war elegisch gestimmt und zugleich in gehobener Stimmung. ‹Was kostet die Welt?›, hätte man am liebsten gefragt. Für einige Tage war ich nach Hause gefahren, zu den Eltern. An den Scheiben des Bahnwagens bildete der Regen grosse Tropfen; dann flossen sie in dichten Reihen schräg herunter. Ich schaute ihnen lange zu. Wie Tränen waren sie. – In Zürich traf man sich wieder: Dübendorfer, Buchmann, Weber, Bercher und ich. Wir wollten zur weiteren Ausbildung nach Paris. Es war im Frühjahr 1897. Kurz nach dem Sechseläuten war unsere Abreise. Paris schien uns so unendlich weit entfernt, dass man in einem Tag unmöglich dorthin gelangen konnte. So übernachteten wir schon in Porrentruy. Der eigentliche Leithammel auf unserer Reise war Wilfried Buchmann. Ein Onkel von ihm hatte ihn darüber unterrichtet, wie wir fahren sollten. Ich sehe jetzt noch, wie wir am Abend in Porrentruy um einen runden Tisch sassen und wie unser Französisch auf die Probe gestellt wurde. ‹La *condition,* s'il vous plaît!›, hatte Buchmann gerufen, anstatt *l'addition.* Schon in Belfort unterbrachen wir unsere Reise wieder. Ein Vetter von Buchmann war dort. Er holte uns an der Bahn ab, und wir mussten bis zum nächsten Zug nach Paris bei ihm sein. Ein langweiliger Mensch, der uns eigentlich nichts anging. Als jemand von uns ihm eine Zigarette offerieren wollte, lehnte er sie ab und sagte, er gebe in Belfort Klavierstunden, und da wolle er nicht, dass man ihm vorhalten könne, er rieche nach Tabak. ‹Ein Blödian!›, sagten wir. Ich war froh, als der nächste Zug ankam und wir weiterfahren konnten. ‹Direction de Paris› stand auf einer grossen Tafel im Bahnhof. Das war vielverheissend und schön. Ich konnte es kaum fassen, dass wir dorthin gelangen würden. Es war am Abend schon dunkel, als der Zug langsam in den Gare de l'Est einfuhr. Die unendlichen Lichterreihen des Bahnhofes – so grosse Lichterreihen hatten wir noch nie gesehen! Eine leichte Bangigkeit war in uns. Noch vor der Einfahrt hatten wir gesungen: ‹Zürich ist ein kleines Städtchen›. Aber ich glaube, es war eher Galgenhumor; wir wollten überlegen und übermütig scheinen. Kurz kam mir meine Mutter in den Sinn, die nun unendlich weit weg war. Aber wir waren also in Paris. Es war wieder Buchmann, der von seinen Eltern die Adresse eines kleinen Hotels in der Nähe des Gare de l'Est hatte. Als wir am Abend

dort unser bescheidenes Nachtessen bezahlen wollten und Dübendorfer
sein Portemonnaie öffnete, fielen ihm sämtliche Goldstücke heraus und
rollten unter die herumstehenden Stühle, Tische und Kanapees. ‹Das fängt
gut an›, dachte ich. Ob er alle wieder gefunden oder zurückerhalten hat,
weiss ich nicht; ich bezweifle es sehr. – Wir konnten nicht viel ausgeben
und wollten sparsam sein, und so schliefen wir, Dübendorfer und ich, im
gleichen Bett. In der Nacht krochen die Wanzen die Tapetenwand hinauf,
wanderten in einem rechten Winkel gegen die Mitte der Zimmerdecke
und liessen sich aufs Bett herunterfallen. ‹Strategie› nennt man das. Am
Morgen war Dübendorfer ziemlich verstochen; mir hatten die Tiere nichts
gemacht, wahrscheinlich weil sie wussten, dass ich zu Grasset gehen wollte
und also unbeschädigt aussehen musste. Fremd und neu war für mich
beim Erwachen das gedämpfte, gleichmässige, immerwährende Rauschen
des Verkehrs auf den mit Holz gepflasterten Strassen der grossen Stadt. –
Bald hatten wir ein Zimmer gefunden, und zwar an der Rue de Nesles 11.
Die Rue de Nesles ist eine kleine Seitengasse der Rue Dauphine. Unten
an der Türe des Hauses, in dem wir wohnten, war eine kleine Wäscherei.
Als Reklame und Zeichen des Geschäftes war eine Fahne aus Blech angebracht, die mit den französischen Landesfarben angestrichen war. Dampf
und ein Geruch von siedendem Seifenwasser und Wäsche drang aus der
Türe. Unser Zimmer, das weit oben war, war klein und düster, hatte aber
ein Himmelbett. Das einzige Fenster ging in einen Lichtschacht. Wir waren aber in gehobener Stimmung, sprachen fortwährend von der Kunstgewerbeschule Zürich, hatten auch ein wenig Heimweh nach der Schule
und den Schülerinnen, und am Morgen beim Erwachen wiederholte
Dübendorfer immer wieder sein Lied:

Kling hinaus bis an das Haus, wo die Blumen spriessen;
Wenn du eine Rose schaust, sag, ich lass' sie grüssen.

Ich wollte ja zu Grasset, und so hatte ich im Adressbuch von Paris, im
‹Bottin›, nachgeschaut, wo er wohnte. Es war Boulevard Arago. An einem
sonnigen Frühlingsmorgen ging ich hinaus. Von der Strasse aus ging man
zuerst durch einen kleinen Garten. Blaue Schwertlilien waren dort. Als ich
klopfenden Herzens leise an der Türe seines Ateliers klingelte, öffnete
Grasset die Tür und sagte: ‹Rue Vavin 19›. Dort war also die Schule, an der
Grasset Kurse für dekorative Komposition gab. Die Grasset-Kurse würden

erst im Herbst wieder beginnen, sagte mir dort der Direktor der Schule, Monsieur Guérin. Man müsse also Geduld haben. Zugleich fühlte ich mich glücklich, diesen Faden nun in der Hand zu haben und im Herbst ganz bestimmt die Kurse besuchen zu können. Eigen ist, dass man im Alter von zwanzig Jahren noch alles in Gemeinschaft mit Freunden und Kameraden erlebt. Gemeinschaftlich erfolgt die Anerkennung und Bewunderung einer Sache, gemeinschaftlich ihre Verwerfung. Erst später schält sich das eigene Ich, das Individuelle, heraus. So haben wir, wenigstens das erste Mal, gemeinsam den Louvre besucht; ebenso das Musée Cluny, die Sainte Chapelle, die Notre Dame und das Panthéon. Im Panthéon hatten sich sofort zwei feindliche Gruppen gebildet. Die eine (Dübendorfer und ich) war für Puvis de Chavannes, die andere (Buchmann und Weber) für Jean Paul Laurens. Jede Gruppe verteidigte mit Leidenschaft ihren Standpunkt, ohne dass eine Einigung möglich gewesen wäre. Diese Feindschaft drohte in den folgenden Wochen in eine Schlägerei auszuarten. Nur mit Mühe konnte sie unterdrückt werden. Ein Jahr später brach dann die Schlägerei doch aus, und zwar mitten im Boulevard Sebastopol. Dübendorfer und Weber gingen mit dem Stock gegeneinander los.

Gemeinsam besuchten wir die ‹Ecole nationale des arts décoratifs›. Sie war an der Rue de l'Ecole de Médecine – ein altes, enges Haus mit schmalen Treppen. Um in die Aktklasse aufgenommen zu werden, mussten wir eine Prüfung ablegen. Aufgenommen, hatte man dort am Vormittag Aktzeichnen und am Nachmittag, im Parterre, dekorative Komposition. Der Unterricht war so pedantisch und veraltet als nur möglich. Wir mochten die Schule nicht und nannten sie ‹Bocula nullatif›. Am Abend besuchten wir wieder gemeinsam das Aktzeichnen in der Akademie Colarossi.

Langsam war der Sommer gekommen, und mit ihm die grosse Hitze. Dübendorfer und Weber waren nach der Schweiz verreist; nur Buchmann und ich waren in Paris geblieben. Ich wohnte nun Rue Corneille 5, also gegenüber dem Theater Odeon. Ich hatte eine kleine Mansarde im obersten Stock. Sie hatte nur ein kleines Fenster, eine Dachluke, die aufs Dach ging. Die Mansarde war billig; sie kostete zwanzig Francs im Monat. Das Hotel ‹Corneille› – so hiess das Haus – war an und für sich ganz gut. Auf den Treppen, die zum ersten und zweiten Stock führten, hatte es Teppiche; weiter oben wurden die Teppiche schon dünner und minderwertiger, und ganz oben, wo ich war, hatte es keine Teppiche mehr. ‹Abstufung› nennt man das!

Die Hitze in Paris, der Staub, der Geruch von Pferdemist auf der Strasse und der Geruch der ‹pommes frites›, die an den Strassenecken verkauft
wurden, waren furchtbar. Um überhaupt arbeiten zu können, ging ich
schon morgens fünf Uhr in den Jardin des Plantes hinaus, um dort Blumen zu malen und Farbstudien nach Schmetterlingen zu machen. Es war
eigen. Ich war dort allein und habe zum erstenmal irgendetwas davon
geahnt, was eine Zwiesprache, eine innige, aufrichtige Beziehung zur
Natur sein kann. Ich sage: es war nur eine Ahnung; aber es war etwas, das
man fühlte oder tat, ohne sich vorher mit den Kameraden zu besprechen.
Ja, man schwieg darüber – ein wenig so, wie man über eine im Entstehen
begriffene Liebe schweigt. Sie geht niemanden etwas an. Noch heute denke ich oft an den Jardin des Plantes und habe meine grüne Eintrittskarte
als Erinnerung aufbewahrt. – Der Sommer war glühend und endlos. Das
einzige Labsal, auf das man sich während des ganzen Tages freute, waren
die zwei riesigen Tassen eiskalter Milch, die wir am Abend in der
Crémerie der Madame Certes an der Rue Dauphine tranken. Madame
Certes mochte uns gut; wir, die ‹Suisses›, waren für sie ein wenig wie ihre
Buben. War die Milch getrunken, so ging man hinüber zum Pont Neuf,
um die untergehende Sonne, den Abendhimmel und die im Dunst des
Abends in Grauviolett eingehüllte Flucht des Louvre und der Tuillerien zu
sehen. Das war herrlich.

Es wird in der letzten Woche des Monats August gewesen sein, als ein
Regentag kam. Das wirkte wie ein Wunder. Mit einem Schlag war die
Hitze vorüber. Man konnte wieder atmen. Der Pariser Sommer war überstanden. – Als die Grasset-Kurse endlich begannen, waren die Herbst-
abende schon kühl und die Blumenbeete im Luxemburggarten schon
längst verblüht. Mein Weg zur Rue Vavin führte quer durch den Luxemburggarten, vorbei am Denkmal der Marguerite d'Anjou mit der
pathetischen Inschrift: ‹Si vous ne respectez une reine proscrite, respectez
une mère malheureuse.› Dann vorbei am Denkmal der guten Comtesse
de Ségur mit ihrer gewölbten Stirne und dem ruhigen mütterlichen
Gesicht, dann quer durch die Rue d'Assas. Der eigentliche Name der
Schule, in der Eugène Grasset seinen Unterricht gab, hiess ‹Ecole normale
d'enseignement du dessin›. Direktor der Schule war, wie ich schon sagte,
Monsieur Guérin, ein Architekt. Grasset war von Wuchs eher klein, hatte
lebhafte, dunkle Augen, eine kleine Glatze, einen Schnurrbart und trug

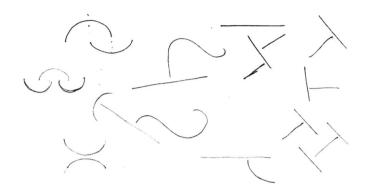

einen Zwicker. Immer hatte er weite Beinkleider an. Und wie war der
eigentliche Unterricht? Er war für uns alle vollständig umwälzend, gründ-
lich und radikal. Alles Bisherige war wertlos und wurde über Bord geworfen. Man fing mit dem Punkt an; dann kam eine Reihe von Punkten;
verschiedene Reihen von Punkten übereinander; verschiedene Reihen
von Punkten übereinander, aber mit ungleichem Abstand der Reihen;
dann die gerade Linie; verschiedene Reihen von Linien übereinander;
verschiedene Reihen von Linien übereinander, aber mit ungleichem Abstand und mit ungleicher Breite der Linien; dann die Wellenlinie, die
Zickzacklinie, die Entwicklung der geraden Linie, die gebogene Linie, die
‹lignes harmoniques›, die disharmonische Linie, die Korrektur der dis-
harmonischen Linie durch mehrmalige Wiederholung, und immer mit der
Betonung: ‹Tout soit voulu et préconçu d'avance.› Das alles war tief-
schürfend und gab zu denken. Alles war fest gebaut, war logisch und kon-
sequent. Es gab kein Entrinnen. Und wie Zauberei wirkte es auf mich,
wie wenn man mir plötzlich die Augen geöffnet hätte, als ich nach der
siebenten oder achten Unterrichtsstunde wieder durch den Luxemburggarten nach Hause ging und plötzlich sah, wie die Wolken am Himmel
angeordnet waren: ob sie als ‹semis› aufzufassen und zu verstehen oder an
den Schnittpunkten zweier sich schneidender Liniensysteme angebracht
waren oder als grosse Massen nach dem Prinzip der ‹division de la figure›

wirkten. Und die kleinen Kieselsteine, die zufällig am Boden lagen: Ich sah, ob ihre Anordnung als harmonische Linie aufzufassen war oder ob sie Gruppen bildeten und nach welcher Gesetzmässigkeit diese Gruppen geordnet waren. War das alles nicht wunderbar? Eine neue Welt war im Entstehen begriffen. Wie ganz anders war das als das Abmalen eines ‹Motivs›, wie es die Landschaftsmaler machten! Man war wie eine Art Gott und konnte in analoger Weise wie der liebe Gott mit der Natur verfahren und vorgehen. Und an einem Abend am Boulevard Saint-Michel, als es geschneit hatte und man die weissen Schneeflocken auf den dunklen Schirmen sah – waren das nicht auch Punkte, die nach einer bestimmten Art verteilt und komponiert waren? Also war die Natur herrlich und das Dasein schön. Es ist nun begreiflich, dass bei einer solchen lyrischen oder auch nur gutmütigen Einstellung zur Welt mir die wunderbare Dante-Barke von Delacroix nicht viel sagen konnte. Sie war ja auf Hell und Dunkel aufgebaut, hatte starke Kontraste und war dramatisch. Was wirklich mich anging, anzog und mit Bewunderung erfüllte, war im Louvre der kleine lange Saal mit den italienischen Primitiven, der ruhige, klare, sofort erfassbare Aufbau der Komposition, dann die ruhige Haltung der Figuren – kein Getue, kein Theater, keine Nervosität, kein Kampf, alles nur Gelassenheit und Güte des Herzens. Schön war das! Und die farbige Haltung der Werke! Ein warmes Hellgrau war da, dann Gold, ein wenig reines Blau und ein wenig reines Rot. Das alles war schwebend und rein, wie ein Versprechen einer besseren Welt, eines kommenden Frühlings oder des kommenden Paradieses. Unsagbar war das. Und eine Krönung der Maria war dort, auch mit Gold, Zinnober, Hellgrau und Hellblau. Ich hatte geschaut, von wem das Bild war. ‹Giovanni Angelico, genannt Fra Angelico, auch genannt Beato Angelico› war darunter gestanden. Ich hatte den Namen noch nie gehört.

Es war in dieser Zeit, dass ich an einem Abend im Winter frierend unter den Bogen des Odeons stand, um die im Freien ausgestellten Bücher der Buchhandlung Flammarion anzuschauen. Ein Buch war mir in die Hand gekommen, das den Titel ‹Ruskin et la religion de la beauté› trug. Es war von Robert de la Sizeranne. Stehend hatte ich darin geblättert. Es stand darin von einer Wiese und von den Blumen, dass in der Wiese Platz genug für alle Blumen gewesen wäre, dass die Blumen sich aber zusammengedrängt und Gruppen gebildet hätten, wie aus Liebe. Also auch hier das Problem der Gruppierung, dasselbe, was ich bei Grasset

48

gehabt hatte. Das Buch von Robert de la Sizeranne war eine Huldigung für John Ruskin. Auch diesen Namen las ich zum erstenmal. Ich war wie verzaubert – alles drängte sich zusammen, und alles in einer Richtung, einer Linie. Denn in einem Laden an der Rue Bonaparte war die Photographie eines Bildes ausgestellt, das ich nicht kannte. Es war eine Gruppe von stehenden Engeln in einem Garten. Die Gruppe war elliptisch angeordnet und bildete einen Ring. Grosszügig war das. Das war ‹voulu et préconçu d'avance›, wie uns Grasset gesagt hatte. Als ich näher hinschaute, von wem das Bild wohl sein könnte, war es wieder von Fra Angelico. Trotz meinen sehr schmalen Finanzen habe ich am anderen Tag die Photographie gekauft. Sie hängt heute noch hier in meinem Atelier. Auch bei mir gruppierte sich alles; denn erworben habe ich auch etwas weiter unten an der Rue Bonaparte die Photographie des Bildes von Dante Gabriele Rosetti: ‹Guardami ben, ben son, ben son Beatrice›.

Am Vormittag war in der Ecole Guérin Aktzeichnen. Ein- oder zweimal in der Woche kam dann Grasset für die Korrektur. War Grasset nicht da, so wurde, wie in allen Kunstschulen während des Aktzeichnens, laut das Gebrüll einer Menagerie oder eines Tiergartens nachgeahmt. Immer machte der Löwe den Anfang. Da das Atelier im Parterre war und das Fenster offen stand, blieben die Passanten auf der Strasse oft stehen, um herauszufinden, was da wohl gespielt werde. Hatten wir von der Menageriestimmung genug, so kamen französische Gassenhauer an die Reihe, vor allem der eine:

As-tu vu Bismarck à la porte de Châtillon, qui fumait sa pipe?
Trallalala tonton;

dann der andere mit dem Refrain:

Payez-vous la goutte, goutte, goutte, goutte?
Payez-vous la goutte, goutte, goutte, goutte?
Oh! ces officiers de la garde, de la garde!
Oh! ces officiers de la garnison!

Das alles bezog sich also noch auf den Krieg von 1870/71, und in Gedanken sah man die friedlichen, grünen Rasen auf der Stadtmauer von Paris, wo wir an Sonntagen oft hinausgingen, um im Gras zu liegen und hoch oben die weissen Wolken zu sehen, die vielleicht nach der Schweiz gewandert sind.

Grasset hatte mich bei einem Mosaikgeschäft empfohlen, so dass ich einige Entwürfe für Mosaiken machen konnte. Der Besitzer des Geschäftes war Monsieur Bichi. Ganz Paris musste ich auf der Imperiale des Omnibus durchqueren, um zu Monsieur Bichi zu gelangen, der oben am Montmartre war. Was ich für die Entwürfe erhielt, war sehr wenig. Durch einen Sohn von Glasmaler Gaudin hatte ich von Gaudin einen kleinen Auftrag erhalten. Irgendwo in Paris müssen also Glasfenster von mir sein; wo, weiss ich nicht. Es ist auch besser so; denn ich war nicht bei der Sache. Auch habe ich, um etwas zu verdienen, für ein grosses Warenhaus Wanduhren entworfen, ganze Blätter voll. Und für ein grosses Geschäft in der Nähe der Place Saint Sulpice habe ich die vierzehn Stationen entworfen, die dann in ‹émail cloisonné› ausgeführt wurden. Aber das alles und der Verkehr mit den hochnäsigen Geschäftsherren und Direktoren der grossen Pariser Firmen war entsetzlich, wie denn überhaupt für jemand, der sein Brot in Paris verdienen muss, die Weltstadt eine Hölle sein kann, und was für eine!

Es war im Sommer 1898, als ich in Chur die Rekrutenschule absolvierte. ‹Wir sind Schildwache Nr. 1 bei der Kaserne in Chur. Wir haben die Gewehre zu überwachen und darauf zu schauen, dass niemand Papier zu den Fenstern hinauswirft›. Das war eines Nachts unser Schildwachbefehl. Als ich diesen Befehl tadellos hergesagt hatte, hatte mir Oberleutnant Pieth auf die Schulter geklopft und gesagt: ‹Brav!›

Die Straffheit des militärischen Lebens hatte mir Eindruck gemacht. Eine ganze Schönheit lag in dieser frischen, straffen und aufgeräumten Einstellung. Schon am frühen Morgen die hellen Trompetenklänge der Tagwache: Es gab da kein Sichbesinnen darüber, ob man nun aufstehen solle oder nicht, oder ob man doch noch ein wenig zuwarten wolle. Man stand sofort auf. Man musste aufstehen. Ich fragte mich und frage mich heute noch, ob nicht etwas von dieser Frische und Straffheit auch unseren Schulen bis hinauf zur Universität gut tun würde, ob nicht dadurch eine neue Schönheit hineinkäme. Bei dieser meiner positiven Einstellung zur Rekrutenschule spielte selbstverständlich auch der Gedanke mit, dass auch mein Vater, Onkel Zaccaria, Onkel Tunin und Onkel Cesare Militärdienst geleistet hatten und ich nun auch wie sie Militärdienst leisten würde, und so wie sie alle auch im Bataillon 93. Wie habe ich als kleiner Bub diese

Zahl 93 am Käppi meines Vaters angestaunt! ‹Hat die Schweiz so viele Bataillone?›, hatte ich mich gefragt. Natürlich war ich in der Rekrutenschule in Gedanken immer in Paris bei Grasset und meiner Arbeit. Die weissen Kumuluswolken habe ich so gesehen, wie wir sie bei ihm gemacht haben, und das Wogen des hohen Grases in den Wiesen bei Chur war so golden und reich wie ‹émail cloisonné›. Den Abschluss der Rekrutenschule bildete der grosse Ausmarsch über den Panixer Pass.

Zu Hause in Stampa, in unserer Familie, ging es nicht gut. Die Beziehungen meiner Eltern zueinander waren nicht mehr dieselben wie in früheren Jahren. Wie ein Verhängnis war das über uns hereingebrochen, und wir waren alle machtlos dagegen. Wie ein böses Schicksal war das. Ich hatte gehofft, dass unsere vielen Verwandten ihren Einfluss geltend machen und die Sache einigermassen wieder ins Geleise bringen würden; aber sie waren apathisch und taten nicht das Geringste dafür. Es war also im Sommer des folgenden Jahres, als ich die Sommerferien in Stampa verbringen wollte und von Paris über Zürich kam, als mir Tante Marietta sagte, meine Mutter habe einen Selbstmordversuch verübt. Sie hatte sich zu Hause in einen Raum im oberen Stock eingeschlossen und versucht, durch Kohlenoxydgas sich das Leben zu nehmen. Zufällig hatte man sie noch retten können. So war es bei uns. Wie gross war da bei mir der Gegensatz zwischen meiner hellen Welt mit Beato Angelico, dem Louvre und Grasset und der deprimierenden Stimmung zu Hause!

Wenn ich allein durchs Leben gegangen bin und nicht geheiratet habe, so war es auch deshalb, weil ich unter keinen Umständen wieder in eine solche Dämonie und entsetzliche Ehetragödie hineingeraten wollte, wie wir, mein Vater, die Mutter, mein Bruder und ich, sie so schuldlos und einfach als Schicksal erlebt haben.

Der lange Italienersaal im Louvre und die Bewunderung für Fra Angelico hatten in mir den Wunsch entstehen lassen, Angelico an Ort und Stelle, also in Florenz, zu sehen. Das war die echte, wirkliche Kunst – nicht das, was in Paris gemacht wurde. Im Luxemburgmuseum kannten wir ja die Salle Caillebotte. Aber das alles sagte uns nicht viel. Der ‹Biergarten› von Liebermann und die ‹Rabotteurs› von Caillebotte – war das alles? Was hatten wir mit Biergarten zu tun? Nur Sisley, ja, Sisley war frisch: seine Landschaft an der Seine mit den wunderbaren Wolken. Aber vielleicht war das bei uns nur Heimweh nach dem Lande, nach der Schweiz. Offenbar war ich Paris müde. Und immer klangen mir die Verse in den Ohren:

Die Türme von Florenz
Umblaut der süsse Lenz, der junge Lenz.
Die Frauen singen leis und laut
in allen Gassen von Florenz.

Aber das sollte sich nicht so bald verwirklichen. Ich wurde krank. Der
Arzt am Boulevard Saint Michel, zu dem ich gegangen war, hatte mir
gesagt, die rechte Lungenspitze sei angegriffen, ich solle sofort von Paris
wegfahren und in der Schweiz in einem Sanatorium eine Kur machen. So
weit war man also! Der Arzt hatte mir gesagt, es sei meistens so: Wenn
man die Studien beendet habe, sei man krank. Er hatte wahrscheinlich
erraten, dass meine finanziellen Verhältnisse nicht gerade die glänzendsten
waren; denn als ich ihn fragte, was ich ihm für die Konsultation geben
dürfe, sagte er, sie koste nichts. Ich war damals bereits so gross gewachsen
wie jetzt und wog ganze 51 kg! (Ohne Überheblichkeit muss ich schon
sagen, dass ich seither Fortschritte gemacht habe; denn jetzt wiege ich
100 kg!) Als ich vor meiner Abreise im Frühjahr 1901 noch zu Grasset
ging, um von ihm Abschied zu nehmen, sagte er zu mir: ‹Il faut faire de
belles choses.› Ich kam ins Sanatorium Wald. Während des ganzen Tages
war Liegekur. Dazwischen waren kleinere Spaziergänge eingeschaltet. Von
jedem Patienten hatten die Ärzte eine Zeichnung der angegriffenen Lun-
ge gemacht. Nach jeder Untersuchung wurde dann die Zeichnung ge-
ändert. Die Liegekur ist nicht so abschreckend, wie man sie sich vorstellt.
Im Gegenteil: sie hat einen besonderen Reiz. Man ist vom Betrieb des
Lebens losgelöst: Man ist rein kontemplativ, man ist nur Zuschauer. Man
schaut dem Sommer zu, man schaut dem Herbst zu, und an einem Morgen ist die ganze Landschaft weiss und mit Schnee bedeckt. Alles geht
unmerklich ineinander über. Von meinem Liegestuhl aus sah ich weit
hinüber nach Pfäffikon und Lachen. Oft konnte ich mit einem jungen
Mädchen aus Schaffhausen Krocket spielen. Oft spielte eine von den
Frauen Violine: eine merkwürdige Melodie, die ich jetzt noch höre; wie
Trost und Versöhnung war es. Dann lag man da, in Decken gehüllt, trank
die warme Milch und schaute den langsam fallenden Schneeflocken zu.
Stimmungsmässig war es für mich in Wald das, was man ‹Rückblick und
Ausblick› nennt. Wie oft habe ich dort an Paris zurückgedacht, auch an

die vielen Lumpereien, die wir dort angestellt hatten: damals, als Dübendorfer im Hotel de l'Univers sein Zimmer nicht bezahlen konnte und wir
nach Mitternacht in einer Kutsche mit ihm und seinem Koffer durchgebrannt und zum Gare de l'Est gefahren waren; und damals, als wir am
‹Concert Rouge› an der Rue Tournose am Boden ein Goldstück entdeckt
hatten, womit wir dann sämtliche Erdbeertörtchen der Konditorei an der
Ecke Rue Racine/Rue de l'Ecole de Médecine erstanden und stehend
vertilgt hatten; und damals, als wir, Weber, Bercher, Wyss, Dübendorfer,
Buchmann und ich, alle in einer Kutsche zum anderen Stadtteil hinübergefahren waren und in unserem Übermut die grünen Vorhänge der
Kutsche heruntergerissen und hinausgeworfen hatten, so dass der Kutscher
zu uns sagte: ‹Mais ce n'est pas une manière, ça!› Selbstverständlich haben
wir ihm den Schaden sofort vergütet, so dass er wieder viel schönere und
neue Vorhänge kaufen konnte.

Oft habe ich auch an das stolze Paris zurückgedacht, an die Place de la
Concorde und die Avenue des Champs-Elysées, dann an die stolzen Worte
Dantons, die als Inschrift an seinem Denkmal angebracht sind:

Pour vaincre les ennemis de la patrie,
il nous faut de l'audace, encore de l'audace
et toujours de l'audace.

Während meiner Liegekur in Wald habe ich meistens gelesen. Ich las
wieder Robert de la Sizeranne, dann John Ruskin: ‹Les sept lampes de
l'architecture›, dann wieder die kleine Schrift von Signac: ‹D'Eugène
Delacroix au neo-impressionnisme›. Das kleine Buch hatte uns, namentlich Bercher und mich, in Paris mächtig interessiert: die Frage des ‹mélange optique› der Farbe. Der ‹mélange optique› war bei uns zu einem
Schlagwort geworden. Zuviel hatte ich während der Liegekur gelesen;
denn plötzlich war die dünne Quecksilbersäule im Thermometer wieder
gestiegen und zeigte ein ganz klein wenig Fieber an. Also musste man die
Bücher weglegen. Auf dem Fenstersims, am Kopfende meines Liegestuhls,
hatte ich eine Papiertüte liegen lassen, in der sehr süsse, klebrige Bonbons
waren. Die Wespen waren gekommen, zuerst nur wenige, dann immer
mehr, und hatten die Papiertüte durchlöchert. Es war interessant, dem
Kommen und Gehen der Tiere zuzuschauen. Sie flogen ganz nahe an
meinem Kopf vorbei, ohne mich je gestochen zu haben. Aber die anderen

Patienten, meine Nachbarn, wurden nervös, behaupteten, ich züchte da ein Wespennest, und so musste ich dem allgemeinen Frieden zuliebe der Sache ein Ende machen. – Nicht alle Patienten hatten die kontemplative Einstellung, von der ich oben sprach. Einer von uns hatte ein düsteres Aussehen und einen düstern Gesichtsausdruck; er war Geometer. Während der Liegekur hat er nicht gelegen, sondern gesessen. Auf seinem Kissen hatte er ein kleines Reissbrett und arbeitete fortwährend. Irgendeine Katastervermessung oder Güterzusammenlegung führte er zu Ende. Den Ärzten hatte er klipp und klar erklärt, er müsse arbeiten. Die Direktion hatte ihm dann zu verstehen gegeben, es sei besser, wenn er nicht mehr in Wald bliebe. Und er ging.

Es war gegen Mitte Januar, als mir Direktor Dr. Staub sagte, ich könne nun als geheilt betrachtet werden und meine Arbeit und Studien wieder aufnehmen und das Sanatorium verlassen. Ich war von Herzen dankbar und froh darüber. Nur von einem lärmenden Jubel konnte keine Rede sein; denn uns Patienten war es immer so, als ob ein Schwert über uns hinge, das zu jeder Zeit herunterfallen könnte. Man wusste nur nicht wann. Wahrscheinlich war diese unsere Einstellung ein wenig übertrieben. Aber es war gut so.

Ich ging nun für einige Wochen nach Stampa. Dort war viel Schnee. Täglich machte ich meine Spaziergänge, wie sie uns in Wald vorgeschrieben waren, und täglich trank ich um zehn Uhr vormittags, vier Uhr nachmittags und abends vor dem Schlafengehen warme Milch und mass meine Temperatur. Aber das kleine Thermometer war brav und zeigte regelmässig 36,9 Grad. Also war kein Fieber da. Auch hatte ich das merkwürdige Gefühl, als ob man durch die gewissenhafte Einhaltung aller Vorschriften (warme Milch, Spaziergänge, Temperaturmessung und ‹Achtstundentag›) immer gegen die Krankheit gefeit sei. – Schön war es auf meinem Spaziergang, der nach Caccior führte. Da waren die Erlen im Schnee. Die Stämme der Erlen waren wie Silber. In den dünnen Ästen waren winzige dunkelbraune Zapfen. Sie bildeten Gruppen und Massen, wie die Sterne der Milchstrasse. Sie bildeten die dunkelsten Punkte im Bild. Ich musste an eine Farbenstimmung denken, die uns Grasset gegeben hatte, und worin auch Grau, Silber und Braun vorkamen. Etwas Enthaltsames war darin, auch etwas Vornehmes: Grau, Silber und Braun. Man sieht ja in der Natur nur das, was man im Herzen hat, und so war wenigstens das Enthaltsame auch in mir. Am Sonntag hatte Pfarrer Roffler in der Predigt vom Traum Jakobs gesprochen und von der Leiter, die bis zum Himmel führte. Schön war mir das vorgekommen, eigentlich unsagbar schön. ‹Il celo›, hatte er gesagt, anstatt ‹cielo›. Und trotzdem man im Januar war und in der Kirche sehr fror, sah ich im Geiste schon die Frühlingssonne und Florenz. Nach der Predigt hatte ich dann zu Hause versucht, den Traum Jakobs zu entwerfen, und war erstaunt darüber, wie nach dem Unterricht bei Grasset mir das freie Gestalten und Komponieren ganz selbstverständlich vorkam: die verschiedenen Möglichkeiten, wie man die Himmelsleiter in die gegebene Fläche stellen konnte, die Hauptmöglichkeiten, dann die Varianten davon. Auch da ging die Aussenwelt parallel zur Innenwelt; denn auch ich war daran, in meinem Leben, wenn auch noch so unbeholfen, eine Art Leiter aufzustellen, die bis zum Himmel hätte reichen müssen. Man hört und sieht in der Aussenwelt nur das, was einen ganz angeht.

FLORENZ

Der Tag der Abreise war gekommen und mein Koffer gepackt; das heisst, ich hatte keinen richtigen Koffer, sondern nur einen grossen Wäschekorb. Er musste mit einem dicken Seil gebunden werden. Eingepackt hatte ich zwei grosse Mappen mit Zeichnungen, die man in die Diagonale des Korbes legen musste, damit sie Platz hatten, dann meine grosse Petroleumlampe aus Paris und die unvermeidliche Schaffhauser Watte für das kranke Ohr. Damit der Korb solider sei, hatte mein Vater aussen, am Boden des Korbes, noch zwei Latten aus Lärchenholz befestigt. So konnte man den Korb am Boden nachschleifen wie einen Schlitten. In Chiavenna war schon kein Schnee mehr. Ich hatte dort bis zur Abfahrt des Zuges eine Stunde Zeit und war hinausgegangen bis zum Cotonificio Ammann. Die Wiesen waren braun, und auf den Feldern und in den Rebbergen haben die Leute Winterarbeiten ausgeführt. Eine Leichtigkeit war in mir, wie wenn man gut atmen kann. Zum Bahnhof zurückgekehrt, gab ich meinen Korb als Gepäck auf. Der Beamte klebte den Zettel darauf; ‹Firenze S.M.N.› stand darauf. Ich wusste nicht, was ‹S.M.N.› bedeutete, war näher getreten, und als ich hinschaute, war auf dem Zettel ganz klein gedruckt: ‹Santa Maria Novella›. War das nicht schön? Wie oft hatte ich an der Kunstgewerbeschule, in der Stillehre, diesen Namen gehört und dann in Paris vergessen! Und nun war er wieder zum Vorschein gekommen. Er hatte etwas Beschwingtes mit seinem italienischen Klang; er war wie der Name eines italienischen Mädchens. Wie ein Versprechen war er mir. Dass ich und mein armer Wäschekorb dorthin, wo Santa Maria Novella ist, kommen sollten, war mir rätselhaft und unbegreiflich. Am ersten Tag ging die Reise bis Mailand. Mailand war für uns im Bergell der eigentliche Inbegriff der Grosstadt: Mailand und Zürich. Wie oft hatte ich als Bub in Stampa, wenn die Sonne untergegangen war, ganz im stillen gedacht: Dort hinter den Bergen von Chiavenna liegt Mailand! Meine Eltern hatten ja ihre Hochzeitsreise nach Mailand gemacht. Sie waren dort im ‹Albergo dell'Agnello› abgestiegen. Oft hatten sie uns, meinem Bruder und mir, erzählt, was sie alles in Mailand gesehen haben: den Dom, den Arco della Pace, den Königspalast mit den Gemächern des Königs und die Gemäldegalerie. In der Gemäldegalerie sei ein Bild gewesen, das mit ‹Donna in abito nero› betitelt gewesen sei. Der Titel des Bildes sei ihnen nichtssagend vorgekommen. Sie hätten gerne wissen wollen, wer denn diese Frau ge-

wesen sei. Immer wieder haben sie von Mailand erzählt. Und immer mit
einer leichten Selbstironie: ‹Was willst du, dass wir von Kunst verstanden
hätten!›, hatte mir mein Vater später gesagt, als ich ihm einmal im Spass
sagte, er und die Mutter hätten doch in der Brera schauen sollen, wie
schön das kleine Bild von Benozzo Gozzoli sei. So stand für mich
Mailand ganz im Zeichen meiner Eltern – auch heute noch. Ich habe
den ‹Albergo dell'Agnello› aufgesucht und zu den Fenstern
hinaufgeschaut. An der Hauptfassade des Doms habe ich hoch oben die
eingemeisselten Worte ‹Maria nascendi› gelesen. Schön war das. Das alles
hatten also meine Eltern gesehen als junge Leute, als Leute vom Land, die
in ihren Sonntagskleidern auf ihrer Hochzeitsreise nach Mailand
gekommen waren.

Weiter oben habe ich schon gesagt, dass man in jungen Jahren alles
noch gemeinsam mit den Kameraden und Freunden erlebt. Eine Sache
wird gemeinsam besprochen und verehrt, eine andere Sache ebenso gemeinsam verworfen und heruntergetan. Alles wird im Kreise der Freunde
durchgenommen. Man bildet eine Partei, die geschlossen gegen eine
andere Partei kämpft. Wie hatten wir uns als ‹élèves de Monsieur Grasset›
gefühlt, im Gegensatz zu anderen, die nach Karlsruhe oder München gegangen und Landschaftsmaler geworden waren! Wie hatten wir die Nase
gerümpft über dieses Abmalen und diesen Naturalismus! Schon im voraus
war man ihnen gegenüber misstrauisch und feindlich eingestellt. Hätten
wir Grasset-Schüler eine Fahne gehabt, so wäre sie sicher knallrot gewesen
und hätte die Inschrift getragen: ‹Tout soit voulu et préconçu d'avance›. In
Mailand habe ich zum erstenmal gespürt, dass ich von nun an allein sein
würde, dass ich die Wertungen nun ganz nach meinem Dafürhalten aufstellen, meine Individualität, mein Inneres zum alleinigen Richter machen
müsse. Und da bin ich ganz zufällig auf etwas gekommen, das ich allen
Kunstjüngern herzlich empfehlen möchte: Man soll sich ein kleines Heft
zutun, das man immer in der Tasche trägt. In diesem Heft soll man das
zeichnen oder skizzieren oder angeben, was einem Eindruck gemacht hat.
Diese Skizzen brauchen nicht ‹erstklassig› zu sein; sie brauchen nicht so
auszusehen, als ob sie von Cézanne, Delacroix oder Liebermann wären.
Sie können auch so unbeholfen sein, wie man selbst ist. Auch meine ich
nicht, dass dieses Heft ein sogenanntes ‹Skizzenbuch› sein soll, in das man
nur interessante Typen zeichnet, die man im Café oder auf der Strasse
gesehen hat: in Italien z. B. nur schlafende Kutscher mit ihren mageren,

halb verhungerten Pferden, in Neapel nur heruntergekommene Briganten oder eine arme Frau mit ihrem Kind. Nein, nicht das. Solche Skizzenbücher sind mir ein Greuel. Es muss alles individuell sein. Im Heft soll man eigene Bemerkungen und Reflexionen eintragen: Reflexionen über ein Werk der Kunst, die Natur, Gott, die Liebe oder das Leben, und alles sehr kurz. Es soll nicht ermüdend und fade aussehen, wie ein Schulaufsatz; es soll auch nicht korrekt sein. Es soll nicht so sein, als ob man es einem Verleger zeigen müsste. Es soll ein Gespräch sein, das man mit sich selbst führt. Man ist ja sein eigener Lehrer und Schüler zugleich. Das Gespräch mit sich selbst soll so intim als möglich sein. Es soll egozentrisch sein. Alles, was man in das Heft zeichnet oder einträgt, geht die Aussenwelt nichts an. Man soll das Heft nicht zeigen und nicht prahlen damit. Bei den Zeichnungen und Notizen, die man macht, ist es gut, wenn man immer das Datum beifügt. Man erhält dadurch eine Beziehung zum Astronomischen. Eine Begebenheit, auch eine psychologische, die im Januar vor sich geht, ist anders als eine Begebenheit im August. Da wir auf einem Stern wohnen, der in einem Jahr die Sonne umkreist, sind wir ja genau in sechs Monaten samt dem Zürichsee und dem Grossmünster auf der anderen Seite der Sonne. – Man weiss, dass Gabriele d'Annunzio immer so ein kleines Heft bei sich gehabt und Eintragungen gemacht hat. Es ist ausserordentlich reizvoll, diesen einfachen Notizen nachzugehen.

Weit war mir die Fahrt bis Florenz vorgekommen, namentlich die nie enden wollende Strecke bis Bologna. Als der Zug von der Höhe des Apennins gegen Pistoja hinunterfuhr, wurde für mich eine neue Welt sichtbar: die eigentliche Toskana mit den silbergrauen Oliven, den Zypressen, den sanft geschwungenen Hügeln und der weichen, einschmeichelnden Luft. Und Florenz? Wie bescheiden war der alte, kleine Bahnhof! Am Bahnhof war ich in einen der kleinsten Hotelomnibusse eingestiegen, der mich zum Hotel ‹Fenice› an der Via Martelli, ganz in der Nähe des Doms, führte. Es war ein kleines Hotel. Im Parterre war ein Restaurant, das immer halb leer war. Die wenigen Gäste waren Medizinstudenten und Offiziere. Ich war doch stolz auf meine Muttersprache, auf mein Italienisch; aber schon am ersten Abend fragte mich der Cameriere, ob ich Franzose sei. Auch fragte er mich, ob ich ‹minestra asciutta› wolle. Das schien mir, als sage man ‹hölzernes Eisen›, und ich wusste nicht, wie die Minestra eigentlich aussehen würde. Ich kam ja aus Paris, und so war Florenz eine kleine, bescheidene Stadt. Die Gassen waren schmal und die Läden klein.

Klein waren die Tramwagen und primitiv die Kutschen, die auf der einen Seite des Doms standen. Aber wie lieb war das alles, wie echt und ungeschminkt! Wie war das ‹Chiostro verde› in der Santa Maria Novella einfach und schlicht! Da war nichts von dem Getue der ‹Exposition universelle 1900›, die ich ja kurz vorher in Paris erlebt hatte, nichts von Verkehrswerbung, Propaganda, Reklame und Touring-Club, nichts von verlogenen Dekorationen in eleganten Brasserien. Auch die hochnäsigen Geschäftsherren der Place Saint-Sulpice hatten da nichts zu suchen und waren nicht da. Alles war still und in sich gekehrt. In dem kleinen Beet in der Mitte des Kreuzganges blühten einige dünne, bleiche Rosen. Und die Fresken in ihrem Graugrün waren zurückhaltend und schweigsam. Ein Gran Heiligkeit war da: das, was Schopenhauer von der Askese, von der Verneinung des Willens zum Leben und vom Quietismus geschrieben hat. Und unwillkürlich habe ich an die Worte denken müssen, die Schopenhauer anführt:

Hast du einer Welt Besitz gewonnen,
Sei nicht erfreut darüber – es ist nichts.
Und ist dir einer Welt Besitz zerronnen,
Sei nicht im Leid darüber – es ist nichts.
Vorüber gehn die Schmerzen und die Wonnen:
Geh an der Welt vorüber – es ist nichts.

Nur der Himmel war leuchtend blau und von dahinfliegenden weissen Wolken durchzogen: ein ganzer Böcklin-Himmel – wie überhaupt einem die Welt Böcklins, namentlich in der Umgebung von Florenz, immer wieder begegnet ist! Jeder Lorbeerstrauch, jede Steineiche und jeder Weiher war Böcklin. Beglückend war das. Man hätte sich nicht gewundert, wenn man im Walde von Vinciliata tatsächlich dem Einhorn begegnet wäre.

Die Ärzte im Sanatorium Wald hatten mir gesagt, es sei besser, wenn ich nicht in der Stadt wohnen würde, sondern ausserhalb – vielleicht in Fiesole, Settignano, San Domenico. So war ich schon am ersten Tag mit dem Tram nach Fiesole gefahren. ‹Fiesòle› hatte ich zum Tramkondukteur gesagt, worauf er mich korrigierte: ‹Fiésole›. Es war die Tramlinie Nr. 9. Man fuhr hinaus, an der ‹Santissima Annunziata› vorbei, dann hinaus in die Via degli Artisti, Barriera della Querce, Via Cento Stelle, Viale Alessandro Volta, San Gervasio und hinauf, schon ausserhalb der Stadt, nach San Domenico.

Wie war von hier aus die Ansicht des Hügels von Fiesole wunderbar –
alles Oliven und Garten! Es war Mitte Januar, und ich kam von Stampa,
wo alles tief eingeschneit, wo es rauh und kalt war. Hier waren die Wiesen
grün, von einem leuchtenden, satten Grün, und die Luft war weich und
mild. Regresso di Majano war die nächste Haltestelle, die Spitzkehre.
Dann kam Fiesole. Ich hatte meine Handtasche mitgenommen; d. h. es
war keine Handtasche, sondern nur ein Stück Wachstuch, in dem ich
Nachthemd, Zahnbürste, ein Stück Seife und viel Watte für das kranke
Ohr hatte. Das Wachstuch hatte ich mit vier Sicherheitsnadeln zugemacht
und trug das Ganze an einem Riemen.

Also hier in Fiesole hatte Angelico gelebt. Eigen war das. Ich muss
schon sagen, dass ich, als ich vom Tram gestiegen war, das Gefühl hatte,
man dürfe hier den Boden nur leise berühren und stille sein. Ich war erstaunt darüber, dass der Tramkondukteur mit einem seiner Kollegen eine
heftige Auseinandersetzung hatte, und dass die Kinder auf dem Platze
lärmend und ausgelassen spielten, wie wenn nichts wäre, wie wenn Fiesole
ein Ort wie ein anderer wäre, wie wenn Angelico nie gelebt hätte. – In
Fiesole hatte ich auch nach längerem Suchen kein Zimmer gefunden;
ebenso in San Domenico nicht. Erst in der Nähe von San Gervasio, Via
Castelli 3, fand ich etwas. Es war ein hohes, schönes Zimmer, das im
Parterre lag und ein vergittertes Fenster hatte. Vor dem Fenster war ein
grosser, verlotterter Garten, in dem Salat, Spinat, Carciofi, Bohnen, Ros-
marin und Blumen gezüchtet wurden, auch während des ganzen Winters.
Neben den Eidechsen begegnete man von Zeit zu Zeit der Tarantel. In
der Mitte des Gartens war ein alter Ziehbrunnen. Der Gärtner, ein gut-
mütiger, stiller Mann, hiess Beppo.

Signor Setti, bei dem ich das Zimmer gemietet hatte, war ein ehemaliger Telegraphenbeamter; er war pensioniert. Signora Setti trug eine
braune Perücke, legte während des ganzen Tages für sich Karten und
rauchte dazu die stärksten ‹toscani›. Man mochte mich gut.

‹E’ tanto buono, il Sor Augusto›, war der gewohnte Refrain. Ihr Wunsch
wäre gewesen, dass ich am Nachmittag zu ihnen hinübergegangen wäre
‹per fare conversazione›. Kam manchmal am Abend Signor Setti etwas spät
nach Hause und war Signora Setti nicht sofort zur Stelle, um die Haustür
aufzumachen, so schlug er mit dem Fuss an die Haustür und rief: ‹Apri,
marmotta!› Sofort machte sie dann auf. Es war mit ihm nicht zu spassen.

So wie man einen lang ersehnten Brief, wenn er endlich ankommt, vielleicht nicht sofort aufmacht, sondern am liebsten noch verschlossen zu einem kleinen, einsamen Spaziergang mitnimmt und dann in aller Stille auf einer Wiese oder einem Waldweg langsam öffnet, um ihn ganz zu haben, so habe ich mit dem Besuch des Chiostro San Marco einige Tage zugewartet. Ich wollte zuerst die kleinen Angelegenheiten und Sorgen des täglichen Lebens geordnet haben: das Zimmersuchen und dergleichen mehr. Ich wollte innerlich ganz ruhig sein. Weiss man, dass, wenn man etwas wirklich sehen, wirklich schauen will, man innerlich ganz ruhig sein, sich nicht schon am Morgen ärgern soll, weil z. B. die Schuhe noch nicht gereinigt sind, wenn man sie haben möchte, dass man sich nicht darüber ärgern soll, weil das Brot beim Frühstück vielleicht alt und die Butter ein wenig ranzig ist, dass man mit dem Tramkondukteur keine Auseinandersetzung beginnen soll, weil er einem auf der Fahrt vielleicht zu wenig zurückgegeben hat? Alles das soll man nicht tun; es ist ärger als Gift. Auch soll man nicht schon am Morgen eine Zeitung lesen und sich darüber ärgern, dass diese oder jene politische Partei diesen oder jenen Beschluss gefasst oder nicht gefasst hat; auch das ist Gift. Man soll sich innerlich ruhig und sauber halten und so sein wie ein weisses, unbeschriebenes Blatt: wunschlos und heiter. ‹Hab Sonne im Herzen› ist vielleicht das beste, was man sagen kann.

An einem milden Vormittag hatte ich schon an der Via Castelli gefragt, wo die Piazza San Marco sei, und war hingegangen. Wie bescheiden stand das Chiostro da! Ein niederer, einstöckiger Bau mit einer kleinen Türe. Da waren also die Angelico. Scheu schaute ich durch die Türe. Ich kannte ja die Sachen fast alle durch Reproduktionen oder Photographien. Aber wie waren die Originale ganz anders, und wie war es ganz anders, alles an Ort und Stelle zu sehen! Schon gegenüber dem Eingang die Kreuzigung mit dem knienden San Domenico: Wie tonig war das alles, und wie wunderbar war das gebrochene Blau des Grundes, ein unbeschreibliches Blau – wie Seide war das! Um diese Wirkung zu erreichen, war das Blau mit Ocker untermalt. Und wie war das Fleisch eigentlich nur ein warmes Grau! Es hatte mit dem, was man ‹Fleisch› nennt, nichts zu tun; es war weit über jeden Naturalismus hinaus. Das Ganze war als farbige Harmonie konzipiert und gedacht. Und als solche war sie unfassbar. Vielleicht hatte sie etwas von dem, was die Florentiner Landschaft kurz vor dem Karfreitag hat: einen seligen Duft von blühenden Veilchen und zugleich eine unsagbare Melancholie.

Dann die grosse halbrunde Kreuzigung im Kapitelsaal. Schon durch die Türe hatte man Teile der Komposition gesehen. Ich hatte lange an der Türe gestanden. Als ich hereinkam, war niemand da. ‹Similis factus sum pelicano solitudinis› war weit oben am Rand der Einfassung geschrieben. Ich hatte lange gesessen, an meine Mutter zu Hause und an den Vater gedacht: Wenn ich ihnen das zeigen könnte! Wenn sie das sehen könnten, diese Seligkeit und Ruhe, und dieses ‹Similis factus sum pelicano solitudinis›! Wie war das weit erhaben über alle Schwierigkeiten und Miseren der Menschen! Vielleicht würde zu Hause in Stampa alles wieder gut werden, wenn mein Vater und die Mutter dieses Bild sahen; vielleicht würden sich die Eltern wieder verstehen. Auch an unsere arme kleine Kirche San Giorgio hatte ich gedacht und an den Gesang der Mädchen. Auch einem Mädchen aus Borgonovo hätte ich dieses Bild gerne gezeigt, einem Mädchen, das gut war, das schöne Zöpfe trug und einen italienischen Vornamen hatte, der auf deutsch ‹Heilige› hiess. Namen haben ihre Schicksale und Beziehungen.

Im Sommer war ich dann wieder nach Stampa gezogen. Von den Werken Angelicos hatte ich Photographien mitgenommen, die ich meinen Eltern zeigte; ebenso das Buch von Vasari: die Künstlermonographien. Mein Vater hatte dann oft darin gelesen und kannte so nach und nach fast alle Namen. Auch hatte er das Buch auf eigene Kosten beim Buchbinder in Soglio einbinden lassen. Es ist jetzt noch in unserer Stube in Stampa.

Die Welt Angelicos hatte einen tiefen Eindruck auf mich gemacht –

nicht nur seine Kunst, auch sein Leben. Er hatte sein ganzes Leben im Kloster zugebracht. Das gab zu denken. Vielleicht war das Hervorbringen und Gestalten solcher Werke nur dann möglich, wenn man von der Welt Abschied nahm. Ja, ich war überzeugt, dass solche Schöpfungen wie die Beato Angelicos nur durch Heiligkeit, durch ein heiliges Leben, entstehen können. Bei Angelico war also das erreicht, was Schopenhauer ‹die Verneinung des Willens› nannte. Das alles hatte eine eigene Schönheit. Schopenhauer hatte ich in unserem Garten in Stampa gelesen: auf der Bank unter dem einen Kirschbaum, der rote Kirschen trug. Immer wieder hatte ich ihn gelesen. So kannte ich ihn fast auswendig. Und nun traf das, was Schopenhauer als das Höchste aufgestellt hatte, die Verneinung des Willens, mit Angelico zusammen. Das war unsagbar schön.

Das Leben meiner Eltern war durch die Wirrnisse und das Sichnicht-verstehenkönnen schwer geworden. Ich habe furchtbar darunter gelitten. Ich kam mir vor wie von einem Pfeil durchbohrt. Aber das Leben ging seinen Weg. Man musste still sein und so tun, als ob nichts geschehen wäre. Auch hatte ich das bestimmte Gefühl, dass uns niemand helfen würde oder könne, auch unsere Verwandten nicht. Ein Unheil, eine Verwünschung oder ein Verhängnis hatte uns getroffen, dem wir ausgeliefert waren, ohne uns wehren zu können. Auch Fernando, mein Bruder, war in sich gekehrt, schweigsam und traurig. Als er einmal aus Bern, wo er Tierarznei studierte, in den Ferien nach Hause und mit seinem breiten, schwarzen Hut die Treppe heraufkam und so tat, als ob er frisch und fröhlich von der Reise nach Hause käme, habe ich ihm angesehen, dass er innerlich tieftraurig war. Armer Fernando! ‹Der Mutter Segen baut den Kindern Häuser; des Vaters Fluch reisst sie wieder nieder.› Irgend etwas von diesem Verhängnis und dieser Trostlosigkeit war in der Luft, war bei uns. Neben diesem Weh und dieser Traurigkeit war die Welt Angelicos wie eine Erlösung und ein Paradies: eine Welt von Gold, Rosarot, Weiss, Hellblau, Zinnober und hellem, warmem Grau, ein Losgelöstsein von den Wünschen und Sorgen der Menschen – die eigentliche Mission der Kunst. Und sagte nicht schon Schiller:

Doch in den heitern Regionen,
Wo die reinen Formen wohnen,
Rauscht des Jammers trüber Sturm nicht mehr,
Da darf der Schmerz die Seele nicht durchschneiden.

In Florenz, an der Via Castelli 5, war an einem Tag ein Brief von meiner Tante Marietta aus Zürich angekommen. Die gute Tante hatte dem Brief einen Ausschnitt aus dem ‹Tagblatt der Stadt Zürich› beigelegt. Der Ausschnitt war die Ausschreibung des Wettbewerbes für einen Mosaikschmuck im Hofe des Schweizerischen Landesmuseums in Zürich, als Fortsetzung des Mosaikfrieses, dessen Vollendung durch den Tod Hans Sandreuters unterbrochen worden war. Den Zeitungsausschnitt hatte ich lange angeschaut. Und warum sollte ich nicht am Wettbewerb teilnehmen? Ich kam aus Paris, war jung und war ‹élève de Monsieur Grasset›. Und das wollte etwas heissen! Und gerade Mosaik war etwas, das mir lag. Wir alle, die wir bei Grasset gewesen waren, wollten nicht ‹Bilder›, keine Ölbilder malen. Eine tiefe Verachtung hatten wir für die ‹Bildermaler›, die im Freien ‹Motive› suchen, und die mit Feldstuhl und Staffelei irgendwo im Freien sitzen. Für uns waren das Naturalisten, also Leute, die vom augenblicklichen Zustand der Natur abhängig sind, Leute, die im Sommer grüne Landschaften und im Winter Häuser im Schnee malen. Also eigentliche Hampelmänner waren das – schon die Art, wie sie, mit Staffelei, Feldstuhl und Malkasten bepackt, mit der Pfeife im Mund daherkamen: ihre Kleidung, ihre Art zu gehen und ihre Wichtigtuerei. Hatte uns nicht schon Grasset gesagt: ‹Les effets de soleil, tels que les comprend la peinture moderne, sont absolument antidécoratifs›! Und diese Bildermaler malten also ‹effets de soleil›. Dann die berühmte, grosse, geschweifte, braune Holzpalette, die diese Maler in der Hand hielten! Als Protest gegen alle diese Leute hatte ich mir eine weisse Papierpalette zugetan, die ich nicht in der Hand hielt, sondern auf dem Tisch liegen liess und so die Farben darauf mischte. Die Verachtung und der Hass, den die Jugend aufbringt, kennen keine Grenzen. Es war ja ein Kampf der Anschauung, und es ging um das Heiligste, das man hatte. Alle Maler, die nicht an das Dekorative glaubten, waren für uns Feinde. Und ich muss sagen: Diese Einstellung hatte etwas Prächtiges; sie war tapfer und kühn. Und die ganze Kunst, die man in Florenz sah, war ja grossdekorative Kunst; es waren grosszügige Fresken und Mosaiken. ‹Ce sont des fresques qu'il nous faut faire et, mieux encore, des mosaïques›, hatte Ruskin gesagt. Wie dürftig waren also die ‹Naturalisten›, von hier aus gesehen!

Schon in den ersten Tagen in Florenz hatte ich den Battistero besucht. Man war daran, die grossen Mosaiken an der Kuppel zu restaurieren. Zu diesem Zweck hatte man hoch oben einen Holzboden gemacht, und die

Mosaiken waren unsichtbar. Nur an einer Stelle war aus irgendeinem Grund ein Holzbrett weggenommen worden, und durch diese kleine Öffnung sah man hoch in die dunkle Kuppel hinauf. Man sah den Kopf eines Engels. Er hatte grosse, ruhige Augen und einen mächtigen Heiligenschein. Braun und Gold waren die Farben. Das war unsagbar schön. Ruhig und gelassen schaute er herunter, als ob er Mitleid hätte mit den kleinen Menschen hier unten, mit ihren Sorgen und ihrer Angst. Hoch oben war er, war weit über Lebensgrösse, aus allen menschlichen Irrungen und Wirrnissen herausgehoben und unnahbar. Ich hatte bei der ‹Opera del Duomo› angefragt, ob ich auf das Gerüst hinaufsteigen könnte, um die Mosaiken in der Nähe zu sehen. Eigentlich wollte ich sie mit der Hand berühren. Aber man sagte mir, es sei nicht erlaubt. Ich war darüber sehr enttäuscht; aber es war nichts zu machen. – Stolz und prachtvoll war auch das Mosaik an der Hauptfassade von San Miniato; aber mein Liebling war das halbkreisförmige Mosaik über dem Eingang zur Santissima Annunziata, die ‹Verkündigung an Maria›.

Mit Freude habe ich mit den Vorarbeiten für meine Mosaikkonkurrenz begonnen. Gearbeitet habe ich in meinem Zimmer, Via Castelli 5. Es war Schlafzimmer und Atelier. Im Laufe der Arbeit war es dann schön, am Morgen, wenn ich vom Bett aus das grosse weisse Pferd des Detailstückes meiner Konkurrenzarbeit sah. Gleichsam parallel mit mir hatte draussen im Garten Beppo, der Gärtner, gearbeitet. Während des ganzen Tages hatte er mit seinem Salat, den Carciofi, Bohnen und Rüben zu tun. Selten sprach er ein Wort. Aber diese seine regelmässige, ruhige Arbeit empfand ich als wohltuend; ich mochte Beppo gut. ‹So müsste man sein!›, hatte ich mir gesagt. An einem der Fenster der gegenüberliegenden Häuser war ein Mädchen mit ‹Glätten› beschäftigt. Oft hatte ich hinübergeschaut. ‹Ti piacio?›, hatte sie mir einmal zugerufen. – Wenn am Sonntagnachmittag zu Signor und Signora Setti Besuch kam – es waren Besuche von ihren Verwandten –, dann hatte Signor Setti ihn regelmässig in den Garten geführt, um ihm die wenigen Blumen zu zeigen, die er dort gepflegt hatte. Kam ich vorbei, so wurde ich den Besuchern immer vorgestellt: ‹Il Sor Augusto, il nostro ospite›.

Meine Konkurrenzarbeit war abgeliefert worden. Grosse Aufregung, wie immer beim Versenden einer Konkurrenzarbeit. Die Speditionsfirma Jacky Mäder an der Piazza Santa Maria Novella hatte die Spedition besorgt. Das hatte Geld gekostet; meine Finanzen waren so ziemlich erschöpft.

Professor Rudolf Escher von der ETH in Zürich, der in grossherziger Weise mir während vieler Jahre geholfen hatte und mir beigestanden war, und der mir zum Teil den Aufenthalt in Paris ermöglichte, hatte mir mitgeteilt, dass seine Hilfe nun aufhören müsse. Er hatte mir auch abgeraten, an der Mosaikenkonkurrenz des Landesmuseums teilzunehmen; die Sache sei zu unsicher. Aber es war eigen. Trotz alledem war ich getrost und guter Dinge. Wochen waren vergangen. Dann kam ein Telegramm mit der Mitteilung, dass ich in Zürich den zweiten Preis ‹ex aequo› erhalten habe. Ein erster Preis war nicht erteilt worden. Mit mir hatten zweite Preise Werner Buchli in Basel und Bosshard in Charlottenburg. Wir drei wurden also zu einem engeren Wettbewerb eingeladen. Kurz nach dem Telegramm war eine Postkarte mit der gleichen Mitteilung gekommen. Der letzte Satz war: ‹Als Unbekannter erlaubt sich diese Zeilen hochachtend Wilhelm Balmer.› Ich war beglückt. Wenige Tage später kam das Geld; es waren 2000 Franken – für meine Verhältnisse eine riesige Summe. Der ganze Tisch in der Trattoria ‹La Fenice›, wo ich zusammen mit Medizinstudenten ass, war durch diese Mitteilung des Sieges und der riesigen Summe in Aufruhr geraten. Man sprach von nichts anderem mehr.

Es war Winter, und ich war nach Zürich gefahren, um die Ausstellung der Konkurrenzentwürfe zu sehen. Es war kalt, als ich aus dem Bahnhof herauskam; es war viel kälter als in Florenz. Die ersten Schneeflecken hatte ich schon in den Wiesen oberhalb Monza gesehen. Gewohnt habe ich in Zürich natürlich bei Tante und Onkel Torriani. – Die Konkurrenzentwürfe waren im grossen Saal des Stadthauses ausgestellt. Viele Menschen waren dort, als ich hinkam – ein ganzes Gedränge. Dort traf ich meine Freunde Dübendorfer, Heinrich Weber, Jakob Wyss und Bercher. Grosse Diskussionen, wie das bei Konkurrenzen immer ist. Dann besuchte ich Professor Escher. Er war hocherfreut über meinen Erfolg, und lächelnd fragte er mich, ob ich den hohen Betrag verwalten könne. Dann lud mich Professor Dr. Gustav Gull zu einem Abend der Zürcher Kunstgesellschaft im ‹Künstlergütli› ein. Ich hatte also Erfolg, und alles hätte gut sein können. Aber innerlich war ich tief unglücklich, traurig und niedergedrückt: Es ging zu Hause in Stampa nicht gut. Im vorhergegangenen Sommer war ich dort gewesen und hatte an den kleinen Entwürfen zur Konkurrenz gearbeitet. Ich hatte dort ein kleines Zimmer, wo ich ruhig arbeiten konnte. Fernando, mein Bruder, war aus Bern auch in die Ferien heimgekommen. Auch er war innerlich niedergedrückt. Für meine Ent-

würfe hatte er viel Interesse, machte interessante Einwendungen und
stellte interessante Fragen. Er arbeitete in unserem Schlafzimmer. Fortwährend zeichnete er mit Feder und Tinte Knochen: Knochen von unten,
oben und von der Seite. Dabei waren diese Knochenzeichnungen in
Kreuzstichmanier merkwürdig gut. Es war eigentlich ein schöner Sommer;
aber eine unsagbare Bangigkeit war für uns beide in der Luft. Es war der
letzte Sommer, den wir zusammen verbracht haben. Punkt vier Uhr gingen wir hinein zu unserer Mutter, die in der Wohnstube am Nähen war.
Das war für uns ein Fest. Man sass auf dem Diwan, erzählte Geschichten,
machte Spässe und war übermütig, so gut es nur ging. Wir hatten unsere
Mutter gerne. Machmal fragten wir sie, ob wir im Speiseraum ‹Säla› einige
getrocknete Kastanien holen oder dort ein frisches Ei austrinken dürfen.
Dann kam unser abendlicher Spaziergang, den wir, Fernando und ich,
jeden Tag ausführten. Man konnte mit Fernando so wunderbar phantasieren. Er hatte mir von seinen Studien als Veterinärstudent erzählt und
von den Darmzotten, die, winzig klein, an der innern Wand des Darmes
seien. Als wir dann zu unseren Bergen hinaufgeschaut hatten, zum Piz
Duan, Piz Grand und Speza Caldeira, sagten wir uns: ‹Wenn *das*
Darmzotten wären, wie gross wäre dann der Mensch?› Dann hatte er mir
von seinen Arbeiten am Mikroskop erzählt. Oft wollten wir, wie das
Buben tun, einander im Wissen übertrumpfen. Natürlich verstand ich von
seinen Studien gar nichts. Dann hatte ich den Bruder gefragt, ob er wisse,
wie man die Durchdringung einer Pyramide und einer Kugel konstruiere,
oder ob er wisse, wie man auf dem Fragment einer Kreislinie eine
Senkrechte errichte. Von beiden Seiten ging das Examen ins Endlose.
Dann kamen andere Fragen: ‹Weisst du, wie man Spargeln isst?›, fragte der
eine. ‹Aber weisst du, wie man Fisch isst?›, fragte der andere. Das waren für
uns schwerwiegende Fragen; wir waren Bauernkinder. Die Sitten und
Vorschriften, wie man sich in der Stadt beim Essen benimmt, waren sehr
schwer, unheimlich schwer zu erlernen. Den Löffel, der für das Dessert
dalag, hatte ich gewöhnlich schon für die Suppe verwendet. Kam dann
das Dessert, so hatte ich keinen Löffel mehr.

Unsere Mutter und Fernando hatten sich dahin verständigt, dass, wenn
Fernando wieder nach Bern zu seinen Studien zurückkehren würde, sie
mit ihm gehen und nicht mehr nach Hause zum Vater zurückkehren
würde. Das war ein schwerer Entschluss. Ich war in diesen Plan eingeweiht; aber der Vater durfte nichts davon wissen. Einmal, als unsere Mutter

mit ihrer Arbeit in der Küche beschäftigt und ich allein mit ihr war, hatte ich sie so innig darum gebeten, doch nicht vom Vater wegzugehen und bei ihm zu Hause zu bleiben. Aber sie hatte mich brüsk zurückgewiesen.

An einem Oktobertag reiste ich nach Florenz. Fernando begleitete mich bis Chiavenna. Wir waren zu Fuss hinuntergegangen. Am Tag vorher hatten wir Regen gehabt, und so war jetzt die Strasse schön und staubfrei. Als ich in Chiavenna im Zuge war und am Fenster mit Fernando sprach, war ihm seine Zigarette zu Boden gefallen. Ich sehe jetzt noch, wie er sich bückte, um sie aufzuheben. Kurz bevor der Zug sich in Bewegung setzte, hatte er mir auf deutsch gesagt: ‹Nun ist alles aus.› Er meinte unser Leben zu Hause mit unseren Eltern. Dann war der Zug hinausgefahren, Colico zu. Ich habe Fernando nicht mehr gesehen.

In Florenz hatte ich oft daran gedacht, dass es schön wäre, an der Stirnwand unserer Kirche ‹San Pietro› in Stampa ein Wandbild zu malen. Die Wand ist lünettenförmig, und gerade das hatte mir gefallen und mich angezogen. Von meinem Freund Garbald in Castasegna hatte ich eine photographische Aufnahme der Wand machen lassen. Als Thema für das Bild hatte ich gewählt: ‹Die Kreuzfahrer erblicken Jerusalem›. Es war Frühling. Mit grosser Freude hatte ich an der Aquarellskizze gearbeitet. Die farbige Haltung war hell; es waren helle Gelb- und Ockertöne: ein wenig so wie die hellen, gelben Blumen, die ‹Osterglocken›, die um diese Zeit blühten. Als das Ganze dann fertig war, kamen die Bedenken, wie immer – Bedenken, ob die Figuren, an Ort und Stelle ausgeführt, nicht zu klein sein würden (sie hatten eine Höhe von 1,30 m gehabt); Bedenken, ob meine ganze Komposition, die ich an und für sich gut fand, nicht für ein viel grösseres Feld berechnet sei, wo dann die Figuren vielleicht 2 m hoch sein würden. Ich hatte gleich zu Anfang die Breite unserer Kirche grösser eingeschätzt und war dadurch jetzt in die Klemme geraten. Richard Kisling in Zürich, der den Entwurf sah, hatte ihn dann für seine Sammlung erworben. Als nach dem Tode Richard Kislings die Sammlung aufgelöst wurde, kam der Entwurf in den Besitz von Professor Karl Meyer in Zürich.

Meine Bewunderung und Verehrung für Fra Angelico war gross; ebenso für seinen Schüler Benozzo Gozzoli. Namentlich seine Fresken im Palazzo Riccardi waren für mich unsagbar schön. Ich habe sie höher geschätzt als die Fresken von Masaccio und Ghirlandajo. Und so hatte ich um diese Zeit einen merkwürdigen Traum, den ich hier erzählen will: Ich war mit

der Tochter von Benozzo Gozzoli verlobt. Benozzo Gozzoli als mein zukünftiger Schwiegervater kam einmal zu mir, um das Bild, an dem ich
gerade gearbeitet habe, zu sehen. Auf einem Stuhl sass er vor dem Bild.
Ich stand hinter ihm. Da er doch Benozzo Gozzoli war, hatte ich ihm
meine Palette gegeben und ihn gebeten, doch etwas an meinem Bilde
weiterzumalen. Ich hatte ihm zugeschaut. Aber die Art, wie er malte, gefiel
mir nicht. Und so hatte ich mir im stillen gesagt: ‹So kann ich es auch.›
Damit war der Traum zu Ende. Wollte der Traum heissen, ich solle selb-
ständig sein? Wahrscheinlich.

Das Verhängnis, das über unserer Familie lag, hatte grausam zugegriffen
und hielt uns fest. Von meiner Mutter war aus Bern ein Telegramm gekommen: Fernando, mein Bruder, hatte sich die Puls- und die Schlagader
durchschnitten und war tot. Ich war zum Begräbnis nach Bern gefahren.
Trostlos war alles, wie wenn man mir das Herz herausgerissen hätte – das
Umsteigen in Luzern und das lange Warten in der Nacht im Wartsaal
3. Klasse. Es war Winter und hatte Schnee. Zum Begräbnis waren Onkel
und Tante Torriani nach Bern gekommen, die meiner Mutter, so gut es
ging, beistanden. Die Hälfte des Bodens im Zimmer von Fernando war
eine einzige Blutlache. Arme Mutter! Als ich mit ihr und Onkel und
Tante durch die Stadt ging, schaute ich hinüber zum Bundeshaus, wo ich
kurz vorher Arbeiten eingesandt hatte, um mich für das Bundesstipendium
zu bewerben. Dieser Gedanke und der Gedanke an mein Zentrum, mein
Streben, meine Welt und an das, was Grasset uns gesagt hatte: ‹Il faut faire
de belles choses›, gaben mir einen kleinen Halt und eine kleine Zuversicht. Es war wie ein Strohhalm, den man in Lebensgefahr ergreift. Aber
lange Jahre blieben für mich Bern, die Namen der Strassen, die Namen
der Tramlinien und die Namen der Läden unsagbar mit Wehmut und
Traurigkeit verknüpft, um so mehr, als nun auch meine Mutter in Bern
begraben liegt.

Mit der Zeit habe ich die persönliche Bekanntschaft von Wilhelm
Balmer gemacht. Oft hat er mich zum Nachtessen eingeladen. Er hatte
sein Atelier etwas ausserhalb von Florenz, in der Nähe der Via Bolognese.
Es war die Zeit, als er eben das Bild seiner Familie, das in Breitformat
gehalten ist, vollendet hatte. Da er mit Albert Welti gut befreundet war, hat
er mir oft von Welti erzählt, namentlich dass Albert Welti sich sehr für
meine Entwürfe für die Mosaiken im Hofe des Landesmuseums in Zürich
eingesetzt habe, damals, als Welti im Preisgericht war. Oft kam Balmer

dann zu mir in die Via Castelli, um meine Arbeiten zu sehen.

Aus Basel war Adolf Vischer (der jetzige geschätzte und erfolgreiche Arzt Dr. Adolf Vischer-von Bonstetten) für mehrere Wochen nach Florenz gekommen. Vischer war in den oberen Klassen des Gymnasiums oder hatte eben das Gymnasium absolviert. Um seinen Florentiner Aufenthalt richtig auszunützen, hatte er beschlossen, bei Wilhelm Balmer Unterricht im Aquarellmalen zu nehmen. Da aber Balmer mit Porträtaufträgen sehr beschäftigt war, hatte er Vischer zu mir geschickt. Und nun waren wir, Vischer und ich, ausgezogen, bald nach San Gervasio, bald nach San Domenico, bald nach Settignano, und haben aquarelliert. Ich muss aber sofort sagen, dass das Aquarellieren eigentlich nur eine Begleiterscheinung, ein Nebenprodukt war. Was uns ganz in Beschlag nahm, waren unsere unzähligen Diskussionen – Diskussionen über Angelico, Schopenhauer, Michelangelo und Raffael. Und das alles war nicht etwa mühselig und schwer, sondern hatte einen Untergrund von jugendlichem Übermut, Ausgelassenheit und Burschikosentum, so dass Vischer, dem sein zukünftiger Beruf schon zu eng vorkam, laut rief: ‹La médecine mène à tout, pourvu qu'on en sorte.› Und das Echo unterhalb Fiesole antwortete: ‹ ... pourvu qu'on en sorte›.

Der Luzerner Bildhauer Joseph Zbinden und seine Frau, eine geborene Kesselbach, hatten in Florenz eine Privatakademie eröffnet, ungefähr so wie die Akademie Colarossi in Paris; wenigstens hatte ihnen die Akademie Colarossi vorgeschwebt. Joseph Zbinden hatte mich gefragt, ob ich in seiner Schule als Lehrer für Aktzeichnen mitmachen würde. Ich hatte zugesagt. Es war ja für die Korrektur nur ein Nachmittag in der Woche vorgesehen. Also figurierte ich plötzlich im Prospekt der Akademie als Professor Giacometti. Die Akademie befand sich in einem grossen Atelierhaus am Lungo il Mugnone. Zbinden war im Verkehr sehr angenehm. Er war wohlhabend oder sogar reich und hatte in seiner ganzen Art eine gewisse Grosszügigkeit, die mir gefiel. Am Sonntagnachmittag war ich oft bei ihnen. Immer stand dann ein grosser Fiasco Chianti auf dem Tisch, ein Dreiliterfiasco. Oft machten wir Ausflüge in der Umgebung von Florenz, oder wir machten mit einer Pistole oberhalb von San Domenico Schiessübungen. An Munition wurde nicht gespart. Die vorgeschriebene Erlaubnis zum Waffentragen haben wir nicht gehabt. Aber es ging alles gut. Zur Akademie kamen Leute aus der ganzen Welt: Amerikaner, Deutsche, Engländer, Russen und Japaner. Zum Teil waren es schon erwachsene

Leute, die bereits an anderen Akademien, in München und Paris gewesen waren, und die hier die Gelegenheit benutzen wollten, aktzeichnen zu können. Zum Teil waren es ganz junge Leute, Anfänger, die ganz ratlos mit einem weissen Bogen Ingrespapier dastanden und gar nicht wussten, wie sie so einen Akt anpacken sollten. Ein hübsches jüdisches Mädchen mit schwarzen Haaren und dunklen Augen stand da an ihrer Staffelei. Ihr Ingresbogen war noch schön weiss, und als ich vorbeikam, fragte sie mich, wie sie den Akt anfangen solle. Das war rührend. Die älteren Leute, die schon an Akademien gewesen waren, waren zum Teil blasiert und unangenehm. Sie hatten diese gewisse geringschätzige und wegwerfende Art, der man auf Akademien begegnet: immer eine gewisse Verachtung und Hochnäsigkeit. Unangenehm war das.

An einem Abend sass ich an der Piazza Vittorio Emanuele im ‹Caffè delle Giubbe Rosse›. Am Tische nebenan sassen ein älterer und ein jüngerer Herr, die ich nicht kannte, und die Deutsch miteinander sprachen. Der ältere von ihnen hatte ein kleines Blatt Papier auf dem Tisch, zeichnete und erklärte dem jüngeren die Anatomie des menschlichen Beines. Es war wunderbar, wie er das machte. Alles sass bestimmt und genau. Ich hatte sofort den Eindruck, das sei nun jemand, der etwas könne. Was er zeichnete, war nicht bloss ‹genial unbekümmert› hingeworfen, wie unzählige andere das tun, sondern es ‹sass› wirklich und war gekonnt. Am folgenden Tag kam dieser Mann an die ‹Academia internazionale› (wie die Akademie Zbinden hiess). Sein Name war Hans Kestranek. Er kam aus Wien, war in Paris und New York gewesen. Er war Maler und Architekt, hatte Musik studiert und kannte die Schriften Kants wie kaum einer. Bei mir im Atelier habe ich ihm dann die Hefte gezeigt mit den Zeichnungen und Notizen, die ich in Paris bei Grasset gemacht hatte. Wir haben über Farbentheorie gesprochen, und ich habe ihm meine Versuche über abstrakte Farbenwirkungen und Farbentransposition gezeigt. Unsere Freundschaft war mit einem Mal besiegelt.

Im ‹Caffè delle Giubbe Rosse› traf man in dieser Zeit auch Papini, Prezzolini und Soffici, dann den Bildhauer Griselli. Von Soffici habe ich damals fast regelmässig die Aufsätze in ‹L'Acerba› gelesen, vor allem sein ‹Giornale di bordo›. Das alles war nicht das Florenz von Giotto und Benozzo Gozzoli – es war das moderne Florenz. Die Bewegung dieser Gruppe ging parallel mit dem Futurismus, und irgendwie war schon damals die politische Revolution in der Luft.

Das Atelier, das ich in dieser Zeit hatte, war an der Via degli Artisti 8. Es lag im Parterre. Da man doch in Florenz war, schien mir im Winter das Heizen des Ateliers überflüssig, trotzdem es in Florenz wochenlang sehr kalt sein konnte. Die Folge davon war, dass ich jeden Winter mit einer Erkältung, Fieber, Grippe oder Angina einige Wochen im Bett liegen musste. Am Abend, wenn es dunkel war, kam dann Kestranek, um mich zu besuchen. Er setzte sich ans Bett, nahm aus seiner Tasche ein Buch – es war Kants ‹Kritik der reinen Vernunft› – und fing an, mir daraus vorzulesen. Es war ja rührend, dass er das tat. In aller Unschuld tat er es. Aber ich lag im Bett, hatte Fieber, war in Schweiss gebadet, hatte Kopfschmerzen und Schluckweh – und zu all dem noch Kants ‹Kritik der reinen Vernunft›! Kestranek war imstande, bis drei Uhr früh mir daraus vorzulesen. Er las deutlich und langsam, gewisse Sätze immer wiederholend, um sicher zu sein, dass ich es ganz erfasse. Aber das Fieber ging bei dieser Therapie nicht hinunter. Auch Kopfschmerzen und Schluckweh gingen nicht vorüber. Es war grauenhaft! Das rein Geistige kann entsetzlich sein. – War die Angina überstanden, so haben wir, Kestranek und ich, am Abend nach dem Nachtessen in einem kleinen Café in der Nähe der Piazza della Signoria das berühmte Buch von Chevreul über die Farbe gelesen. Auch hier las Kestranek sehr langsam, sehr vorsichtig, um sich ja nichts entgehen zu lassen, um jeden auch nur leise angedeuteten Gedankengang zu Ende denken zu können und aus jeder auch nur angedeuteten Prämisse die Konsequenz zu ziehen. Die wunderbaren Ausführungen Chevreuls über den ‹mélange optique› und die Sensibilität des menschlichen Auges waren herrlich.

Schweifte man in Gedanken hinüber zur farbigen Haltung Benozzo Gozzolis im Palazzo Riccardi, so kam einem die Haltung Gozzolis so vor wie die frische, helle, gesunde und unbekümmerte Stimme eines Knaben. Was Chevreul uns ahnen liess, war differenzierter, verfeinerter, weicher, seidiger, duftiger.

Beglückt über diesen Einblick in die Zusammenhänge und die Schönheit der Farbe und ganz unter dem Eindruck des gewaltigen Sternenhimmels über Florenz haben wir, Kestranek und ich, jeweils voneinander Abschied genommen. Er ging dann hinüber dem Lungarno zu. Ich ging nach Borgo Pinti hinaus, quer durch die Piazza Savonarola zur Via degli Artisti.

Zu den Schülerinnen, die in die Akademie Zbinden kamen, gehörte ein russisches Mädchen, das Luba Alexandrowsky hiess. Sie war grossgewachsen, hatte ein aristokratisches Aussehen, trug im Winter einen wunderbaren Pelzmantel, ging immer kerzengerade und war stolz. Mit ihrer Mutter wohnte sie in einem Villino am Viale dei Colli. Um ihren Nachmittagstee nicht entbehren zu müssen, hatte sie eine Teemaschine in den Aktsaal bringen lassen, hatte sie dort in eine Ecke gestellt, und punkt vier Uhr kochte sie sich ihren Tee. Die anderen durften natürlich zuschauen. Eine zaristische Rücksichtslosigkeit war darin, die nicht uninteressant war. – Auch aus Deutschland war mit anderen ein Jüngling in die Akademie gekommen. Hans Thoma hatte ihm zu einem Stipendium verholfen; auch Zbinden war ihm entgegengekommen, so dass er die Schule unentgeltlich besuchen konnte. Der Jüngling war August Babberger. Er hatte Arbeiten mitgebracht: Es waren Radierungen mit figürlichen Kompositionen. Man sah, dass Hodler nicht ohne Einfluss auf ihn gewesen war; aber man sah auch, dass viel Talent und eine grosse Begabung vorhanden waren. Babberger war Badenser, aber in Basel aufgewachsen und sprach Schweizerdeutsch. Er war nur acht Jahre jünger als ich; aber ich empfand ihn als viel jünger. Wie viele Diskussionen über Kunst haben wir, Babberger und ich, gehabt! Oft drohte die Sache in ein Missverständnis, ja in einen Zank auszuarten, so heftig wurde die Diskussion geführt. Aber dann kamen plötzlich seine Lauterkeit, sein Wohlwollen und sein gutes Herz zum Vorschein, und ich war entwaffnet, und der Friede war wieder da. Wir sahen dann beide, dass wir im Grunde dasselbe wollten. Aber so wie es in der Farbentheorie zwei Arten von Harmonien gibt, eine ‹harmonie des semblables› und eine ‹harmonie des contraires›, so war unsere Freundschaft, die uns durch das ganze Leben begleitet hat, eine ‹harmonie des contraires›. Denn sagte ich, dass mir eine Farbenstimmung aus verschiedenem Grün, aus warmem und kaltem Grün, sowie aus Gold, also eine warme, reiche Gesamthaltung vorschwebe, so war es sicher, dass er sagte, ihm schwebe ‹Stahlblau› vor: also möglichst herb – also genau das Gegenteil. War das das ‹Deutsche› in ihm? Vielleicht. Oder hat er unsere herbe, harte Zeit vorausgeahnt?

Jeder Mensch, dem wir im Leben begegnen, bedeutet für uns etwas anderes, ist für uns ein anderer Klang. So war an einem Morgen ein Herr zu mir ins Atelier gekommen. Er war eher klein und rundlich und hat ein wenig so ausgesehen wie eine von Daumier gezeichnete Figur. Er hatte zwei Visitenkarten in der Hand: die seine und diejenige von Dr. Albert

Baur. Er war sehr verbindlich und freundlich und zugleich sehr überlegen und gewandt. Es war Hans Jelmoli, der Pianist. Er war gekommen, um mir einen Gruss von Dr. Baur zu überbringen. Seine überlegene Art hat mir gefallen.

Vielleicht bin ich ihm auch ganz annehmbar vorgekommen. Tatsache ist, dass wir tagtäglich jeden Mittag und jeden Abend zusammen in der Stadt gegessen haben, eine Zeitlang bei ‹Santi›, dann im ‹Gatto rosso›. Zu uns gesellte sich ab und zu Elisabeth Laroche aus Basel, die in Florenz eine Tanzschule hatte; dann der Maschineningenieur Gebendinger aus Winterthur – ‹l'ingegnere›, wie man ihn in Florenz nannte. Die ganze Art von Hans Jelmoli hat mir gut getan und war für mich wie eine Rettung. Ich war nämlich in jener Zeit bis über die Ohren verliebt. Meine Liebe galt einem blondhaarigen, grossgewachsenen Mädchen. Sie war Bildhauerin und kam aus Wien. Sie war schön, und was mir besonders gefiel: Sie war stolz. An einem Sommermorgen hatte sie mir durch das offene Atelierfenster zwei oder drei Kirschen hineingeworfen und war, ohne etwas zu sagen und wirklich ‹en passant›, weitergegangen zu ihrer Arbeit. So hatte es angefangen. Das alles schien nur Spiel und Neckerei und unbedeutend zu sein. In meiner Einsamkeit habe ich das alles unsagbar wohltuend empfunden. Langsam hat dann das bescheidene, kleine Feuer um sich gegriffen, war gross und dann noch grösser geworden und drohte zuletzt alles zu verbrennen. Sicher war das Mädchen mir weit überlegen. Sie war im Leben weit herumgekommen, war in England, Brüssel, Berlin gewesen und hatte weite Reisen nach Nordafrika gemacht. Ich kam ja aus dem Bergell, war nur einige Jahre in Paris und nahm, nach unserer Bergeller Art, alles im Leben sehr schwer und ernst. Und da hat mir die aufgelockerte, freie Art von Hans Jelmoli, die einen Stich ins Zynische hatte, ausserordentlich gut getan. Er hatte gerade seine Scheidung hinter sich, war in der entsprechenden Stimmung, schaute auf meine Verliebtheit mit wohlwollendem Spott hinunter und war mir ein wirklicher Freund.

Mein Nachbar im grossen Atelierhaus, Via degli Artisti 8, war der Maler Ruggero Panerai. Er war etwa acht oder zehn Jahre älter als ich, und das hatte genügt, um bei ihm eine väterliche Einstellung mir gegenüber zu erzeugen. Er mochte mich gut. Das Licht seines Ateliers war sehr gedämpft, das Atelier mit Möbeln überfüllt, so dass man sich einen Weg suchen musste, um hindurchzukommen. Sein Hauptwerk oder eines seiner Hauptwerke war damals das grosse Bild ‹Il cavallo malato›. In meinem jugendlichen Übermut hatte ich mich gefragt, warum er nicht ein gesundes Pferd gemalt habe, warum ausgerechnet ein krankes Pferd. Aber die Genremalerei, wie sie damals in Florenz gepflegt wurde, wollte es so haben.

Panerai hatte eine reiche Frau geheiratet und war dementsprechend mit gesellschaftlichen Verpflichtungen überladen. Mitten aus der Arbeit musste er am Nachmittag um vier Uhr, schwarz angezogen, zum Tee. An einem anderen Nachmittag sah man Panerai und seine Frau im offenen Zweispänner die Cascinen hinunterfahren.

Mein Atelier nannte er ‹la tedescheria›, also ‹die Deutscherei›. Dass ich mit einem Farbenkreis manipulierte und intensiv mit farbigen Abstraktionen beschäftigt war, bei denen kein Gegenstand sichtbar war, mag ihm merkwürdig vorgekommen sein.

In einem der Ateliers im oberen Stock war der Maler Focardi. Immer wieder hat er von den Macchiaioli (den italienischen Impressionisten) erzählt und wurde nicht müde, ihre Arbeit und ihren Aufenthalt in der Maremma zu schildern und uns zu sagen, wer damals alles dabei war. Es war rührend, ihm zuzuhören, und man hatte den bestimmten Eindruck, diese Zeit dort unten in der Maremma sei die glücklichste Zeit seines Lebens gewesen.

Im Atelier neben Focardi war Signora Bartels, eine wohlhabende ältere deutsche Dame, die als Dilettantin Zeichnen und Malen trieb. Sie war das ausgleichende Element, das, was in einer Farbenharmonie ein warmes Grau bedeutet.

Aber die Hauptperson unter allen war unzweifelhaft die Portierfrau ‹la Beppa›. Immer sass sie in ihrem Zimmer, das neben dem Haupteingang lag. Sie wusste alles, war über alles orientiert, und da die Türe ihres Zimmers immer offenstand, hat sie uns alle kontrolliert. Sie wusste, zu welcher Zeit man ausging und heimkam, ob man allein oder in Gesellschaft war – sie wusste alles. Da sie sehr korpulent war und das Gehen ihr beschwerlich fiel, liess sie, um in die Stadt zu fahren, regelmässig eine Kutsche, einen Einspänner, kommen. Das erhöhte natürlich ihr Ansehen bedeutend, so dass es allgemein hiess: ‹La Beppa e quattrinaia›, was so zu verstehen war: ‹Die Beppa hat Geld.›

In dieser Zeit hatte ich mein Bild ‹Contemplazione› (jetzt in Zürcher Privatbesitz) an der Frühlingsausstellung der Florentiner Künstler in der Via della Colonna ausgestellt. Der König und die Königin von Italien hatten der Ausstellung ihren Besuch zugesagt. Die Ausstellungsleitung hatte verfügt, dass während des königlichen Besuches jeder ausstellende Künstler neben seinem Werk stehen sollte für den Fall, dass Seine Majestät eine Auskunft oder Erklärung über das Werk haben möchte. Ich hatte also mein schwarzes Kleid angezogen, das trotz allem noch ganz ordentlich aussah, und war hingegangen. Die Königin ist dann vor der ‹Contemplazione› stehengeblieben, hat das Bild angeschaut und mich gefragt, ob die farbige Haltung des Bildes wohl ein Hauptproblem gewesen sei und ob das Bild aus diesem Jahr stamme.

Gegen Ende März des Jahres 1913 waren Herr und Frau Dr. Riklin nach Florenz gekommen. Sie waren mit Hans Jelmoli eng befreundet. So hatte mir Jelmoli schon viele Wochen vor ihrer Ankunft von seinen beiden Freunden, die ich nun auch kennenlernen würde, begeistert erzählt. Ich war gespannt, nun Dr. Riklin und seine Frau zu sehen. Schon am ersten Abend nach ihrer Ankunft haben wir vier zusammen bei Santi gegessen. Hans Jelmoli hatte eine merkwürdige Platte bestellt, Hühnerleber und -kämme, die reichlich kompliziert aussah. Er hatte es ja gut gemeint, und so machten auch wir gute Miene. Aber ich hatte das Gefühl, Herr und Frau Dr. Riklin hätten lieber etwas Einfacheres gehabt. – Und wie hat Riklin auf mich gewirkt? Er war von Statur eher klein, hatte einen kurz geschorenen Kopf. Seine Äusserungen waren kurz, bestimmt und frisch. Wir anderen in Florenz, Hans Jelmoli, seine Musiker, meine Malerfreunde und ich, waren irgendwie träumerischer, langsamer, sentimentaler und ein wenig von Weltschmerz geplagt. Viele von uns trugen Bärte. In diesem Milieu wirkte Riklin ausserordentlich frisch, kurz und bestimmt. ‹Man sieht, dass er Offizier ist›, sagte ich mir. Lange Zeit habe ich nur das Straffe des Offiziers in ihm gesehen. Mächtig hat er uns imponiert, indem er regelmässig mit Goldstücken bezahlte. – Wenige Tage nachher war dann ein Besuch bei mir im Atelier. Riklin hätte gerne etwas von mir gehabt: eine kleine Studie aus der toskanischen Landschaft, ein kleines Aquarell oder eine Zeichnung. (Wahrscheinlich hat er irgendwie Mitleid mit mir gehabt und gedacht, er wolle dem armen Teufel etwas abkaufen. Denn das mit dem armen Teufel stimmte wirklich.) Aber ich war ein wenig enttäuscht, dass er etwas aus der toskanischen Landschaft wollte, anstatt etwas Abstraktes. Ich hatte einige schöne abstrakte Pastelle und dachte, gerade er, Riklin, mit seiner psychologischen Bildung müsse doch einsehen, dass das Abstrakte viel höher liege als nur eine Studie aus der toskanischen Landschaft.

Wenige Tage nachher war dann ein gemeinsamer Ausflug, wieder alle vier, nach San Gimignano. Von Poggibonsi aufwärts sind wir zu Fuss gegangen. Es war ein prächtiger Tag. Das Gespräch kam auf die Grausamkeit des Mittelalters, als man Verbrecher oder gefangene Feinde einmauerte. Ich habe aufmerksam zugehört und immer wieder Fragen gestellt. Im stillen dachte ich, Riklin werde mich wohl sehr verurteilen, weil ich so viel Interesse für diese Fragen hatte. Aber nichts von dem trat ein; Riklin sagte einfach: ‹Ja, wenn Sie solche Greuelgeschichten interessieren, – ich weiss noch viele.› Auch hier also wieder eine Frische und Vorurteilslosigkeit, die einem gut getan hat. Es war eine frische Luft, die wir anderen in Florenz nicht hatten. Denn wir haben im Grunde immer moralisiert. Immer war die Frage, was von der Gottheit aus erlaubt, was nicht erlaubt sei, ob nicht die Askese doch das höhere Leben, das Streben nach Heiligkeit das Höchste sei. Als Beispiel war der Dom da, das Kloster San Marco, die Kunst von Fra Angelico, die Fresken von Giotto, die Malerei in Santa Maria Novella. Dann kam plötzlich das Gegenteil: rote, rauschende Sinnlichkeit sei doch das Schönste. Ich wurde die ganze Zeit von einem Extrem zum anderen geschleudert. Es war furchtbar. In diesem Hexenkessel wirkte Riklin angenehm kühl, beruhigend und entspannend, so wie wenn das Fieber heruntergeht. So kam einmal das Gespräch auf die Sage von der Alp, wo der Senn oder seine Braut oder beide auf Käsen geschritten seien, die sie oben auf der Alp gemacht hatten, und wo als Strafe eine Lawine heruntergekommen sei, die beide verschüttet habe. Nun, ich war völlig davon überzeugt, man dürfe eben Derartiges nicht tun, sonst komme die Lawine herunter, oder man werde von einem Herzschlag getroffen oder plötzlich irrsinnig. Wahrscheinlich war ich unruhig darüber. Riklin hat als Psychologe das natürlich sofort gemerkt und sagte ganz ruhig zu mir: ‹Ja, wenn Sie auf Käsen laufen wollen, können Sie es schon tun.› Damit war die Sache aufgelöst und erledigt, und man konnte wieder lachen.

Riklin hat mir durch seine Frische und Vorurteilslosigkeit gut getan. Er war für mich wie ein frischer, sauberer Bergbach. Noch heute wiederhole ich manchmal lachend: ‹Ja, wenn Sie auf Käsen laufen wollen, können Sie es schon tun.›

Von Florenz aus haben wir dann, Herr und Frau Dr. Riklin, Jelmoli und ich, einen Ausflug nach Siena gemacht. Am Morgen nachher hatte mich Riklin gefragt, ob ich etwas geträumt habe. Ich hatte nicht geträumt.

Die Welt des Primitiven und des Quattrocento war mir ja vertraut. Ich lebte ganz darin. Ich hatte das alles wie das tägliche Brot. Da kam er mir eher als Neuling vor, der das eben in Küsnacht nicht hatte. – Im Gespräch kam wie eine kleine Frühlingsblume der Name Freud auf. Ich hatte diesen Namen nie gehört. Dann kam der Name wieder: Sigmund Freud.

Kurz nachdem Herr und Frau Dr. Riklin nach Küsnacht zurückgekehrt waren, kam der Auftrag, ich solle für die Halle des Hauses in Küsnacht ein Mosaik mit dem Thema ‹Franz von Assisi› machen. Das war herrlich! Entwürfe und Karton hatte ich dann gleich im Sommer in Stampa begonnen. Alles sammelte Steine für das Mosaik: Mein Vater sammelte Steine, die Mädchen im Nachbarhaus sammelten Steine, mein Freund August Babberger, der spätere Direktor der Akademie in Karlsruhe, sammelte Steine. Im ganzen Dorf sprach man von nichts anderem als davon, der Augusto mache ein Mosaik mit Steinen. Eine ganze Raserei war ausgebrochen. Dann kam der Herbst. Ich nahm die Steine mit nach Florenz, kaufte in Venedig richtige Mosaiksteine (smalto) und Goldmosaik; in Florenz kaufte ich Töpfe, rote Vasen aus Glas und weisse Teller, die ich dann zerschlug. Ich hatte eine Unmenge Material. Als das Mosaik fertig war, waren einige Florentiner Maler gekommen, um es zu sehen. Wieder brach eine Raserei aus; alles wollte das Mosaik sehen. In den Trattorien von Florenz redete man von nichts anderem als vom Mosaik, sagte man mir. Dass momentan in Florenz jemand lebe, der so etwas machen könne, sei für Florenz doch wunderbar, hatte mir ein Maler gesagt. Ich hatte das alles nicht begriffen; denn ich war von der Arbeit nur teilweise befriedigt. Ausserdem hatte ich Sorgen, Sorgen, wie man das Mosaik nach Küsnacht werde transportieren können, ob es intakt ankommen würde. Es wog sechs Doppelzentner. Aber alles ging gut.

Im Frühjahr 1915 war Italien in den Krieg eingetreten. Im Herbst kam ich definitiv nach Zürich. Mein Verkehr mit Riklins war ein reger. Ein Teil von mir war ja dort: das Mosaik. So ging ich regelmässig jeden Sonntag nach Küsnacht. Gewöhnlich behielt man mich dort zum Nachtessen, und so kam ich erst mit dem letzten Zug nach Zürich. Unzählige Male war ich in Küsnacht. Alles war dort lebendig und zukunftsreich. Man konnte phantasieren bis auf tausend und wieder zurück. Und Riklins psychologische Kenntnisse waren für mich ausserordentlich interessant und neu. Er war wie ein moderner Magier. Ich hatte das Gefühl, er könne Zauberei treiben. Und das wollte ich auch. – Dann kam die Frage, ob ich ihm Unterricht im Malen geben würde. Ohne Bedenken und mit Freude habe ich zugesagt. Ich hatte das Gefühl, er sei der einzige, der alles wirklich verstehen würde. So habe ich ihm während des Unterrichts alles mitgeteilt, was mein Lehrer in Paris, Eugène Grasset, uns gesagt hatte. Ich habe ihm alles mitgeteilt, was ich durch meine Studien und auch durch meine Erfahrung im Laufe der Jahre gelernt hatte: also alles, was ich wusste über Komposition, Farben und Farbentheorie. Von mir aus gesehen, war es eine ‹Konfession›. Und es war herrlich, wie Riklin alles aufgefasst hat, alles in der ganzen Tragweite. Auch da kam seine umfassende Bildung sehr zu Hilfe. Ich hatte doch schon in Florenz mehrere Schüler gehabt; aber keiner ware mit Riklin zu vergleichen gewesen, bei weitem nicht. Eine seltene Begabung war in ihm. Einmal hat er in der Galerie Tanner an der Bahnhofstrasse eine kleine Ausstellung seiner Bilder veranstaltet. Die Maler haben sich sehr für die Sachen interessiert. Einmal hat er mit mir in der Gruppe ‹Das neue Leben› in der Kunsthalle in Bern ausgestellt.

VON FLORENZ
BIS ZÜRICH

SANTA MARIA DEL FIORE

Man sagt, das Innere des Florentiner Doms sei nüchtern und kahl.
Es mag sein. Ich meinerseits habe für den Dom, für Santa Maria del Fiore,
wie sein eigentlicher Name ist, eine ganz persönliche, heimliche Liebe
gehabt. Ich konnte nicht sagen warum, aber zugleich weiss ich es. Es
waren die Glasfenster in der Seitenkapelle rechts, von denen ich mich
nicht trennen konnte. Schon in den ersten Tagen in Florenz war ich hingegangen. Wir hatten ja in Paris, im Unterricht bei Grasset, das Technische
der Glasmalerei kennen gelernt. Auch hatten wir in seinem Unterricht
Aufgaben von ihm erhalten, kleinere Entwürfe für Glasscheiben zu
machen. Einer unserer Kollegen, ein Franzose, hatte einmal für eine Glas-
scheibe eine kleine Nachtlandschaft entworfen. Im Vordergrund war ein
Teich. In diesem Teich haben sich zwei oder drei Sterne gespiegelt, die
oben am Himmel waren. Das war reizend. Heute noch, wenn ich das
Spiegelbild eines Sterns im Wasser sehe, muss ich an jenen kleinen Entwurf in Paris denken. Aber kein Stern spiegelt sich so schön wie jener auf
dem Entwurf. Es gibt Eindrücke, die uns so sehr ins Innerste treffen, dass
sie nicht mehr wegzudenken sind.

Was ich hier in der Seitenkapelle des Florentiner Doms sah, war ausserordentlich. Ich kannte ja in Paris die Glasfenster in Saint-Denis die Sainte-
Chapelle, dann die Fenster in Saint-Germain l'Auxerois, dann, wenigstens
flüchtig, die Glasfenster im Münster zu Strassburg. Aber diese da, im Dom
von Florenz, waren anders. Es ist schwer zu sagen, inwiefern sie anders
waren. Es waren überlebensgrosse Figuren. Sie waren in ihrer Haltung
irgendwie menschlicher, gelassener, stiller, tröstlicher, als die Figuren der
Fenster im Norden. Und wenn ich recht überlege, so war es wieder der
unsagbar schöne italienische Einschlag in den leisen Bewegungen der Figuren, der mich gefangen nahm. Dieses Etwas, das in den Figuren von
Angelico, von Perugino und von Raphael ist. Ja, Dürer, Holbein und
Grünewald in Ehren, selbstverständlich, aber wenn man nach längerer Zeit
aus dem Norden kommt und man in Mailand wieder Figuren von
Perugino und Raphael sieht, so kann es vorkommen, dass einem, ob man
wolle oder nicht, die Tränen in der Gurgel stecken bleiben, so dass man,
um nicht aufzufallen, immer schluckt, wie wenn man eine Angina hätte.
Man sagt, dass Ghiberti diese Fenster entworfen habe. Es mag sein. Sicher
ist die Zeichnung grosszügig, breit, und von grosser Schönheit. Und die

farbige Gestaltung! Wie oft hatte ich versucht, sie auf ihren einfachsten Nenner zu bringen. Aber sie war, wie jede Kunst, unausschöpfbar. Das Blau des Kleides der einen Figur! Ich hatte versucht, das Blau durchzunehmen und zu analysieren. Ich meine die Zusammensetzung der verschiedenen Blau durch verschiedene Glasstücke. Wie reich war das! Es waren nicht nur helle und dunkle Blau, die zusammengespielt haben. Nein, es waren auch die Graublau dabei und dann die Grünblau und die Violettblau. Nur ganz kleine Glasstücke darin waren leuchtendes, tiefes Kobaltblau. Es war wirklich das, was gute Glasmalerei sein soll, *ein Malen mit Glas*. Man konnte schauen und schauen, und kam nie zu Ende. Und merkwürdig ist, dass der Glasmaler, oder wer es war, hier schon Problem und Resultat des französischen Impressionismus vorweg genommen hat, eben mit diesem Spiel in einer gegebenen Farbe. In diesem Falle mit dem Spiel in Blau. Er hat also schon im fünfzehnten Jahrhundert das gesucht und verwirklicht, was Monet und Signac in der eigentlichen Malerei gesucht und erreicht haben. Für eine Geschichte des farbigen Ausdrucks, die uns noch fehlt, und die noch zu schreiben wäre, könnte diese Feststellung interessant sein.

Wie oft bin ich in den Dom gegangen, und bin dort ganz still neben einfachen Frauen gesessen, um die Glasfenster zu sehen. Am schönsten kamen sie mir vor am Morgen gegen zehn Uhr, wenn die Sonne auf einige schien. Das Glas war so dunkel und so dick, dass die Fenster die Sonne gut ertragen haben, ohne dünn zu wirken, was ja selten der Fall ist. Dann leuchtete das dunkelrote Glas still und tief, wie wenn die Sonne auf ein volles Glas Burgunder scheinen würde. Ab und zu flog der Schatten zweier, draussen auf der Piazza sich nacheilende Tauben über das Fenster. Dann war alles wieder still.

Schön waren auch die runden Fenster hoch oben, kurz bevor die Wölbung der Kuppel beginnt. Namentlich das eine mit der Darstellung der Geburt Christi. Ich hatte ein Aquarell davon gemacht, um die Haupttöne, die Hauptwirkung, festzuhalten. Aber ich hatte dasselbe Gefühl, wie wenn man versuchen wollte, den Regenbogen einzufangen. Wunderbar war auch das runde Fenster mit ‹Gethsemane› und dasjenige mit der ‹Vermählung Marias›, das am Abend bei der untergehenden Sonne besonders gut beleuchtet war. Hoch oben waren diese Fenster, unerreichbar und stolz. Sie waren mir ein wenig vorgekommen wie ein Sinnbild für das, was man sein sollte.

In diese meine Welt im Dom von Florenz hatte ich vertrauensvoll meinen Freund August Babberger mitgenommen und eingeführt. ‹Ja, sind schön, die Fenster›, hatte er gesagt. Sonst sprach ich mit niemandem darüber. Ich kam mir vor wie einer, der einen unterirdischen Schatz entdeckt hat, und der darüber schweigt. In etwas unvorsichtiger Weise und rein aus Begeisterung hatte ich Ernst Rinderspacher davon erzählt. Er ist gelernter Glasmaler. Der Kopf einer blaugekleideten weiblichen Figur sei kalt übermalt, also nicht gebrannt, sagte er, und hatte auf das hin alle Fenster abgelehnt. Aber wo waren die Kunsthistoriker? Haben die Kunsthistoriker diese Fenster nie gesehen? Offenbar bereitet es ihnen Schwierigkeit, im Süden gute Glasfenster anzutreffen, wo doch jedes Kind weiss, dass die gute Glasmalerei sich im Norden entwickelt hat. Ich wollte von einem oder vom andern Fenster gerne eine Photographie erwerben. Aber die Fenster waren noch nie aufgenommen worden, und Alinari hatte keine Photographie davon. Erst in den letzten Jahren sind einige Aufnahmen gemacht worden.

Verwandt mit dem Dom war für mich das Dommuseum, ‹L'Opera del Duomo›, das auf der andern Seite des Platzes stand. Dort waren die beiden Cantorien, diejenigen von Luca della Robbia und diejenige von Donatello, aufgestellt. Es war schwer zu sagen, welcher von beiden man den Vorzug geben sollte. Man schwankte im Urteil beständig hin und her. Herrlich war die Inschrift auf derjenigen von Luca della Robbia. Jedesmal wenn ich hinging, habe ich sie gelesen:

Laudate eum in sono tubae
Laudate eum in psalterio et cythara
Laudate eum in timpano.

War das nicht schön? Und die singenden Knaben oben, mit ihrem ernsthaften Ausdruck. Und doch würde ich heute nicht zögern, dem Kinderfries von Donatello den Vorzug zu geben. Namentlich wenn man die schwache Tagesbeleuchtung im Dom berücksichtigt. Warum sind die beiden Cantorien aus dem Dom entfernt worden? Die Sicherheit ist im Dom ebenso gross wie im Dommuseum.

Der Florentiner Volksmund erzählt, dass Brunelleschi, als er die Domkuppel vollendet hatte, ihr zugerufen habe: ‹Dal fulmine ti salvi Iddio, che dal terremoto ti ho salvato io.›

84

Da auf dem Domplatz, vor der Hauptfassade, fast immer ein leichter Luftzug weht, erzählt der Florentiner Volksmund, der Wind und der Teufel
hätten einmal gemeinsam eine Wette abgeschlossen, ob der Teufel den
Mut habe, in den Dom zu gehen. Der Teufel sei durch das Hauptportal
eingetreten; alles schien gut zu gehen; als er aber im Chor das grosse Kru-
zifix gesehen habe, sei er derart erschrocken, dass er bestürzt und in aller
Eile durch die nächste Seitentüre gegen die Via dei Servi geflüchtet sei.
Ahnungslos warte der Wind noch immer auf dem Domplatz, bis der Teufel aus dem Dom komme.

Die anderen Glasfenster in Florenz, die mir Eindruck gemacht haben,
und die wieder ganz anders waren, waren diejenigen in Orsanmichele.
Natürlich nicht diejenigen über dem Haupteingang, sondern jene an der
Rückwand der Kirche, also gegen die Via Calzaioli. Oft bin ich am Morgen hingegangen, um sie zu sehen. Die Kirche war immer ganz still. Fast
niemand war um diese Zeit dort. Das war wohltuend. Die Fenster hatten
Morgensonne. Aber auch hier waren die Gläser so tief und so satt in der
Farbe, dass sie die Sonne gut ertragen haben, ohne papierig und ohne als
Abziehbilder zu wirken. Die einzelnen Gläser waren in kleine Stücke
geschnitten. Es war ein eigentliches Glasmosaik. Welches Thema im einzelnen Fenster dargestellt war, war kaum ersichtlich und kaum zu erraten,
so sehr war alles aufgelöst und wirkte rein als farbiges Wunder. Von aussen
gesehen waren die Fenster vollständig grau und mit einer dichten Staubschicht überzogen. Der ganze Staub der Via Calzaioli hatte sich aufs Glas
gesetzt. Sicher hat auch diese Staubschicht zur weichen, samtartigen Wirkung des farbigen Glases und der Bleilinien beigetragen. – In Zürich würde man ein farbiges Glasfenster wohl mindestens alle zwei Jahre mit heissem Seifenwasser und mit Soda abwaschen!

Im Frühjahr 1913 war Professor Karl Moser mit seiner Frau, seinen
Töchtern und Alfred Altherr, dem damaligen Direktor der Kunstgewerbeschule in Zürich, nach Florenz gekommen. Wir hatten uns getroffen. An
einem Abend waren wir zusammen im Zirkus im Politeama Nazionale.
Ich habe jetzt noch die Melodie im Ohr, die der dumme August, der auf
sehr hohen Stelzen ging, gesungen hat. An einem Nachmittag waren wir
hinausgefahren, gegen die Certosa, um zu arbeiten. Moser hat ein Aquarell
gemacht, ich ein Pastell. Von meinem Pastell war ich nicht besonders befriedigt. Aber Moser, der wahrscheinlich in mir den armen Teufel gesehen
hat, hat das Pastell erworben. An einem andern Nachmittag waren wir

oben in San Miniato. Lange sind wir auf den Stufen des Hauptportals gesessen und haben zur Stadt hinunter geschaut, Florenz lag wunderbar da,
friedlich und still. Moser, der soeben den Bau der Zürcher Universität
vollendet hatte, meinte, die Menschen seien doch merkwürdig. Jetzt habe
er die Universität vollendet, und die Behörden wünschten noch, dass er
darüber schreibe. Das sei ihm ganz unmöglich, das könne er nicht. Dann
hat er mich gefragt, ob es mich interessieren würde, an einem Wandbrun-
nen, im Wandelgang der Universität, ein Mosaik zu machen. Mit grosser
Freude habe ich zugesagt.

Florenz ist schön, unsagbar schön. Und zwar nicht nur wegen der aus-
serordentlichen Kunst, die dort zu sehen ist. Nein, alles ist schön. Die
Strassen, die Gassen, die Namen der Gassen, die Via della vigna nuova, die
Via di mezzo, die Via degli artisti, die Frauen, die Kinder, die Bettler, die
Zeitungsverkäufer, die Schuhmacherwerkstätten, die Strassenputzer, die
Katzen, die Tramkondukteure, die Handwagen, die Tabakläden, alles. Auf
einem kleinen Platz wurden an einem Stand kleine Reiskuchen verkauft.
Daneben stand ihr Name, ihre Bezeichnung. Sie hiessen: ‹Còccoli e som-
mómmoli di riso.›

War das nicht rührend? Heute noch denke ich, dass wenn etwas auf
dieser Welt wirklich unschuldig ist und wirklich einmal ins Paradies kommen wird, es diese ‹Còccoli e sommómmoli di riso› sein werden.

Und doch soll ein angehender junger Maler nicht zu lange in Florenz
verweilen. Bleibt man zu lange dort, so hat man das Gefühl, ausserhalb der
Welt in einer Art Kloster zu sein. Man will doch tätig sein, sogar sehr
tätig, und man spürt, dass das eigentliche moderne Leben sich in nörd-
licheren Breiten abspielt, etwa auf der Linie New York, London, Paris,
Berlin, Moskau. Auf dieser Linie ist das konzentrierte moderne Leben.
Dort wird grosszügig gebaut, gearbeitet und gestrebt. Dort entstehen
Wände für Fresken und Mosaiken, und grosse Fenster für Glasmalerei.
Dort werden Plakate für grosse Firmen gedruckt. Dort ist die eigentliche
moderne Energie, die arbeitet und unternimmt, und die die Arbeit als
Genuss empfindet. In südlichen Gegenden ist man immer nur der Zu-
schauer von dem, was im Norden geleistet wird. Man fühlt sich fünfzig
Jahre im Rückstand. Auf alle Fälle spürt man gut, dass die nördlichere
Linie New York, London, Paris, Berlin führend ist. Dass dort die grösseren
Mittel vorhanden sind, dass dort die frischere Luft weht, dass dort
Schwung, Unternehmungslust, vielleicht auch Waghalsigkeit und Drauf-

gängertum vorhanden sind. Und das ist wohltuend. Es versteht sich, dass zu dieser Energielinie, wie ich sie nennen möchte, auch Hamburg, München, Wien, Basel, Zürich und Bern gehören. Interessant ist, dass diese Energielinie vor fünftausend Jahren über Ägypten ging. Später ging sie über Athen. Noch später über Rom, Florenz und Venedig. Sie hat sich also immer weiter nach Norden verschoben. So habe ich mich einmal in Florenz ertappt, wie ich in der Via Tornabuoni in eine grosse Buchhandlung ging, um die neueste Nummer der englischen Kunst-Zeitschrift ‹The Studio› anzuschauen. Ich wollte sehen, was im Norden geleistet wird. In Florenz wurde nicht einmal ein anständiges Plakat gedruckt. So habe ich im Grunde Architekt Karl Moser darum beneidet, dass er im Norden, in Zürich, tätig sein konnte, und dass er mitten im modernen Suchen und mitten im modernen Leben stand. Gerade *er* war ja ein Exponent davon. In seiner ganzen Art war er, wie Franz Riklin auch, viel frischer und viel kürzer angebunden als wir, Hans Jelmoli und ich. Wir hatten immer noch einen Rest von Weltschmerz, oder wie man das nennen will, in uns.

RICHARD KISLING

Im Sommer kam ich gewöhnlich Mitte oder Ende Mai von Florenz nach Stampa, um dort bis anfangs Oktober zu bleiben. Von dort fuhr ich oft nach Zürich, teils um die Tante Marietta und den Onkel Torriani zu besuchen, teils um Zürich zu sehen, teils auch um mit der Eisenbahn fahren zu können, was für mich immer etwas Schönes war. Ungefähr vor dem jetzigen Kongresshaus bin ich an einem Vormittag Righini begegnet, der mit einem schwarzgekleideten rundlichen Herrn, der einen steifen Hut trug und eine dicke Zigarre rauchte, mir entgegenkam. Righini stellte mich dem Herrn vor. Es war Richard Kisling, der Eisenhändler und Kunstfreund. ‹Wieder einer›, sagte Kisling, als er meinen Namen hörte. Aber zugleich lud er mich zum Mittagessen ein. ‹Um halb ein Uhr›, sagte er. Damals war Kisling noch Junggeselle. Kam man zu ihm, so sass er gewöhnlich in seinem Eisenladen an der Münsterstrasse, hoch oben auf einer Art Empore, von wo aus man den Laden überblicken konnte. Auf seinem Pult war ein grosses Geschäftsbuch aufgeschlagen, in das Kisling wahrscheinlich Eintragungen machte oder das er überprüfte. Eine schmale Holztreppe mit ganz ausgehöhlten Tritten führte zu ihm hinauf. Wir Kunstjünger wussten, dass er von Zeit zu Zeit ein Bild erwarb, und so haben wir, wenn wir zu ihm kamen, oft einige Bilder, in Papier eingewickelt und mit einer Schnur zugebunden, mitgebracht. Aber das war eine ziemlich aufregende Sache. Zu Hause sagte man sich mit einer gewissen Sicherheit: ‹Das Bild ist gut, und ich kann es wohl dem Kisling zeigen.› Kaum war man aber durch seine Haustüre oder in seinen Laden eingetreten und hatte den Eisengeruch in der Nase, den eigentlichen Kislinggeruch, da war der grosse Mut meistens dahin, und man liess, wie man zu sagen pflegt, das Herz in die Hosen fallen. Denn man fühlte gut, dass man da stand mit den Bildern unter dem Arm, dass sie in Papier eingewickelt und mit einer Schnur zugebunden waren, und, dass man alles in allem keine besonders gute Figur machte, obwohl man den Sonntagsanzug trug. ‹Wenn ich nur wieder weggehen könnte›, sagte man sich. Aber das Leben ist schwer, und man muss vieles tun, was einem nicht behagt. Unterdessen hatte man auf die elektrische Klingel gedrückt, und die Türe war aufgegangen. Das gute alte Anneli, der dienstbare Geist, hatte sie aufgemacht und liess einen herein. ‹So, haben Sie etwas mitgebracht›, sagte Kisling gutmütig, indem er an seiner dicken Zigarre zog. Er wollte einem, in seiner unauffälligen Art, Mut machen. Und man war darüber herzlich froh.

Oft kam es vor, dass, während man bei Tisch sass, noch irgendein Maler, der soeben mit der Bahn angekommen war, bei Kisling erschien. Trachsel kam oft. Dann wurde einfach am Tisch Platz gemacht. Trachsel setzte sich zu uns und nahm am Mittagessen teil. Das alles war rührend und hatte unbedingt etwas von dem: ‹Kommet her zu mir alle . . . › War das Essen vorüber, so erhielt man eine ausgezeichnete dicke Zigarre, ging ins Nebenzimmer hinüber, um eine Tasse schwarzen Kaffee mit Kirsch oder mit Marc zu trinken − und um eben die Bilder anzusehen, die man mitgebracht hatte. Ja, die Schnur, mit der man das Paket zugebunden hatte, war fest zugemacht. Die Knoten waren schwer zu lösen. Peinlich war das. Man kniete da am Boden, und es dauerte eine ganze Weile, bis die Schnur endlich aufging. Die Bilder wurden am Boden an die Wand gestellt. ‹Was kostet das Bild links›, fragte Kisling, indem er an seiner Zigarre zog. Man nannte einen Preis. ‹Und was kostet das Bild rechts›, fragte er, indem er abermals an seiner Zigarre zog. Wiederum nannte man einen Preis. ‹Und was kostet das Bild in der Mitte?› Auch da nannte man einen Betrag. ‹Ja, und was kosten alle drei Bilder zusammen?› Man war durch diese Frage derart überrumpelt, derart fassungslos, man spürte wie einem der Verstand zerrann und breiig wurde, zudem war Kopfrechnen nie meine Sache, und so nannte man eine lächerliche Summe, die nicht viel höher war als die Summe, die man für das erste Bild genannt hatte. Aber schön war es, unsagbar schön. So bin ich einmal mit 500 Franken, die ja für den ganzen Winter hätten reichen müssen, *zweite* Klasse nach Florenz gefahren. Die dritte Klasse wäre mir viel zu lumpig vorgekommen, wenn man eine solche Summe in der Tasche hat. Mein Übermut kannte keine Grenzen, und immer wieder klang es mir in den Ohren ‹Drei Bilder auf einmal›. Auf der Fahrt habe ich in Wädenswil das Fenster aufgemacht und hinausgeschaut, und die Welt ist mir schön vorgekommen, und das Leben war schön. Ja, ‹drei Bilder auf einmal›. So war Richard Kisling. Jemand von uns sagte, er sei für uns wie ein halber Gott. Aber es war so.

Um jene Zeit hatte Kisling einen Zyklus von Zeichnungen des damals noch jungen Ernst Georg Rüegg erworben. Der Zyklus war betitelt: ‹Was ich sah, als ich über den Berg zu Dir kam.› Das hatte mir zu denken gegeben. Ich musste mir sagen, dass wenn ich über einen Berg zu einem Mädchen gehen würde, ich wahrscheinlich nichts sehen würde. Keinen Baum, kein Haus, keinen Brunnen keine Blumen, keine Wolken, nichts.

Nur das betreffende Mädchen. Und dass ich im innern Ohr nur das hören würde, was das Mädchen das letzte Mal gesagt hat, was es dieses Mal vielleicht sagen könnte, und was ich gerne hätte, dass es das nächste Mal sagen würde. Und ich war daran, über diese radikale Art des Verliebtseins Minderwertigkeitsgefühle zu bekommen.

SOMMER IN STAMPA

Die Sommer in Stampa waren schön. Mein Vater und die Tante Catarina lebten noch. Ich kam von Florenz, wie ich schon sagte, meistens Mitte Mai und blieb bis anfangs Oktober. Um Mitte Mai war es in Florenz schon heiss. In Stampa waren die Blätter der Nussbäume noch ganz klein. ‹Sie sind soeben herausgekommen›, hatte mein Vater gesagt. Alles war frisch, und das Wasser des Brunnens, der vor unserem Haus stand, war köstlich.

Im Sommer 1904 habe ich ein Temperabild gemalt mit einem Ausschnitt des Flusses, der durch das Bergell fliesst, mit der Maira. Es war ein Temperabild auf einer grundierten Holzplatte. Viele Naturstudien, mit weisser Kreide auf grauem Tonpapier, hatte ich gemacht, um die weissen, schäumenden und sich überschneidenden Wellen festzuhalten. Es war schön, wie das Weiss des Schaumes auf dem Hellgrün des Wassers stand. Duftig und hell war das, wie helle Seide. Und es war rührend, wie mein Vater, während ich diesen Grundton anlegte, immer wieder am Nachmittag, schweisstriefend von der schweren Landarbeit, zu mir in das kleine dunkle Atelier kam, um zu sehen, wie das Bild werden würde, und um zu sehen, ob ich damit zufrieden sei. Fast während des ganzen Sommers habe ich daran gearbeitet. Als es dann im Herbst vollendet war und ich für eine spätere Ausstellung des Bildes einen Preis festsetzen musste und ich meinem Vater eine, für unsere Verhältnisse in Stampa, ziemlich hohe Summe nannte, da sagte er: ‹Ja, darunter geben wir das Bild nicht.›

Die Tempera, mit der ich das Bild gemalt habe, hatte ich nach einem Rezept hergestellt, das mir Wilhelm Balmer in Florenz gegeben hatte. Balmer hatte das Rezept von seinem Freund Albert Welti, und Welti hatte es von Böcklin. Damit es nicht verloren gehe, will ich es hier mitteilen:

Ein Teil Eigelb (quirlen)
Ein Teil Essig (Weinessig)
Ein Teil Copaivabalsam (langsam eingiessen)
Zwei Teile Wasser

Das Ganze stark quirlen, auch während der Zubereitung. Die Tempera ist wasserunlöslich. Sie duftet wunderbar. Durch den Copaivabalsam wird man wie in einen Wald versetzt. Man denkt an Böcklin, denkt an Welti, denkt an den Wald oberhalb Stampa, denkt an Cennino Cennini, der sein Traktat Giotto und Gott gewidmet hat. Man wird zurückversetzt in die selige Frühzeit der Tempera- und der Freskomalerei, die wie ein Vorfrühling, ein Anfang und ein Versprechen war. Man sieht helle blonde Töne, hellen Ocker, Weiss und Gold und fühlt das ganze Glück des Himmels.

Dass während der Arbeit oft und fast immer Schwierigkeiten seelischer und technischer Art sich einstellen, die einem zur Verzweiflung bringen können, wissen wir alle gut genug. Aber daran ist die gutduftende, schöne Tempera nicht schuld.

Später ist jeweils auch August Babberger im Sommer nach Stampa gekommen. Zuerst allein, dann mit seiner Braut Annie Tobler, dann mit ihr als seiner Frau. Gekommen ist auch meine Schülerin von der Akademie Zbinden in Florenz, Elsa Reinhold aus Dresden. Meistens waren wir unten an der Maira, unterhalb Stampa, in der Crascüda, dort wo ich die Studien für das Temperabild gemacht hatte. Wir nannten die Stelle ‹das Paradies›. So schön war es dort. Es war eine kleine Matte dicht an der Maira. Um die Matte herum lagen mächtige felsenartige Steine. Das Ganze war eingerahmt von hohen Tannen. Babberger sass meistens auf dem obersten Grat eines solchen Steines, hatte eine Mappe auf den Knien und zeichnete. Nicht etwa, dass er die Umgebung dort, das Wasser, die Steine oder die Tannen gezeichnet hätte. Keine Rede davon. Er zeichnete an figürlichen Kompositionen, die er immer wieder auf eine einfachere und schlagendere Formel zu bringen trachtete und für die er immer wieder eine andere Lösung suchte. Er zeichnete fortwährend, den ganzen Vormittag hindurch ohne Unterbruch. Wie besessen sah er aus. Sein hagerer Kopf und sein spärlicher Bart haben sich vom Himmel abgehoben, und er sah aus wie ein tibetanischer Mönch. Ich habe kleine Blumen gemalt. Blaue Campanula, die ganz am Rand des Wassers waren, und schöne Sempervivum, die hoch oben auf den Steinen gewachsen sind. Von meinem Bruder noch trug ich einen langen frackartigen Anzug, der wohl einmal schön schwarz gewesen sein mag, jetzt aber dunkelgrün war. Babberger und Elsa Reinhold nannten ihn den Waldfrack. In diesem Waldfrack kletterte ich auf den Steinen herum und malte. Meine Opposition zu den Malern mit der grossen, geschwungenen Nussbaumpalette war so ausgeprägt, dass ich einfach aus unserer Küche einen weissen Suppenteller mitnahm, um auf der Rückseite meine Ölfarbe zu mischen. Elsa Reinhold versuchte auch Sempervivum zu malen, aber ohne grossen Erfolg.

Dann stieg gewöhnlich Babberger von seinem hohen Stein herunter, schaute lange das Bild an und sagte zu ihr: ‹Schauen Sie doch, wie *er* malt.› Aber gegen elf Uhr vormittags war sie völlig müde und erschöpft, bekam einen roten Kopf, packte ihre Sachen zusammen und ging. Mein Vater erzählte mir dann mit leisem Spott, die Reinhold sei schon kurz nach elf Uhr nach Hause gekommen. – Und doch – an einem Abend, als ich mit ihr auf der Strasse von der Palü nach Stampa ging und wir die Sterne angeschaut haben, sagte sie zu mir: ‹Sehen Sie dort diese Sterne, schräg über dem Piz Duan, diese Sterne die ein W bilden, sehen Sie sie, das ist die Cassiopeia.› Ich bin still geblieben und habe nichts gesagt. Aber es war so, wie wenn sie sich in den Himmel eingeschrieben hätte. Jedesmal, wenn ich die Cassiopeia sehe, denke ich an Elsa Reinhold.

Mit Babberger und mit seiner Frau gingen wir am Abend meistens über Coltura hinaus, über die Peista, gegen Caccior. Das gleichmässige Zirpen der Grillen und die lauwarme Abendluft waren wohltuend. An einer Stelle musste man mit einem langen Schritt einen kleinen Bach überschreiten, der von Montaccio herunter kommt. Wurde es Nacht, so sah man unten im Tal gegen Promontogno die dunkle Silhouette von Nossa Dona und der Ruine der Burg Castelmur. Man lag auf der Wiese in der Nähe des Weges, der nach Soglio führt, sprach wie immer von unserer Arbeit, von Malerei und von Florenz. Ja, Florenz kam immer wieder. Aber irgend etwas Düsteres, Schweres lag in der Luft. In einem Lied, das Annie Babberger bald leise, bald laut vor sich sang, waren die Worte:

> Locket nicht mit Liebesgaben!
> Lasst dies Herz alleine haben
> Seine Wonne, seine Pein.

Und in einem andern Lied, das ihr Lieblingslied war, hiess es:

> Und über den Wassern wird's kalt.

Heute ist es mir nun, als ob ich das Schwere und Düstere, das damals in ihr war, verstehen würde. Es war wie eine Vorahnung ihres frühzeitigen Todes.

An einem Abend, als wir dort lagen und es schon Nacht war, hat mich mein Vater gerufen. Laut hat er in die Nacht hinausgerufen: ‹Augusto›. Das war furchtbar. Der Ruf in der Nacht ist uns durch Mark und Bein gegangen. Es war nichts Schweres geschehen. Es waren Bilder von einer Ausstellung zurückgekommen, und ich musste den Empfang bestätigen. Aber der Ruf in Nacht war entsetzlich, auch für Babberger, der sonst robust war.

In einem Sommer kamen auch zwei Amerikanerinnen nach Stampa. Die eine davon war meine Schülerin an der Akademie Zbinden in Florenz. Ihr Mann war ein grosser Holzhändler in Amerika. Wenn sie in Stampa in den Ferien malte, so brauchte sie die teuren Farbtuben nur bis zur Hälfte und warf sie dann einfach weg. Sie wird sich gesagt haben, ihr Mann verdiene in Amerika so viel, dass sie sich diesen Luxus wohl leisten könne. Weil ich am Nachmittag bald zu Babbergers nach Coltura, bald zu Elsa Reinhold zum Tee gehen musste, bald zur Amerikanerin zur Korrektur – wozu ich mich umkleiden und im schwarzen Anzug erscheinen musste –, so sagte mir mein Vater, der diesem Treiben zuschaute, halb spöttisch, halb lächelnd, ich sei wie eine Art Jagdhund. Er hatte durchaus recht. Diese Betriebsamkeit, dieses ewige Rennen, Machen und Gehen war nicht unsere Art. Es war eine angenommene, importierte städtische Art, die uns fremd war, und die ich auch heute nicht liebe. Wir zuhause waren ruhiger, stiller, kontemplativer. Wir gehörten gewissermassen zur Familie der Wiederkäuer. Eine Sache durchnehmen, sie dann noch einmal durchnehmen und sie dann noch einmal durchnehmen.

È PERICOLOSO SPORGERSI

Es war in einem Sommer, als ich wieder von Florenz nach Stampa fahren wollte, dass ich mich fragte, ob es vielleicht schön wäre, anstatt direkt über Mailand, einmal über Livorno–Genua–Mailand zu fahren. Also einen Umweg zu machen, um andere Gegenden, andere Landschaften, vor allem um das Meer und Genua zu sehen. Meine Finanzen waren nicht gerade blühend, aber nach meinen trigonometrischen Berechnungen hätte dieser Umweg doch möglich sein sollen. Am Abend bin ich also von Florenz in Livorno angekommen und habe dort den Nachtzug bestiegen, der nach Genua fuhr. Im Coupé, selbstverständlich im Coupé dritter Klasse, war fast niemand. Nur mir gegenüber sass ein junges Mädchen oder eine junge Frau. Sie war hübsch und war sympathisch. Sie war nicht jemand mit schöngeistiger Haltung, wie man oft Frauen antrifft, die an der Universität oder an der Volkshochschule Vorlesungen über Ästhetik oder über Kunstgeschichte besucht haben, und die glauben, über nichts anderes reden zu müssen als über Beethoven. Nein, sie war eine einfache junge Frau, deren Gesicht oft den heissen Strahlen der italienischen Sonne ausgesetzt gewesen war, und deren Augen oft blühende Wiesen, goldene Ährenfelder, weisse Wolken und hellblaue Himmel gesehen hatten. Kein Wort haben wir gesprochen, aber es war so, als ob die Sitzreihen im Bahnwagen zu eng aneinander aufgestellt wären, denn unsere Knie haben sich immer berührt. Das zu enge Aufstellen der Sitzreihen war wahrscheinlich ein Konstruktionsfehler der ‹Rete Mediterranea›, wie die Bahn früher hiess. Wer von uns zuerst an das offene Fenster ging, um die tiefblaue Nacht anzuschauen, weiss ich nicht. Aber bald standen wir beide am gleichen offenen Fenster und haben uns weit hinausgelehnt in einem merkwürdigen Gefühl, als ob man dort in der dunkeln Nacht Zuflucht finden könnte, und als ob dort das Glück wäre. Der Zug sauste dahin. Es kamen schwarze Tunnels, es kamen dunkle Rauchwolken mit dem guten Geruch der Steinkohle, dann kam wieder der tiefblaue Nachthimmel mit Sternen. Wer von uns beiden zuerst, weit am Bahnwagenfenster hinausgelehnt, dem andern den ersten Kuss gab, weiss ich nicht. Sicher, dass keiner von uns beiden daran dachte, dass ein in einem der Tunnels aufgestelltes Gerüst uns, bei unserer Art des Hinauslehnens, mit Leichtigkeit den Kopf hätte abschlagen können. Es war gut, dass wir nicht an diese Möglichkeit gedacht haben; denn es war herrlich. Bahnhof an Bahnhof ist an uns vorbeigeflogen, Felsen, Telegraphenstangen, Olivenbäume, Zypressen, Weinberge, dann immer wieder der dunkle Nachthimmel mit Silberwolken und Sternen. Ein Kuss und wieder ein Kuss, ohne, dass wir uns während der ganzen Fahrt je ein Wort gesagt hätten. Es war so, wie wenn man ganz trockene Lippen hätte, die immer genetzt werden müssten. Der Zug hätte so bis ans Ende der Welt fahren können. Wir wären sicher damit einverstanden gewesen. An einem kleinen Bahnhof stand der Zug still, und plötzlich war ein Mann da, der offenbar vorn im Gepäckwagen oder auf der Lokomotive zu tun hatte! Er trug eine dunkelblaue Arbeitsbluse. Nicht durch die Türe war er hereingekommen. Nein, aussen am Fenster hatte er sich hinaufgezogen, hatte sich mit beiden Händen am Fenstersims gehalten, hatte mit finsteren Augen durch das Fenster hineingeschaut und hatte ihr mit harter Stimme zugerufen: ‹Vien fuori, carogna.› War das ihr Mann? Hatte er uns gesehen? Stillschweigend und sofort ist sie gegangen. Auch mir war es nicht ganz geheuer. ‹Du sollst dich nicht lassen gelüsten›, war mir in den Sinn gekommen, und in dem nun öden und trostlosen, ockergelbgestrichenen Bahnwagen dritter Klasse, spürte ich im Rücken schon den breiten Messerstich, den ein eifersüchtiger Italiener mir, vielleicht mit Recht, versetzen würde. In den Sinn gekommen waren mir die kleinen schwarzen Käfer, die ‹pica stacheta›, wie man sie in Stampa nennt, und mit denen wir als Kinder gespielt haben. Hielt man sie auf der flachen Hand, so stellten sie sich tot. Das war ihre Art, eine Lebensgefahr zu überwinden oder ihr auszuweichen. Ich beschloss, dasselbe zu tun, legte mich in meiner ganzen Länge auf die harte Bank, schloss die Augen und fing an mächtig zu schnarchen, so gut ich nur konnte. ‹Er wird wohl nicht den Mut haben, einen unschuldigen, wehrlosen, schlafenden Mann zu erstechen›, sagte ich mir, obwohl ich genau wusste, dass das mit dem ‹unschuldigen› nicht weit her war. Aber der Mann kam nicht. Vielleicht hatte er uns doch nicht gesehen.

ROM

Im Herbst des Jahres 1904 war ich anfangs Oktober von Stampa
nach Florenz gekommen, hatte dort meine Sachen gepackt, vor allem
mein begonnenes umfangreiches rundes Bild mit der ‹Verkündigung an
die Hirten›, und wollte nach Rom. Es war bei mir eine rein verstandes-
mässige Überlegung, ähnlich einer Verstandesheirat. Zwei oder drei Jahre
wollte ich in Rom bleiben und wollte dort arbeiten. Ich sagte mir, man
würde in Rom wieder andere Werke sehen als in Florenz, und der Aufenthalt in der Stadt, die das eigentliche Herz der christlichen Welt bilde,
müsse doch von Bedeutung sein. Ich hatte mir vorgestellt, man würde
vielleicht gerade in Rom das finden, was ich bisher nur in Florenz, in San
Marco, oder im Chiostro Verde oder in der Capella degli Spagnuoli in
Santa Maria Novella erlebt und gefunden hatte. Also das Ahnen, das Erleben einer heiligen Welt. Dieses ‹acuto gioire›, dieses ‹Namenlose Glück›.
Aber dass ich ausgerechnet *das* in Rom suchte, war der Fehler. Es ist be-
zeichnend, dass ich nicht weiss, wann ich in Rom angekommen bin, ob
am Tag oder am Abend, und nicht weiss, wo ich gewohnt habe. Und erst
jetzt weiss ich, dass in mir schon von Anfang an irgendeine Opposition
gegen Rom war. In den unzähligen Diskussionen in Florenz mit Hans
Jelmoli, mit Kestranek und mit Bildhauer Griselli, wurden Rom und
Florenz beständig gegeneinander ausgespielt. Ich weiss, dass ich zuinnerst
in mir immer für Florenz war, für diese bescheidene, stille Stadt, die
keinen Lärm, kein Wesen aus sich machte, die nur einfache Trattorien, nur
kleine Crèmerien hatte, von kleinen Gassen durchzogen war, und zugleich
die kostbarsten Werke besass. Rom, daneben gestellt, war grosstuerisch, war
weltlich, war mehr Gebärde als Inhalt, war zum Teil hohl und verlogen.
Die Heiligkeit, die ich dort suchte, war nicht dort. Im St. Peter kniete eine
schwarzgekleidete Nonne, die aber beständig umherschaute, ob man sie
bewundere. Auch St. Peter erschien mir mehr wie ein imposanter, grossartiger Festsaal als wie eine Kirche. Die unzähligen Barockskulpturen in
Rom waren eben nur Gebärde. Schon ihre flatternden Draperien waren
‹von ungefähr› gemacht, waren ‹di maniera›, wie man in Italien sagt, und
waren nicht studiert. Wenn man sich vergegenwärtigt, wie dagegen die
Skulpturen in den Nischen an Orsanmichele in Florenz sind! Und selbst
Bernini habe ich nie gemocht. Das war für mich nur eine grossartige
Grosstuerei.

Ja, und die Sixtina und die Fresken Raphaels? Ja, das gab es in Florenz nicht, das musste ich mir, trotz meiner Starrköpfigkeit und trotz meines Fanatismus' zugeben. Auch das Kolosseum war nicht in Florenz, und das grosse Äquadukt und die Trajansäule und die Katakomben auch nicht. Seltsam waren die Katakomben. Sie haben einem zu denken gegeben. Die Katakomben, die Via Appia und die weite, zeitlose, melancholische Landschaft. Das hatte Grösse. Aber den eigentlichen Eindruck der Stadt konnte ich nicht verstehen. Man wusste nicht recht, ob man Rom als eine Stadt der Antike oder als eine Stadt des Barock auffassen sollte, oder einfach als moderne Stadt. Sie kam mir vor wie ein Baum, der Birnen trägt und zugleich auch Kirschen. Auch das eigentliche Leben der Stadt habe ich nicht verstehen können. War sie Grossstadt? Ich versuchte, sie in Gedanken mit Paris zu vergleichen, aber da war sie plötzlich eine einfache Provinzstadt, mit grossen Palazzi und mit verarmten Adeligen, die im schwarzen Anzug, mit gestreiften Hosen und mit steifem Hut oben am Pincio flanierten, und dabei kaum zu Essen hatten. Also alles ein wenig grosstuerisch und ein wenig verlogen, und alles ein wenig hohl.

Meine lieben Leser werden den Kopf schütteln und werden mir sagen, sie hätten Rom ganz anders erlebt. Für sie sei Rom der Inbegriff aller Grossartigkeit gewesen, und sie hätten nur den einen Wunsch: Rom noch einmal zu sehen. Nun, ich habe nichts dagegen. Ich tröste mich mit dem, was Nietzsche gesagt hat: Jeder von uns habe seine Stadt oder seine Städte. Meine Städte waren Paris, Florenz, Venedig und Marseille. Und nicht Rom.

Am Fusse des Pincio, in einem grossen Garten, hatte ich ein schönes Atelier gefunden. Einige Male war ich dort gewesen, um es zu besichtigen, und hatte der Frau des Hauswartes gesagt, ich würde in einigen Tagen wieder vorbeikommen, um den Mietvertrag zu unterzeichnen. Unterdessen zog ich den ganzen Tag herum, um Rom zu sehen, aber eben ohne Baedeker und ohne Stadtplan, so dass ich im ganzen fast nichts gesehen habe. Allein bin ich herumgegangen, habe mit keinem Menschen ein Wort gesprochen, und war innerlich deprimiert, ohne zu wissen weshalb. Alles kam mir sehr grau und staubig vor. Die vielen Seminaristen, oder was sie waren, denen man auf der Strasse begegnete, und die vielen Priester haben nicht wenig dazu beigetragen. Besucht habe ich die englische Kirche, um dort ein Mosaik von Burne-Jones zu sehen. Aber ich war vom Mosaik enttäuscht.

Es war eigen. Während ich so allein umherging, wurde es mir bewusst, dass das Rom, das ich sah, immer nur das Rom der anderen war, es war nie *mein* Rom. Es war also immer das Rom der Deutschrömer, das Rom des Cornelius, das Rom von Feuerbach und von Marées. Oder es war das Rom meiner Freunde und Bekannten, das Rom von Albert Zubler oder von Wilfried Buchmann, aber es war nie mein Rom. Das war bedenklich. Ich habe nie einen Zugang zu dieser Stadt gefunden. Alle Zugänge waren schon besetzt. Es ist eigen, dass auch die kleinen Sachen im Leben sich nicht einstellen, wenn das Ganze nicht da ist. So hätte ich doch einmal in Rom ein gutes Hotel, oder eine gute Trattoria, oder gutes Obst, oder ein hübsches Mädchen finden können. Aber von alledem geschah nichts. Ich habe auch sagen hören, das berühmte Profil der Römerinnen sei nur Fassade und Bauernfängerei, und sonst nichts.

In der Nikolauskapelle des Vatikans sind Wandbilder von Beato Angelico. Sicher haben diese Bilder alle Vorzüge der Kunst Angelicos, und doch konnte ich mich nie von dem Eindruck befreien, als ob Angelico sich nach Rom verirrt hätte, als ob es ihm in Rom nicht wohl gewesen sei, und als ob er sich dort nicht zu Hause gefühlt hätte. Eine gewisse Traurigkeit und eine gewisse Vernünftigkeit liegt über den Bildern. Das Schwebende, Leichte, das Frühlingshafte, der ‹Holde Wahnsinn› seiner Florentiner Zeit ist dahin.

Eine Woche oder vierzehn Tage bin ich deprimiert und verträumt in Rom herumgegangen. Dann ging ich zur Frau des Hauswarts, dort am Fusse des Pincio, wo ich das Atelier mieten wollte, und sagte ihr, dass ich das Atelier nicht nehme. Ich ging zum Güterbahnhof, wo unterdessen meine Sachen aus Florenz angekommen waren, mein armer Wäschekorb, dann das zusammengerollte unfertige Rundbild mit der ‹Verkündigung an die Hirten› und der zusammengelegte grosse Keilrahmen. Ich nahm sie in Empfang, liess sie hinüberführen zum entgegengesetzten Flügel des Bahnhofs, wo man die Sendungen als Frachtgut aufgeben konnte, und sandte alles wieder nach Florenz zurück. Mit dem nächsten Zug bin auch ich abgereist. Ich weiss noch, wie es mir war, als die Fahrt in das Grün der toskanischen Landschaft führte. Die weichen harmonischen Linien der Hügel, die Oliven und die Zypressen. Das Graugrün der Oliven liess das saftige Grün der Wiesen noch grüner erscheinen. Eine ganze Wehmut lag in der Luft. Mir war es so wie damals, als ich zum erstenmal von Zürich zurückkam und Stampa wiedersah. Es war unbeschreiblich. Am anderen

Tag auf der Piazza della Signoria, war es mir wirklich so, als ob ich dem lieben Gott danken müsste, dass ich wieder da sei. Ja, der Palazzo Vecchio, dann die Loggia dei Lanzi, dann die stolzen Skulpturen, ‹Perseus›, dann ‹Judith› und ‹Holofernes›. Das war grosse Kunst. Das war nicht verlogen. So etwas gab es in Rom nicht. Und selbst die Kleineren, ein Baccio Bandinelli und ein Gian Bologna, durften sich sehen lassen.

Ich möchte bei dieser Auseinandersetzung Florenz–Rom nicht missverstanden werden. Es ist eine Auseinandersetzung, die vielleicht nur der versteht, der viele Jahre in Florenz gelebt und Florenz lieb gewonnen hat. Man vergleicht nie Florenz mit Neapel oder Florenz mit Mailand. Aber man vergleicht beständig Florenz mit Rom. Es sind Antipoden. Es ist, als ob jede dieser beiden Städte eine andere Weltanschauung vertrete. Wenigstens habe ich es so empfunden. In Florenz ist das Heilige, die Innerlichkeit, das Echte, der verhaltene Stolz. In Rom ist die Grösse, die pathetische Geste (die manchmal hohl ist).

Man soll mich also über das, was ich von Rom gesagt habe, nicht missverstehen. Welche Perlen der Kunst in den Museen in Rom zu entdecken und zu finden sind, sieht man vielleicht am besten beim Lesen des Buches von Hermann Hubacher: ‹Aus meiner Werkstatt›.

Florenz habe ich immer irgendwie als eine heilige Stadt empfunden. Ist es nicht wunderbar, sich zu vergegenwärtigen, dass Dante dort im Battisterio getauft worden ist? Vielleicht ist das an einem Frühlingsmorgen gewesen, wenn die Sonne durch die offene Türe hereinscheint und die Marmorintarsien am Boden leuchten und man von aussen leise das Gurren der Tauben hört und das Licht des kleinen Sonnenfleckens vom Boden hinaufstrahlt zu den Mosaiken in der Kuppel und das Gold lebendig wird, als ob ein Jubel durch den hohen Raum gehen und alles singen würde: Giammai più bell' aurora nel cielo comparì. Vielleicht hat schon damals der Priester, der die Taufe vollzog, seine Stola heruntergenommen und geküsst und die Worte gesprochen: In nomine patris et filii et spiritus sancti.

GRÜN UND ROT

Florenz eine heilige Stadt? Ja, denn hier hat Fra Angelico gelebt, hier haben alle die anderen gewirkt, die, mögen sie gewesen sein, was sie wollten, für mich doch Heilige waren. Brunelleschi, Cimabue, Giotto, Benozzo Gozzoli, Donatello, Luca della Robbia, Benvenuto Cellini, Andrea del Castagno und andere mehr. Nun wissen wir aus der Farbenlehre, dass, wenn wir längere Zeit ein grünes Quadrat ansehen, das grüne Quadrat dann plötzlich entfernen, wir dann ohne es zu wollen, an derselben Stelle ein *rotes* Quadrat erblicken. Das Auge, um befriedigt zu sein, erzeugt dieses Rot. Dieses Rot ist also nicht aussen in der Natur, sondern innen im Auge. Es ist die Komplementärfarbe zum Grün. Nun war es mir in Florenz, als ob nicht nur unser Auge so vorginge, sondern unsere Seele als solche auch so verfahre. Ich meine so, dass wenn unsere Seele während Tagen, Wochen und Monaten sich intensiv in die Welt des Heiligen hineinversetzt, sich hineindenkt, sich mit ihr identifiziert, sich also mit der erhabenen Welt von Fra Angelico und von Dante identisch fühlt — dass dann, wenn die Spannung auch nur für einen Augenblick aussetzt, plötzlich und unerwartet und mit Vehemenz auch hier die Komplementärfarbe auftritt — das *Unheilige*.

Ja, und ebenso wie Rot am leuchtendsten wirkt, wenn es an Grün angrenzt, so war das Unheilige gerade in Florenz am heftigsten und am unwiderstehlichsten. Das war furchtbar. Ja, wird man fragen, wie hat denn das Unheilige ausgesehen? Wie war es? Welche Form hat es gehabt? Sicher war es nicht so, wie man etwa glauben könnte, dass das Unheilige durch die Diebe, die Verbrecher, die Betrüger, die Falschmünzer, die Ungläubigen und die Gotteslästerer vertreten gewesen wäre. Nein, alle diese waren harmlos, man hätte sie umarmen können, schon deshalb, weil sie Florentiner waren, und weil ihr Dialekt so reizend klang. Nein, das Unheilige in Florenz war grossartiger, kühner, verwegener, ätzender und leuchtender zugleich, es war der Geist der Circe. Bedauernswerte Geschöpfe, diese Töchter der Circe, vom bürgerlichen Standpunkt aus gesehen. Sie stehen am Abend an einer düsteren Ecke der Via Torta und essen stehend eine billige Orange oder eine kleine Banane. Armselig sind sie gekleidet und sind wahrscheinlich auch unterernährt. Aber innerlich, im Geiste, haben sie das Virulente, Zerstörerische und zugleich Prachtvolle, das der sagenumwobenen Circe zugesprochen wird. Circe ist berühmt. Jene sind unberühmt, aber stehen ihr nicht nach. Und ist es nicht merkwürdig, dass jene Gassen, die Via Torta und die Via delle Pinzochere, in Wirklichkeit ganz in der Nähe von Santa Croce sind. Es war also ein wirkliches Aneinandergrenzen zweier Komplementärfarben, das Aneinandergrenzen von Grün und Rot. Beide Farben wurden dadurch leuchtender, prachtvoller und unwiderstehlicher. Dann war da die Tarnowska. Die Tarnowska war ein männermordendes Weib. Sie lebte irgendwo in Italien, als ich in Florenz war. Sie soll von grosser Schönheit gewesen sein. Eine Reihe von jungen Männern hatte sie auf mysteriöse Art umgebracht. Als man die Leichen ausgrub, kam man darauf, dass sie ihren Opfern am ganzen Körper mit brennenden Zigaretten furchtbare Brandwunden beigebracht hatte. ln Venedig steckte man sie dann ins Gefängnis. Kaum ins Gefängnis eingeliefert, bekam sie von jungen Männern, Bewunderern und Verehrern, eine Unmenge von Geschenken, Juwelen, Geld, Pralinées, Schokolade, Konfitüre, Liqueurs und was es sonst alles war. Man erzählte, dass man damit einen ganzen Verkaufsladen hätte einrichten können. Eine ganze ‹Cooperativa di consumo›. Dann wurde die ganze Angelegenheit plötzlich unterdrückt. Die Zeitungen schwiegen, und man vernahm nichts mehr davon. Aber es war so, als ob man in Florenz für lange Zeit noch ein Nachzittern dieses Geschehens gespürt hätte. Ein Geschehen, das so war, wie wenn man für einen Augenblick den Zipfel einer Flamme der Unterwelt gesehen hätte.

Das alles war die Komplementärfarbe zu Dante und zu Fra Angelico, zum Blau des Himmels, zu den weissen Wolken und zur Frühlingsluft. Es war das Unheilige in Florenz.

Hasst man diese Frauen? Ich glaube es nicht, denn unwillkürlich klingen einem die Worte im Ohr: ‹Ces femmes qui vivantes étaient le scandale d'un siècle, et mortes sans sourire.›

EIN MOSAIK

Im Frühjahr 1914 wollte ich nun mein Brunnenmosaik im Wandelgang der Zürcher Universität ausführen und war zu diesem Zweck von Florenz nach Venedig gefahren, um dort Mosaiksteine (smalti) zu kaufen. Die eigentliche Glashütte lag in der Nähe des Bahnhofes. Man ging zuerst durch die Strasse, die vom Bahnhof zur Hauptpost führt, bog dann links ab, ging einem Kanal entlang, bog dann rechts ab, und ging durch ein schmales, niederes gelbgestrichenes Tor und kam in eine Art Wiese oder verlotterten Garten, wo die Glashütte lag. Plötzlich war man wie in einer verzauberten Welt. Zertrümmerte Flaschen aus grünem Glas lagen herum, die man wieder einschmelzen wollte, dann waren grosse Holzfässer da, gefüllt oder halb gefüllt mit kobaltblauen Mosaiksteinen. Unsagbar schön war das. Was man mit diesen Steinen hätte machen können! Sie hätten die Voraussetzung oder ein Element bilden können zu einem grossen Kunstwerk. Je nachdem, wer an sie herantrat. Je nachdem, wie ihr Schicksal war. Denn sie hätten ja auch, was wahrscheinlicher war, einfach zu einem banalen Mosaik in einer Pariser Brasserie verwendet werden können. Über Venedig schwebten weisse, helle Wolken, und die warme Märzsonne schien. Das Blau der Steine war so, wie wenn man es hätte essen können. Ich musste daran denken, dass Giotto die Steine vielleicht für seine ‹Navicella› in San Pietro verwendet hatte. Dann hätten die Steine ihr Dasein erfüllt und hätten ihr schönstes Schicksal erlebt. Angelo Orsoni, der Besitzer der Glashütte, erzählte mir später, diese Fässer mit den blauen Steinen seien für New York bestimmt. Also doch wahrscheinlich für ein banales Mosaik in einer Brasserie.

Die Mosaiksteine konnte man per Kilo kaufen, so wie man Kirschen kauft. Das war reizend. Man bekam die Steine in einem Sack, der zugeschnürt wurde. Nur durfte man sich durch das Gewicht der Steine nicht täuschen lassen. Ein Kilogramm Mosaiksteine reicht nur für eine ganz kleine Fläche. Man täuscht sich gewaltig. Wenn der ‹smalto› als weissglühende Masse aus dem Ofen kommt, ist er zäh und schwerflüssig. Er wird dann gewalzt bis er ungefähr eine Dicke von einem Zentimeter, also die Höhe eines Mosaiksteines hat. Die ganze Masse sieht dann aus wie eine riesige Omelette. Man lässt diese ‹Omelette› kalt werden; dann wird sie mit einer kleinen Maschine, die aussieht wie eine Nähmaschine, geschnitten, und so erhält man die kleinen, einen Kubikzentimeter grossen

Mosaiksteine. An sich schon bedeuten die farbigen Mosaiksteine Freude, Heiterkeit und Glück. Man hält sie in der Hand, man lässt sie durch die Finger gleiten, man spielt mit ihnen, man streichelt sie, man nimmt sie in die andere Hand, und man kann sich nicht von ihnen trennen. Und wie war es erst bezaubernd zu sehen, wie die Mädchen, die Tochter von Orsoni, in diesem halbverträumten Garten, an der Sonne, an ihren Maschinen gesessen sind und zu ihrer nicht sehr emsigen Arbeit: ‹Madonnina se tu volessi tu . . . › gesungen haben. Ganz im stillen dachte ich, dass, wenn ich doch heiraten sollte, ich unbedingt eines dieser Mädchen von Orsoni heiraten würde, das Mosaiksteine schneiden und wunderbare florentinische Melodien singen konnte.

Von Venedig fuhr ich direkt nach Zürich und nahm meine Mosaiksteine in der Bahn mit. Joseph Zbinden, der Direktor der Privatakademie in Florenz, an der ich ja ‹professore› war, hatte mich nicht gehen lassen wollen und hatte beständig gesagt: ‹Der Auftrag der Universität läuft Ihnen ja nicht weg.› Er wollte nicht, dass seine Akademie verwaist dastehe. Aber ich ging. Gewohnt habe ich in Zürich natürlich wieder bei meiner Tante Marietta und bei Onkel Torriani. Ich hatte mir vorgestellt und hatte mich darüber gefreut, während meiner Arbeit oder nach der Arbeit, von den Studenten im Wandelgang der Universität interessante Auseinandersetzungen zu hören über philosophische oder über künstlerische Fragen. Ich hatte mir vorgestellt, der eine von ihnen sei wohl ganz von Nietzsche überzeugt, ein anderer ganz von Hegel, und ein dritter ganz von Leibniz, und jeder würde mit ganzer Vehemenz zu seiner Überzeugung stehen, so wie wir damals in Paris, als Weber und Buchmann im Pantheon Jean Paul Laurens verteidigten und Dübendorfer und ich Puvis de Chavannes. Aber nichts von alledem war da. Die Studenten unterhielten sich über ganz belanglose oder über rein praktische Fragen. Einer sagte seinen Kameraden, er habe im Sinn, seine Praxis an der Langstrasse aufzuschlagen; er glaube, dass er dort ziemlich viele Klienten haben werde. Ich war enttäuscht, sehr enttäuscht und sagte mir, die Universität sei eine Fachschule wie eine andere. Es werde nur darauf geschaut, dass man seine Studien so bald als möglich abschliessen könne, um dann ‹unter Dach› zu kommen. Eben die Praxis an der Langstrasse.

Aber im Weltgeschehen scheint doch irgendeine Gerechtigkeit vorhanden zu sein, denn kurz nach meiner mentalen Lästerung über die Universität und über die Studenten, konnte ich auch nicht gerade als

Held oder als bewunderungswürdig dastehen, und zwar aus folgenden
Gründen:

Ich wollte das Mosaik allein ausführen, also ohne die Hilfe eines Maurers, der mir den Zementmörtel angemacht und ihn mir dann Stück für
Stück aufgetragen hätte. Ich hatte mir also Zement gekauft und eine
Maurerkelle, hatte mir ein Brett zugetan für den Zementmörtel; die Tante
Marietta hatte mir einen Eimer geliehen für das Wasser; ich hatte mir
einige Kaffeeschüsseln gekauft, um Wasser und die Mosaiksteine hineinzu-
tun. Alles schien also gut vorbereitet zu sein. Die eigentliche Ausführung
sollte an einem Morgen beginnen. (Man fängt eine solche Arbeit nicht am
Nachmittag um drei oder fünf Uhr an.) Die Steine, die ich aus Venedig
mitgenommen hatte, waren schön. Es waren auch teure Goldgläser darunter, und meine Ungeduld, mit der Arbeit beginnen zu können, war gross.
Die Ungeduld beginnen zu können, erinnerte mich an damals, als Bub, als
meine Eltern ihre Einwilligung dazu gegeben hatten, dass ich den Ofen in
unserer Stube in Stampa mit Ölfarbe anstreichen durfte. Und zwar ganz
nach meinem Dafürhalten mit oder ohne Ornament. Die ganze Nacht
vorher hatte ich aus Aufregung nicht geschlafen, und am Morgen hatte
ich den Pinsel so voll genommen und hatte so nass gestrichen, dass die
Ölfarbe an der Ofenwand heruntergeflossen und bis gegen die Mitte des
Zimmers gedrungen war. Meine Mutter wusste nicht recht, ob sie
schimpfen solle oder nicht. Sie hat mich nur angeschaut.

Und nun zurück zu meinem Mosaik. An einem Morgen begann ich
also mit der Ausführung, bereitete den Zementmörtel vor, trug ein kleines
Stück des Grundes an der Mauer auf, hatte vorher Nägel in die Mauer
eingeschlagen, um die Hauptpunkte der Zeichnung festzuhalten, und begann fünf oder sechs Mosaiksteine in den weichen Zementgrund zu legen. Die Studenten kamen, und alles stand beim Gerüst, um zuzusehen,
wie die Ausführung eines Mosaikes vor sich gehe. Ich stand da auf dem
Gerüst, in meiner weissen Bluse, und war gewissermassen die Hauptperson. Ich war der Bringer von Farbe und Licht und war eine Art Moses,
der nur an den Felsen klopfen musste, damit alles kam, was herrlich war.
Ja, aber kaum hatte ich fünf oder sechs oder zehn Steine in den weichen
Zementgrund gepresst und hatte angefangen mich in die farbige Wirkung
hineinzuleben und mich darüber zu freuen, so fiel alles wieder herunter,
der Zementgrund und die Steine. Das war fatal. Beschmutzt lagen die
schönen Goldgläser, die Ockersteine und die Zinnobersteine am Boden.

Ich spürte, wie mir der Schweiss über den Rücken herunterrieselte, obschon es im Wandelgang nicht warm war. Ich probierte ein zweites Mal und machte den Zementmörtel konsistenter, also weniger dünn an; aber auch das zweite Mal fiel wieder alles herunter. Es war nichts zu wollen. Es war so, wie wenn der Zement keine Adhäsionskraft gehabt hätte. Die Studenten schauten immer noch aufmerksam zu. Was sie sich dabei gedacht haben, weiss ich nicht. Um mir Mut zu machen, sagte ich mir: ‹Was verstehen die von Mosaik.› Ich hatte mir eine Zigarette angezündet und tat so, als ob alles das in bester Ordnung wäre, und als ob das Herunterfallen des Mörtels und der Mosaiksteine zum Metier gehöre.

Beim Mittagessen erzählte ich der Tante Marietta natürlich nichts von meinem Fiasko in der Universität und behielt die Schande für mich. Aber beim Dessert (die Tante hatte wunderbare Meringues gekauft), stieg langsam in mir der Gedanke auf, man müsse den Mörtel wahrscheinlich regelrecht und mit Kraft an die Mauer schmeissen, so wie die Maurer das tun. Das Schmeissen des Mörtels bei den Maurern hatte ich früher immer als Grosshanserei, als ein Grosstunwollen betrachtet, das gar nicht notwendig wäre.

Am andern Morgen ging ich wieder zur Universität hinauf. Dieses Mal mit einer gewissen Wut über mein Versagen. ‹Ich will's dir schon zeigen›, sagte ich mir. Wieder habe ich den Mörtel angemacht – ihn dann mit meiner grossen Maurerkelle derart an die Mauer geschmettert, dass die danebenliegende Türe, die zu Professor Hafter führte, auch voll Zementspritzer war. Und siehe, es ging. Das war das Geheimnis, das Hinschmettern des Mörtels. Nichts ist mehr heruntergefallen.

Während meiner Arbeit war unter den Studenten eine junge, sehr hübsche Dame gekommen, die beim Mosaik stehen blieb und hinaufschaute. ‹Ich bin die Frau eines ziemlich bekannten schweizerischen Schriftstellers, sagte sie auf hochdeutsch zu mir, als ich vom Gerüst herunterkam. Es war Frau Dr. Vera Strasser. Sie trug ein schönes mehrfarbiges Kleid, das ‹abstrakt› aussah, und trug Goldschuhe. Sie fragte mich, ob sie aufs Gerüst kommen könne. Oben angelangt, fragte sie weiter, ob sie einen Stein in den nassen Mörtel, also ins Mosaik legen könne. Das farbige Kleid, die Goldschuhe, die mit dem Gold im Mosaik übereinstimmten, und ihre freie, unabhängige, russische Art und ihre Art hochdeutsch zu reden, hatten mich irgendwie in Beschlag genommen. Später war sie dann mit ihrem Mann, Dr. Charlot Strasser, einige Tage im Bergell, in Promontogno.

Im Hotel ‹Bregaglia› waren sie abgestiegen. Wir haben dort viel phantasiert, bis auf tausend und wieder zurück, haben viel gelacht und waren übermütig. Zum Entsetzen des Direktors haben wir ein Kaminfeuer angezündet und damit alle Räume in Rauch gehüllt. Frau Dr. Strasser schenkte mir dann ‹Die Brüder Karamasoff› und schrieb als Widmung hinein:

Herrlich war es in Stampa
Stampa ist herrlich
Giacometti ist herrlich

Als ich später das Buch meiner Mutter zum Lesen gegeben hatte, hat sie über die Widmung gelacht, und von Zeit zu Zeit, wenn sie gut aufgelegt war, sagte sie zu mir: ‹Ja, Giacometti ist herrlich.›

Als das Mosaik vollendet war, hat Professor Moser einen Polier oder Bauführer gesandt, um die Haltbarkeit des Mosaiks zu untersuchen. Mit einem Holzhammer hat er an verschiedenen Stellen darauf geklopft. ‹Es ist gut›, hat er gesagt und war wieder gegangen.

Es war gut, dass ich diesen kleinen Auftrag erhalten hatte. Meine Finanzverhältnisse waren nicht gerade glänzend, und als anfangs August der Krieg ausbrach, merkte man, wie alles zurückhaltend wurde. Verschiedene kleinere Aufträge, die schon vergeben waren, wurden wieder rückgängig gemacht.

Auch in diesem Sommer 1914 waren Babberger und seine Frau wieder nach Stampa gekommen. Beim Ausbruch des Krieges hatten sie in aller Eile gepackt, um abzureisen. Sie wollten zuerst nach Luzern, dann von dort nach Karlsruhe, wo er sich als guter Deutscher zum Militärdienst melden wollte. Da die Morgenpost, mit der sie fahren wollten, nicht von Stampa, sondern erst von Vicosoprano abfuhr, habe ich die beiden in aller Frühe bis Vicosoprano begleitet und habe mitgeholfen, zwei grosse Eimer Konfitüre zu tragen, die Annie Babberger in Coltura eingemacht hatte, und die sie mitnehmen wollte. Schweigend sind wir nebeneinander gegangen und haben abwechselnd die schweren Kessel getragen. Mir war es ganz eigen zu Mute. Im stillen musste ich daran denken, ob wohl das Eheleben in der Hauptsache darin bestehe, dass man schwere Konfitüreneimer trage, schwere Koffer schleppe, die eigenen und die der Frau. ‹Der eine trage des anderen Last.› Ob das Eheleben in der Hauptsache darin bestehe, dass man im Eisenbahnwagen die eigenen Koffer und die Koffer der Frau mühsam hinaufschiebt und sie im Gepäcknetz verstaut. Dann, kaum abgesessen, und im Gefühl nun Ruhe zu haben bis Olten, die Frau Gemahlin plötzlich sagt, sie habe vergessen, das Taschentuch aus dem Koffer zu nehmen. Worauf man den schweren Koffer wieder vom Gepäcknetz herunterschleppt, ihn öffnet, das Taschentuch herausnimmt, den Koffer wieder zuschliesst und ihn wieder im Gepäcknetz verstaut. Und das alles mit dem liebenswürdigsten Lächeln, als ob man die liebe Frau Gemahlin fragen wollte, ob sie nicht ein wenig Schokolade essen wolle, und ob man nicht den schweren Koffer wieder herunternehmen soll. Ich fragte mich, ob das Eheleben in der Hauptsache aus solchen Afferreien bestehe. Ich war nicht ganz sicher, aber ich glaubte es fast.

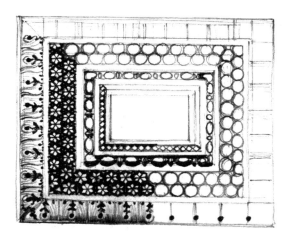

ZÜRICH

Den Sommer 1915 habe ich noch in Stampa verbracht. Ab und zu war mir die Erzählung aus dem Neuen Testament in den Sinn gekommen, als Petrus auf dem See keine Fische fing und Christus ihm sagte, er solle das Netz auf der anderen Seite des Schiffes ausbreiten. Wahrscheinlich hatte auch ich ein Netz, und wahrscheinlich sollte auch ich mit dem Netz anders umgehen und anders verfahren. Dann dachte ich auch an meine beiden Grossväter, die ausgezogen waren, der eine nach Thorn, der andere nach Modena, um ihr Leben zu verdienen. Und ich dachte an den ‹Ser Barba› in Stampa, der als junger Mann ebenfalls nach Deutschland ausgezogen war, dann als alter Herr nach Stampa zurückkehrte und dort ein schönes Haus baute. Es schien also Schicksal zu sein, dass man auszieht nach einer grossen Stadt, und dass man versucht, dort schlecht und recht sein Leben zu fristen. Leicht werde es nicht sein, darüber war ich mir im klaren. Denn hatte mir nicht schon Tante Marietta erzählt, wie ihr Vater, also mein Grossvater Gustin, in Thorn nach einer anstrengenden Tagesarbeit als Konditor, am Abend immer nur einen geräucherten Hering, ein Stück Brot und eine Tasse Kaffee zu sich genommen habe. Und das jahrelang. Aber auch er war dann als alter Mann nach Stampa zurückgekehrt, hatte dort in der Palü das schöne Haus gebaut, hatte den ‹Freien Rätier› abonniert, um ihn am Abend vor dem Hause, bei einer guten Pfeife Tabak, lesen zu können. Das war gut bergellerisch und gut bündnerisch, und ich hatte das Gefühl, ich werde, wenn auch auf einer ganz anderen Linie, dasselbe tun. Ein hartes Leben war zu erwarten, das wusste ich. Auch musste ich an jenen Mani denken, einen Schamser, von dem mir meine Tante Catarina erzählt hatte. Er war nach Amerika ausgezogen und hatte dort mit anderen in einem Wald gearbeitet. Sie hatten Holz gesägt. Den ganzen Tag habe man nichts anderes gehört als das ‹Run, Run› der Säge. Nur am Mittag, nachdem das mitgebrachte Essen verzehrt war, habe man sich ein wenig am Boden hingelegt. Aber nicht lange. Denn bald habe er sich gesagt: ‹Jesa Mani sta sü e laura sa tü vol pö ir e tgiäsa üna volta.› (Jetzt Mani steh auf und arbeite, wenn du dann einmal nach Hause gehen willst.) Und wieder habe das ‹Run, Run› der Säge begonnen.

Mein ganzes Vermögen betrug genau 1'100 Franken. Es waren Hunderternoten. Ich hatte sie im Schlafzimmer in einer kleinen Holzschachtel,

die mir Tante Marietta gegeben hatte. Die Schatulle war offen, das Schlafzimmer war offen, das Haus war offen, Tag und Nacht. Von Zeit zu Zeit
habe ich den Betrag nachgezählt, um zu sehen, ob ich mich nicht im
Zählen geirrt hätte. Aber es stimmte, es waren genau 1'100 Franken. Wie
schwer war es gewesen, diese kleine Summe zusammenzubringen! Unsagbar schwer. Einen Regenmantel hatte ich. So bin ich an Regentagen oft
durch den Wald oberhalb Stampa gegangen. Oft habe ich daran gedacht,
ob diese 1'100 Franken ausreichen würden, um in Zürich einen Arbeits-
raum zu mieten und für die erste Zeit zu leben. Wie ich so viele Jahre
eigentlich unbekümmert in Florenz leben konnte, war mir jetzt ein Rätsel.
Das von den ‹Lilien auf dem Felde› hat sicher seine Gültigkeit. Unbedingt.
Meinem Vater hatte ich selbstverständlich über meinen ‹Vermögenszustand›
nie etwas gesagt, auch nicht als einmal die Lage viel kritischer geworden
war . . . Wenn ich doch diesen Malerberuf gewählt hatte, so wollte ich es
mit aller Konsequenz tun. Ich schaute über meinen Mantel herunter und
sagte mir: ‹Du siehst doch ganz gut aus.› Wie es in mir und um mich
stand, ging niemanden etwas an. Das war meine Sache.

Mitte September 1915, an einem schweren, heissen Spätsommertag, bin
ich nach Zürich gefahren. Ich wusste, wie ich schon sagte, dass nun ein
schweres, hartes Leben beginnen würde. So war eine gewisse Bangigkeit
in mir. Zugleich fühlte ich mich fest und zuversichtlich und war darauf
gespannt, zu sehen, wie sich nun alles entwickeln und abwickeln würde.
Schliesslich war ich ja ‹ancien élève de Monsieur Grasset›, und in Florenz
hatte ich meine Zeit nicht verschlafen, sondern hatte ‹gehämmert›, wie
man nur ‹hämmern› kann. Als der Zug dem Zürichsee entlang fuhr, sass
zufällig Carl Jegher, der Herausgeber der ‹Schweizerischen Bauzeitung› mir
gegenüber. Ob ich nach Zürich fahre, fragte er mich. Ja, und um dort zu
bleiben? Er wusste, dass ich von Florenz kam.

In Zürich hatte die gute Tante Marietta bereits in der Stadt herumge-
schaut, ob ich ein Atelier und ob ich ein Zimmer finden könnte. Auch
hatte sie ein eisernes Bett bereit gestellt, das sie mir schenken wollte, und
das ich dann mitnehmen konnte. Zürich hatte ich gern. Schon weil ich
dort an der Sekundarschule und Kunstgewerbeschule gewesen war, und
weil ich schon oft als Bub in Stampa an Zürich gedacht und mir vorgestellt hatte, wie gross Zürich sei und wie es aussehen würde. Aber namentlich wie gross es sei. Ob es so gross wäre, wie von unserem Haus bis
zur Kirche San Pietro. Ich konnte ja nicht ahnen, dass wenn man die

Stadt Zürich ins Bergell versetzen könnte, sie dort von Stampa bis weit über Castasegna und Villa di Chiavenna hinausreichen würde. Und die Breite des Tales wäre viel zu klein, so dass man Zürich biegen müsste, wie man eine Landkarte biegt, und die Häuser würden dann bis weit am Berg hinauf zu stehen kommen. An der Sonnenseite bis hinauf zum Piz Duan. An der Schattenseite bis hinauf zum Fil da Bleis. Die Tramlinie Nr. 9, die vom Römerhof zum Bahnhof Enge führt, würde dann in rasendem Tempo vom Fil da Bleis den Berg hinunterfahren, würde unten wegen der enormen Schnelligkeit nicht halten können und würde an der Sonnenseite den Berg wieder hinauffahren bis gegen Castell. So ginge es den ganzen Tag.

Zürich war eigentlich *meine* Stadt. Es ist eigen, dass man schon in der frühesten Kindheit unbewusst genau spürt, was einem im Leben und für das Leben wichtig ist. Man erzählt, dass Gustav Kroll, der Architekt, im dreizehnten Altersjahr genau wusste, wie und was er in Zürich bauen würde.

Aber ich kam aus Florenz, und so war der fortwährende Vergleich des Lebens in Florenz und des Lebens in Zürich eher deprimierend. Bei meinem täglichen Spaziergang am Abend hatte ich mich ertappt, dass ich beständig am Bahnhof und um den Bahnhof herum ging. Also wollte ich eigentlich wieder abreisen. Wie nüchtern ist mir Zürich vorgekommen. Die blau-weissen Tramwagen. So schön sie an sich waren, so schaute man streng darauf, dass sie nicht staubig würden und dass ja keine Patina entstand. Und die Fassaden der Häuser, die immer wieder abgeklopft und gereinigt wurden, damit sie ‹schön› aussehen. Man wunderte sich, warum man nicht auch die Bäume an der Bahnhofstrasse täglich abstaubte. War also Sauberkeit die höchste Tugend dieser Stadt? Das wäre nicht viel gewesen. Offenbar hatte ich noch nicht den richtigen Schlüssel zum Verständnis dieser Stadt. Er musste noch gefunden werden.

Um meine Finanzen zu schonen, habe ich dreimal im Tag im ‹Olivenbaum› gegessen. Ich möchte dem ‹Frauenverein für alkoholfreie Wirtschaften› nichts Böses nachtragen, und so sage ich wahrheitsgetreu, das Essen sei gut gewesen. Aber besser, viel besser war es bei ‹Santi› und im ‹Gatto rosso› in Florenz. Wenn dort der alte Santi mit der grossen Platte und mit dem grossen Messer kam und einen fragte: ‹Vuole ancora un pochetino di testina, o un pochetino di lesso›, und dann in seinem Geiz plötzlich das Messer weit nach vorne schob, so, dass ganz wenig testina und ganz wenig lesso abgeschnitten wurde – so war einem doch während des Wartens das Wasser im Munde zusammengeflossen. Und dann waren Santi und Gatto rosso nicht alkoholfrei wie der ‹Olivenbaum›. Man trank seinen Chianti, nicht zu viel und nicht zu wenig, man streichelte die rote Katze, die unterdessen sich einem an die Füsse geschmiegt hatte, und ab und zu vor dem Weggehen trank man noch ein Glas ‹Vin santo›, der weiss war. Aber wie soll ich nun nach diesen Herrlichkeiten weiterfahren und vom ‹Olivenbaum› erzählen? Wie ich schon sagte, war das Essen im ‹Olivenbaum› gut. Aber warum musste diese Waisenhausstimmung herrschen? Muss ein alkoholfreies Restaurant immer so eine Waisenhausstimmung haben? Es ist doch ein Geschäft wie ein anderes. Man bezahlt, was man konsumiert, und geht und sieht gar nicht ein, warum man noch besonders dankbar sein muss. Die armen Serviertöchter, die bleich sind und ganz leise reden! Ab und zu ein Glas Burgunder würde ihnen sicher gut tun.

Meistens ging ich allein in den ‹Olivenbaum›. Hie und da kamen auch Joseph Gantner, der jetzige Ordinarius für Kunstgeschichte an der Universität Basel, und Giuseppe Scartezzini, der Maler. Gantner erzählte dann von Rom. Scartezzini und ich erzählten von Florenz. Wirklich daheim in Zürich war niemand von uns.

Ich sehe, dass ich über den ‹Olivenbaum› gelästert habe. Aber die Tatsache, dass ich nun während dreissig Jahren Tag für Tag dorthin zum Frühstück gehe, auch heute noch war ich dort, macht alles wieder gut.

Wie dankbar ist man allen jenen, die einem in jungen Jahren auf irgendeine Art geholfen haben. Den guten Frauen, der Tante Catarina und der Tante Marietta, die einem gute wollene Strümpfe und gute warme Unterleibchen besorgt, gewaschen und geflickt haben; die geschaut haben, dass man ordentlich aussehe, und dass man im Winter warm habe, die im stillen an einen geglaubt haben, ohne auch nur ein Wort darüber zu sagen. Dankbar ist man auch jenen, die einem in jungen Jahren, also am ‹Anfang›, irgend einen kleinen Auftrag verschafft oder irgendein kleines Aquarell oder Pastell abgekauft haben. So habe ich für A. Witmer-Karrer, den Architekten, ein Pastell von seinem Geburtshaus in Grenchen machen können. Mitten im Schnee habe ich stehend im Garten das bescheidene Pastell gemalt. Ich war glücklich darüber, etwas verdienen zu können. Witmer hatte ich durch seine Frau kennen gelernt, die als junges Mädchen mit mir an der Kunstgewerbeschule war. Für Anna Zehnder konnte ich einen Kinderfries malen für ihr Kinderheim, das damals 1915 an der Freiestrasse 151 in Zürich war.

An einem Nachmittag gegen Ende des Jahres 1916 klopfte es an die Türe meines Ateliers, und als ich aufmachte trat ein mir unbekannter Herr in Hauptmannsuniform herein. Es war Dr. Bernardo Semadeni aus Davos. Man wollte in Davos an der Hauptwand der Halle des Krematoriums ein Wandbild anbringen, und Dr. Semadeni war gekommen, um mich an-zufragen, ob ich die Ausführung dieses Wandbildes übernehmen würde. Wieso er zu mir gekommen ist, weiss ich nicht. Aber ich habe mit grosser Freude den Auftrag angenommen. Der guten Tante Marietta erzählte ich natürlich von diesem Besuch und von dem Auftrag. Als ich dann einige Tage später wieder bei ihr im Selnau vorbeikam, zeigte sie mir ein kleines zusammengefaltetes Blatt Papier und sagte zu mir: ‹Du, Augusto, schau, du könntest für das Krematorium in Davos *das* machen. Das ist doch schön.› Von sich aus hatte sie also einen Entwurf gemacht.

Die Angelegenheit des Wandbildes in Davos war ihr zu Herzen ge-gangen; denn als sie viele Jahre später in Promontogno starb, hatte sie gewünscht, in Davos, wo mein Bild war, kremiert zu werden. An einem kalten Wintertag habe ich ihren Sarg von Promontogno nach Davos hin-aufbegleitet.

Das Bild war gross. Ich glaubte schon, für die Ausführung des Bildes in Zürich keinen Raum zu finden, und im stillen dachte ich schon wieder an Florenz, an die grossen Ateliers, die dort zu haben gewesen waren. Dann kam die Rettung. Das oberste Stockwerk des Turmes der Univer-sität, das noch nicht ausgebaut war, bildete einen einzigen grossen Raum, und so konnte ich, gegen Bezahlung einer winzigen Miete von zwanzig Franken im Monat, dort hinaufziehen. Es war still dort oben, und ich war allein. Am Vormittag, im Sommer, wenn die Fenster offen standen, kam oft im Flug eine Schwalbe durch das Fenster herein, durchflog den ganzen grossen Raum und verschwand durch das gegenüberliegende offene Fenster wieder. Oft hat sie das Spiel wiederholt. Schön war das.

Beflügelt sein ist alles, sagte ich mir. Von meinen Fenstern aus sah man hinunter über die ganze Stadt, dann hinüber zu den Fenstern und zu den Zimmern der Augenklinik. Auf einem Stuhl, an einem leeren Eisenbett, war dort eine Schwester eingeschlafen. Es war reizend, wie der Kopf schräg auf ihren Schultern ruhte. Und dann das bescheidene eiserne Bett. Von meinem Fenster aus habe ich diese schlafende Schwester gezeichnet und dann daraus ein kleines Pastell gemacht, das ich jetzt noch habe. Zu meinem Raum führte ein aus poliertem, schönem Holz gebauter Lift, und man war immer überrascht über den Gegensatz, den dieser elegante, schöne Lift zum grossen unfertigen Raum oben bildete, der nur provisorisch mit Kalk angestrichen war. An einem Nachmittag kam Besuch, Erziehungssekretär Dr. Fritz Zollinger, in erster Linie als Freund, dann gewissermassen als Vertreter der Universität, und um zu sehen, ob alles mit rechten Dingen zugehe. Kaum war er da, als auch Dr. Semadeni erschien. ‹So, bist du auch da›, sagte Semadeni zu ihm, der mit ihm befreundet war.

Damit die Ölfarben auf der Palette länger frisch blieben, namentlich im Sommer, hatte ich mir eine Emailpalette machen lassen, die ich über Mittag und über Nacht ins Wasser legte. Die Erfindung stammt nicht von mir. Wenn ich mich nicht irre, ist sie im Tagebuch von Delacroix angeführt. Das System ist sehr zu empfehlen.

Kurz nach der Einsetzung des Bildes im Krematorium erschien in den ‹Davoser Blättern› ein Artikel, eine Besprechung des Bildes. Die Besprechung hat mir grosse Freude gemacht. Sie war anders und war auf eine andere Art geschrieben, als wie sonst Besprechungen oder Kritiken geschrieben werden. Ich habe sie an einem Sonntag nach Küsnacht mitgenommen und meinem Freund Dr. Franz Riklin und seiner Frau gezeigt, die den Artikel auch sehr gut fanden. Der Verfasser war Erwin Poeschel. Ich hatte den Namen noch nie gehört, hatte dann Poeschel zu Hause, in Davos, aufgesucht, und mit der Zeit und mit den Jahren hat sich eine Freundschaft entwickelt, die, wie ich sicher weiss, bis an mein Lebensende dauern wird. Von ihm stammen zwei Monographien über meine Arbeit. Eine erste, kleinere, die im Verlag Rascher, in Zürich, erschien, und eine zweite, grössere, die der Verlag Orell Füssli, in Zürich, herausbrachte. Ich freue mich darüber, dass meine Mutter Poeschel noch kennengelernt hat. Das war bei einer zufälligen Begegnung in der Rhätischen Bahn, kurz oberhalb Filisur, als ich mit meiner Mutter ins Bergell fuhr. Sie hat seinen Namen immer so ausgesprochen, wie ein Welschschweizer ihn ausspricht, also ‹Poeché›.

Ja, die gute Tante Marietta hatte gewünscht, dort oben in Davos kremiert zu werden, weil mein Bild dort oben war. Da ich ihre Asche mit nach Zürich nehmen wollte, um sie neben der Urne von Onkel Torriani beisetzen zu lassen, brachte man mir in Davos am Morgen nach der Kremation die Asche. Es war ein längliches Paket, offenbar eine Metallbüchse, die schon in Papier eingewickelt und mit einer Schnur zugebunden war, sodass man das Paket an der Schnur tragen konnte. Im Zug, ich fuhr dritte Klasse, legte ich das Paket oben im Netz neben meine Handtasche. Eigen war das. ‹Dort oben ist die Tante›, sagte ich mir. Tannenwälder, Wiesen und wenige Häuser waren am Bahnfenster vorübergezogen, als der Zug gegen Klosters hinunterfuhr – und immer war es mir, als müsse ich dann in Zürich der Tante Marietta erzählen, wie die Kremation war und wer alles zur Kremation gekommen sei. Und kaum hatte ich diesen unsinnigen und unmöglichen Gedanken verscheucht, so kam er wieder und immer wieder. Ich war ganz machtlos dagegen. Erst als der Zug gegen Thalwil fuhr, war ich mir bewusst, dass nun alles für immer vorbei sein würde, unser Lachen, unser Erzählen, unser Sichlustigmachen über andere, alles.

Was ist es, dass uns der Verlust eines uns nahestehenden Menschen durch den Tod so unsagbar tief innerlich weh tut? Es ist nicht seine Leistung, seine Arbeit, die nun ihren Abschluss gefunden hat. Es sind auch nicht seine Äusserungen, auch wenn sie so gut waren, dass man sie hätte ‹drucken lassen können›. Es sind auch nicht seine Wohltaten, auch wenn er sein ganzes Vermögen verschenkt hätte. Nein, es sind unbedeutende, kleine Dinge, die wir nie mehr hören und nie mehr sehen werden. Der Klang einer Stimme, ein Lächeln, die Art dieses und jenes zu sagen, oder ein Wort zu wiederholen, oder es so und so auszusprechen. Die Gewissheit, dass das alles für immer vorbei ist, kann entsetzlich sein. Wie oft habe ich mich ertappt, dass ich unsagbar gerne noch mit meiner Mutter reden möchte. Aber sicher nicht über wichtige Dinge, etwa über die Abgrenzung eines Ackers oder einer Wiese, die uns gehörte. Oder ob der und der, dem wir damals Heu verkauft hatten, auch wirklich das Heu bezahlt habe. Nein, nicht das. Aber ich möchte von ihr wieder die Geschichte vom Gianin Persenico in Stampa erzählen hören. Unendlich viele Male haben wir sie uns erzählt, und immer war sie uns neu, und immer haben wir darüber gelacht. Und als mir meine Cousine Savina im letzten Sommer, als ich in Stampa zu Bett lag, nochmals die Geschichte erzählte, war sie wieder neu.

Persenico hatte ein Schwein, das kränklich war und das täglich eingeölt oder eingefettet werden musste. Monatelang hat Persenico das Tier geduldig behandelt und gepflegt, in der guten Hoffnung, es könne wieder geheilt werden. Eines Tages hatte ihn seine Frau gefragt:

‹Du, Gianin, hast du das Schwein eingefettet?›

‹Ja, ich habe es derart eingefettet, dass ich es nicht mehr tun muss.›

‹Wo ist es?›

‹Es ist draussen in Stretgieta, kannst hinausgehen und es anschauen, wenn du willst.›

Persenico hatte das Schwein kurzerhand mit der Mistgabel aufgespiesst und es einfach dort am Weg liegen lassen. Es ist der kleine Weg, der zum Schützenhaus und zum Wald hinaufführt.

ALFRED RÜTSCHI

Ich hatte im Kunsthaus einige Bilder ausgestellt, und so war ich an einem Vormittag hinaufgegangen, um die Ausstellung zu sehen. Vor einem meiner Bilder war ein mir unbekannter Herr gestanden, schwarz gekleidet, gut gebaut, mit breiten Schultern und mit einem braunen Vollbart. Aufmerksam hatte er das Bild betrachtet. ‹Was kostet das Bild?›, hatte er mich gefragt, ohne sich vorzustellen, ohne meinen Namen zu sagen, ohne gar nichts. Ich nannte ihm den Preis, so wie er im Katalog stand. ‹Ja, ich gebe Ihnen so und soviel,› hatte er geantwortet, also bedeutend weniger, als was der eigentliche Preis war. ‹Sie sind ein Herrgottsdonner›, hatte ich ihm erwidert. Dieses ‹Herrgottsdonner› hatte ihm offenbar gefallen und Spass gemacht, denn er erzählte die Geschichte Dr. Wartmann, der mir wenige Tage später sagte: ‹Was, Sie haben Herrn Rütschi gesagt, er sei ein Herrgottsdonner?› Der schwarzgekleidete Herr war also Alfred Rütschi, der Seidenrütschi, der Kunstfreund. Es versteht sich, dass Rütschi das betreffende Bild zum Katalogpreis erwarb, und nicht nur dieses, sondern im Laufe der Jahre noch viele andere Bilder.

Wir mochten uns gut, Rütschi und ich. Eine gewisse Ruppigkeit, die er trug, war nur äusserlich. Sie war wahrscheinlich eine Abwehrmassnahme. Für mich war er, mit seinem Vollbart, eine Art Vater, trotzdem er nicht viel älter war als ich. ‹Sie sollten nicht immer in Zürich bleiben, Sie sollten wenigstens auf eine Reise, einmal hinaus in die weite Welt›, hat er mir einmal gesagt, als ich bei ihm war. ‹Wohin könnte man Sie schicken?

Ägypten ist zu sehr nur Ocker. Südamerika ist auch nicht das Richtige für Sie. Aber gehen Sie einmal in den Norden hinauf. Sie fahren zum Beispiel über München, Berlin, Sassnitz, Trelleborg nach Stockholm. Von dort fahren Sie hinüber nach Oslo und schauen sich diese Stadt an. Von Oslo fahren Sie hinunter nach Kopenhagen, dann nach Hamburg, nach Amsterdam und dann heim. Ich übernehme Ihre Ausgaben für diese Reise.›

So war Rütschi. Mit grosser Freude hatte ich zugestimmt und wenige Tage nachher die Reise angetreten. Und da war es merkwürdig. Ich hatte die eigentliche Bahnfahrt mit einer Fahrt nach Italien verglichen und war dadurch für die erste Zeit enttäuscht. Bis München, und auch über München hinaus war die Landschaft nicht wesentlich verschieden von unserer guten deutschschweizerischen Landschaft. ‹Wenn man andere Landschaften sehen will, muss man doch in den Süden›, sagte ich mir. Aber sonst war die Fahrt nach München schön und angenehm, die Sonne schien, und die deutschen Bahnkondukteure waren korrekt und höflich und ganz anders, als wie ich sie mir vorgestellt hatte. Auch musste ich wieder daran denken, dass meine Mutter doch in diesem Deutschland geboren war, und dass sie uns damals als Kinder das deutsche Kinderlied: ‹Fuchs, du hast die Gans gestohlen› vorgesungen und gelehrt hatte.

Auch musste ich damals, als Kind, in Stampa, am ‹Calenda marz›, zu meinem Ärger immer einen deutschen Helm tragen, den mir die Tante Marietta geschenkt hatte. Sie hatte ihn in Zürich bei Franz Carl Weber gekauft. Also war doch eine Bindung da zu dem Land, das ich jetzt durchfuhr. In München angekommen, wollte ich mit meinem Gepäck den Bahnhofplatz schräg überschreiten. Ich war schon in der Mitte des Platzes, als mich ein Polizist zurückrief: ‹Zurück, sie dürfen da nicht durch.› Wahrscheinlich war ich in einen Platzstreifen geraten, der als Einbahnstrom galt. ‹Deutsche Gründlichkeit›, sagte ich mir. Imposant war in München das Deutsche Museum. ‹Wissen ist Macht›, stand über dem Haupteingang geschrieben. So etwas war in Paris nicht zu sehen. Das ‹Musée de la Decouverte› dort ist ja herrlich, aber viel kleiner. Einen besonderen Eindruck machte mir in München das Planetarium. ‹Jetzt sind wir in Venedig, jetzt in Kairo jetzt sehen wir das südliche Kreuz›, sagte der Aufseher, der das Planetarium bediente. Ja, das ‹südliche Kreuz›. Ich möchte es einmal in Wirklichkeit sehen! In der Abteilung, wo die Farben waren, hatte ich einen Apparat in Bewegung gesetzt, der den Farbenkreis rotieren liess um zu zeigen, dass die Mischung aller Farben Grau gibt. Als ich dann weggehen und den Apparat wieder abstellen wollte, lief er einfach weiter. Verschiedene weisse und rote Knöpfe waren da, auf die man hätte drücken können. Ich versuchte es, aber da sind wieder andere Apparate in Bewegung gekommen. Alles lief. Ich kam mir vor wie der Zauberlehrling. Ins Röntgenkabinett, das wie eine Telephonkabine aussah, war gerade vor mir ein hübsches Mädchen mit schönen Haaren und mit Hut hineingegangen. Kurz bevor sie die Türe zumachen wollte, hatte ich durch die Türe ihr Röntgenbild gesehen. Keine Haare mehr, kein Hut mehr, nur ihr nackter Schädel und ihre Hutnadel waren sichtbar. Das war scheusslich.

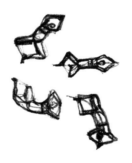

BERLIN

Man weiss, dass im Ausland der Berliner nicht sehr beliebt ist. Er hat eine gewisse Arroganz, ein gewisses Draufgängertum, eine gewisse Rücksichtslosigkeit und Impertinenz, die niemand erträgt. ‹Am deutschen Wesen soll die Welt genesen›, glaubt man aus ihm herauszuhören. ‹Nun, man soll das alles nicht zu tragisch nehmen›, sagte ich mir. Jede Stadt hat ihren Stil, Berlin hat diesen. Es kommt nur darauf an, dass man sich anpasst, dass man in Berlin so ist, wie die Berliner sind. Es ist nur eine Stilfrage. Als der Zug durch die Berliner Vorstadt fuhr, hatte ich schon meinen Koffer vom Netz heruntergenommen. ‹Wir sind in Berlin›, sagte ich mir, ‹wir wollen schon sehen›, und schleuderte den Koffer schon möglichst rücksichtslos an den Knien der noch sitzenden Mitfahrer vorbei. Draussen im Gang, der vollgestopft mit Menschen war, tat ich dasselbe. ‹Wir sind in Berlin, Rücksichtslosigkeit ist hier Trumpf›, sagte ich mir, und in wenigen Minuten bahnte ich mir durch die Menge einen Weg und stand ganz vorn an der Türe. Vor dem Anhalter Bahnhof liess ich ein Taxi kommen. ‹Wir fahren zum 'Russischen Hof'; Sie werden wohl wissen, wo das ist›, brüllte ich mit möglichst scharfer Stimme im voraus den Chauffeur an. ‹Ja, ja›, antwortete er ganz höflich. Tadellos fuhr er durch die langen, schnurgeraden Strassen. Im Hotel angelangt, sah ich unten in der Halle ziemlich viel Leute. Über alle Köpfe hinweg brüllte ich wiederum mit möglichst knarrender Stimme dem Chef de réception zu: ‹Ich habe aus München telegraphiert und habe ein Zimmer bestellt; ich nehme an, dass Sie mir das Zimmer reserviert haben.›

‹Ja, selbstverständlich›, antwortete er sehr höflich, und im gleichen Augenblick ging die Lifttüre auf, und ‹bitte schön› hat man mich geräuschlos und sanft ins Zimmer hinaufbegleitet. ‹Deinen Berlinerstil kannst du nun wieder einpacken, er ist gar nicht nötig›, habe ich mir lachend im Zimmer oben gesagt. Und in der Tat war es auch so. In keiner Stadt traf ich so witzige und so heitere Menschen an wie gerade in Berlin. Aber der Berliner im Ausland ist unausstehlich. Woher mag das kommen?

Nördlich von Berlin war in der Landschaft doch ein neues Motiv erschienen. Es waren weiss und schwarz gefleckte Kühe, die in den Wiesen geweidet haben. Sie waren alle gleich, und es sah aus, als ob sie aus einem Spielzeugkasten herausgenommen worden waren. Entzückend war das. Am Nachmittag war ich in Sassnitz angelangt. Sassnitz liegt am Meer; es hat Buchten und es hat Segel, die einen hätten an Venedig erinnern sollen. Aber die Häuser waren schwarz, und die Segel sind schwarz. Es war im August, als ich dort war. In der Umgebung hatte es gelbe Kornfelder, die von der Sonne beschienen waren. Man hätte annehmen können, es sei Sommer, und es sei warm. Aber es war eine schräge Sonne, wie bei uns gegen Ende Oktober. Es war, wie wenn etwas nicht stimmen würde im Licht. Die Sonne war so schwach, dass es an den Häusern und an den Segeln keine Reflexe gab. Eine unsagbare Wehmut beginnt dort; ich nenne sie die Wehmut des Nordens. Sie hat mich bis Kopenhagen nicht mehr verlassen. Ein grenzenloses Heimweh, nicht nach Zürich, auch nicht nach dem Bergell, nein, nach Marseille, nach Tunis, nach Sonne, Wärme und Licht war in mir entstanden. Und ich erzähle nur von Sassnitz. Wie wird es erst in Hammerfest sein? Zum erstenmal habe ich gefühlt, dass der Norden nicht meine Sache sein kann. Die paar Jahre, die man zu leben hat, soll man im Süden zubringen. Als der liebe Gott die Erde erschaffen hatte, wird er auf den Süden stolz gewesen sein. Der Norden war nur ein Nebenprodukt.

STOCKHOLM UND OSLO

Von Sassnitz nach Trelleborg hinüber wird der Teil des Zuges, der für Schweden bestimmt ist, einfach aufs Schiff geladen. Man kann ruhig im Bahncoupé sitzen bleiben, und man wird hinübergefahren. Ich war ausgestiegen, hatte mir eine Zigarette angezündet und war auf dem Schiff herumgegangen. Es war interessant, die Schienen zu sehen und die Art, wie der Zug auf dem Schiff befestigt war, damit er, auch bei unruhiger See, nicht ins Meer hinausrolle. Die Sonne schien, und das Meer war ruhig wie der Zürichsee. Ich setzte mich auf eine Bank. Das Unermessliche des Meeres und die angenehme, nicht übertriebene Wärme hatten auch mich völlig ins Gleichgewicht gebracht, so dass für eine längere Weile die Wehmut, von der ich sprach, völlig verschwunden war. Die Welt war schön, und das Leben war herrlich, und ich fuhr Schweden entgegen. Schuld, dass die Wehmut und das Leid mit doppelter Kraft wieder gekommen sind, war bei der Einfahrt am Abend in Trelleborg eine Glocke, die an einer Boje befestigt war, und die beim kleinsten Wellengang beständig läutete. Das fremde Land, das Meer, die hereinbrechende Dunkelheit und das beständige armselige, langsame Klagen der Glocke waren entsetzlich. Ich war völlig durchbohrt.

Mit dem Nachtzug fuhr ich nach Stockholm. Waren es Wolken, oder waren es Berge, die Ungetüme, die man in der Nacht durch das Fenster sah? Es waren Wolken, sagte mir der Kondukteur. Ich war allein im Coupé. Meinen Mantel hatte ich schräg mir gegenüber aufgehängt. Durch das Fahren des Zuges hatte sich der Mantel von Zeit zu Zeit bewegt, was ganz natürlich war. Aber ich war eingeschlafen, war wieder erwacht und schaute hinüber. ‹Es ist jemand dort, der sich bewegt, und der dich fortwährend anstarrt›, sagte ich mir; und eiskalt ist es mir über den Rücken gefahren. ‹Nein, es ist nur der Mantel›, beruhigte ich mich wieder. Aber das Gespenst lauerte während der ganzen Nacht. Auch das war der Norden. Ich hatte sonst nie etwas mit Gespenstern zu tun. Der Zug fährt durch unendlich weite, junge, niedere Tannenwälder. Auch das war nicht dazu angetan, um froh gestimmt zu werden. Ein dünner Regen fiel.

Stockholm hat irgend etwas, das an Zürich erinnert. Ich habe dort gut die Affinität begriffen, die hiesige kunstgewerbliche Kreise, zur Zeit als Altherr Direktor der Kunstgewerbeschule war, mit Stockholm verband. Auch ich hatte damals schon ein Telegramm aus Stockholm in der Tasche, eine Anfrage, ob ich für dort ein grosses Glasgemälde entwerfen würde, weil dort einmal mein Glasfenster für das Trauzimmer des Zürcher Stadthauses ausgestellt gewesen war und Eindruck gemacht hatte. Wie Zürich ist Stockholm eine gutgepflegte, saubere Stadt. Die Zeitungsverkäufer sitzen still an einer Strassenecke und rufen ihre Zeitung nicht aus. Wer eine Zeitung will, soll kommen und eine kaufen. Wie musste ich an den Gegensatz, an Mailand und an Florenz denken, wo mit grossem Gebrüll, mit Überzeugung und Begeisterung ‹Il Corriere, Il Secolo, La Nazione, Il Fieramosca› ausgerufen wurden.

Jeder, der einmal in Stockholm war, wird sich gewundert haben über den Reichtum der ‹Hors-d'œuvres›-Platten, die man dort serviert bekommt. Es grenzt ans Erstaunliche. Und dabei kommt der Wirt wahrscheinlich nicht zu kurz. Man ist von der Fülle und von der Vielfalt ganz verwirrt und weiss nicht, wo man beginnen soll. Jetzt, kurz nach Beendigung des Krieges, wo man von nichts anderem spricht als vom Essen, und wo man an einer Hungersnot knapp vorbeigekommen ist, denkt man an diese Fülle in Schweden mit Staunen und mit Dankbarkeit zurück. Vielfach wurde diese schwedische Üppigkeit auch im Ausland kopiert. So glaubte man im ‹Cochon-de-lait›, an der Rue Corneille in Paris, in Stockholm zu sein. Aber ich will keine Reklame machen für kulinarische Genüsse und will mit meiner Erzählung weiterfahren.

Auch von Stockholm nach Oslo fuhr ich mit dem Nachtzug. Am Bahnhof in Stockholm war mir kurz vor der Abfahrt des Zuges in den Sinn gekommen, dass ich ja Geld wechseln musste. Auch hatte ich vergessen nachzuschauen, wie der Wechselkurs stand, und Rechnen war ja nie meine Sache, und so habe ich am Schalter einfach das Geld angenommen, das man mir gegeben hat. Ich tat so, als ob ich nachzählte, aber in Wirklichkeit kannte ich weder das schwedische noch das norwegische Geld. In solchen Momenten habe ich im stillen immer herzlich dem lieben Gott dafür gedankt, dass ich alleinstehend und ledig bin und nicht geheiratet habe. Was würde eine sehr verehrte liebe Frau Gemahlin dazu sagen, wenn man in Geldsachen so vorgeht? Auch die beste Frau würde das nie verstehen. Man wäre in ihren Augen ein verlorener Mann.

Von Stockholm an war ich dritte Klasse gefahren. Irgendein Sparteufel hatte mir eingegeben, man müsse sparen. Da der Wagen fast leer war, hatte ich mich in meiner ganzen Länge auf der harten Bank ausgestreckt und war eingeschlafen. ‹Kaffee trinken›, rief mir am Morgen ein Kondukteur zu, nachdem ich sein Schwedisch nicht verstanden und nachdem er mich aus dem Schlaf aufgerüttelt hatte. Wie einen Sack hat er mich auf der Bank hin und hergerüttelt, bis ich erwachte. Alle Passagiere waren ausgestiegen, und in dem kleinen einsamen Bahnhof, mitten in einer trostlosen, unendlichen Steppenlandschaft, gab es Kaffee und Brot. Als es ans Zahlen ging, legte ich auf die flache Hand einige Münzen und hielt sie der Frau hin, die uns bedient hatte. Sorgfältig und behutsam nahm sie einige davon und gab mir dann zu verstehen, es sei gut so, es sei genug. Das war rührend. Wir haben beide gelacht. Ich bin fest davon überzeugt, dass sie nicht einen Rappen zu viel genommen hat.

Als ich in Oslo ankam, war der Sparteufel, der in mich eingedrungen war, bereits verschwunden, denn schon am Bahnhof sagte ich zu dem Hotelportier, der Deutsch verstand: ‹Ich will ein schönes Zimmer.› ‹Ja, ja›, antwortete er. Und das Zimmer war wirklich fabelhaft. War enorm gross, war eine Art Saal, hatte sechs hohe Fenster, ein Doppelbett (grand lit), drei Divans, viele Fauteuils, und alles war in einem schönen satten Gelb gehalten. Gelbe Vorhänge, gelbe Fauteuils, gelbe Bettdecke, alles gelb. Und das Gelb war nicht etwa eintönig wie aus einem Topf. Alle Nuancen waren da, die in der Familie Gelb enthalten sind: das Zitrongelb, das Kadmiumgelb hell, das Kadmiumgelb dunkel, und die Bettvorlagen waren graugelb, wahrscheinlich damit die Bettdecke um so leuchtender wirke. Und das Weiss der Bettücher und der Kissen stand köstlich zu dem vielen Gelb, denn Weiss (mit einem Stich ins Gelbe) ist ja das hellste Gelb, ist gewissermassen das jüngste Kind der gelben Familie. Das alles war wunderbar. Ein Fressen war das. Und natürlich habe ich ein Pastell davon gemacht. (Das Pastell ist jetzt in Privatbesitz in Paris.) Um am Abend, vor dem zu Bette gehen, das Gefühl zu haben, wirklich das Weiträumige des Zimmers zu geniessen, legte ich den Hut auf einen der Fauteuils, die Weste auf einen anderen, die Strümpfe auf einen anderen und die Hosen wieder auf einen anderen. So war das ganze Zimmer wirklich besetzt.

Was mir in Oslo besonders aufgefallen ist, war die Durchsichtigkeit der Luft. Auf dem Blumenmarkt waren das Blau und das Rot der Blumen hart in der Luft und hart nebeneinander gestanden, ohne Atmosphäre, die sie verband. Also ganz im Gegensatz zu Paris, wo alles Atmosphäre ist, in der Wolken und Bäume, Blumen und Bücher weich eingebettet sind. Diese Durchsichtigkeit der Luft hatte mich stark an Maloja und an das Engadin erinnert, obwohl ja Oslo am Meeresspiegel liegt. Aufgefallen ist

mir auch, nach den Plakaten auf der Strasse zu urteilen, die starke Verbindung, die Oslo mit Kanada hat, also viel mehr als mit Hamburg und
mit Berlin. Es war mir, als ob dieser ‹obere› Gürtel unseres Planeten eine
Welt für sich bilde, also Kanada, Oslo, Stockholm und Petersburg. Als ob
dieser Gürtel auch ohne die andere Welt auskommen könnte.

Das Schiff, das mich nach Kopenhagen bringen sollte, war bei schönem
Wetter am Nachmittag gegen vier Uhr von Oslo abgefahren. Es waren
wenige Passagiere auf dem Schiff, die Sonne schien, und ich war guter
Dinge. An ganz winzigen, unbewohnten Inseln fuhr man vorbei, und man
hatte den Eindruck, es wäre schön, dort zu sitzen und ein Buch zu lesen
oder ein Pastell zu malen. Ich war guter Dinge, ja, solange die Sonne
schien und solange es Tag war. Als dann aber der Abend kam und es
dunkel wurde und man weit weg Leuchttürme sah, die aufleuchteten und
wieder erlöschten, und man die aufsteigende Feuchtigkeit des Meeres
spürte und man den Mantel zuknöpfte, um wärmer zu haben, und man
das Bewusstsein hatte, allein zu sein, ja, da kam die Wehmut in ihrer ganzen Durchdringlichkeit wieder. ‹Du bist immer der gleiche›, sagte ich mir.
‹Andere haben ihre Frauen, haben jemanden, mit dem sie das Leben
teilen. Du bist immer allein.› Und mit ganzem Herzen beneidete ich die
Passagiere, die mit ihren Frauen da waren und nach und nach mit ihnen
in die Kajüten hinuntergingen. Bis weit nach Mitternacht war ich ganz
allein oben auf dem Deck geblieben. Dann ging auch ich hinunter, deprimiert und verstimmt.

Der Morgen war schön, die Sonne schien, und die Luft war frisch und
rein. Irgendwo hielt das Schiff an, und an den Strand kamen Mädchen mit
kleinen Körben, um uns Obst und Blumen anzubieten. Das alles war
herrlich, und ich war froh, wie bisher allein zu sein. ‹Wenn ich gestern
abend geheiratet hätte, würde ich mich jetzt schon wieder scheiden lassen›,
sagte ich mir.

In Kopenhagen war am Quai ein grosses Gedränge. Ich weiss nicht, ob
alle Hotels besetzt waren. Tatsache ist, dass ich in ein evangelisches Hospiz
geriet. Das Zimmer war klein und düster, war in den Hauptfarben dunkelrot und schwarz. Ein Dunkelrot wie geronnenes Blut, das einige Tage
liegen geblieben ist. Ich hatte den bestimmten Eindruck, es müsse einmal
in diesem Zimmer jemand ermordet worden sein. Trotzdem habe ich ein
Pastell davon gemacht. Das schöne Wetter, die Wolkenbildung, das grüne
Kupfer der Türme haben befreiend auf mich gewirkt. Man konnte wieder

aufatmen, und ich war froh, dem Norden entronnen zu sein. Kopenhagen und Hamburg waren für mich ein Fest. Auf jeden, der in Kopenhagen war, wird das Thorwaldsenmuseum einen grossen Eindruck gemacht haben. Für mich war es ein Erlebnis, und ich hatte den bestimmten Eindruck, man müsse mit der eigenen Arbeit wieder von vorne anfangen.

Wie wäre es, wenn man, in Anlehnung an das Thorwaldsenmuseum in Kopenhagen, in Bern ein Hodlermuseum bauen würde? Voraussetzung wäre, dass alle Schweizer Museen und womöglich auch alle Privatsammlungen ihre Bestände an Werken Hodlers, an Bildern, Zeichnungen und Entwürfen, dem Zentralmuseum in Bern als Leihgabe überlassen würden. Es könnte eine einzigartige schweizerische Tat daraus entstehen. Und welch dankbare Aufgabe wäre es für einen modernen Architekten, an Hand der vorhandenen Werke Hodlers den Raum zu schaffen, worin sie gewissermassen leben und atmen könnten. Wer Hodler sehen möchte, müsste dann die Reise nach Bern unternehmen. Und das wäre sehr gut. Man soll nicht alles gerade vor der eigenen Türe finden können.

Ich weiss es sehr gut, dass unser berühmter Föderalismus dieser Zentralisation entgegensteht. Jede kleine Stadt hat ihr Museumli mit einem oder zwei Werken Hodlers. Man hält darauf, am Sonntagvormittag hinzugehen, um die Bilder zu sehen – das heisst um Freunden und Bekannten, denen man dort begegnet, die Hand zu drücken und um sie zu fragen, wo sie ihre nächsten Ferien zubringen werden, ob im Fextal oder im Mendrisiotto.

Hamburg war herrlich. Es war nicht nur eine deutsche Stadt wie eine andere, sondern war durch ihren mächtigen und bedeutenden Hafen wirklich Weltstadt. Man hatte das Gefühl, man sei in Verbindung mit Bombay, Singapur und Tokio und atme Weltluft. Jedes für uns unangenehme Preussentum war durch die westliche Lage der Stadt gar nicht vorhanden. Auch in Hamburg habe ich einige Pastelle gemacht, beim Bahnhof und im städtischen Zoologischen Garten. Dann ein Pastell mit einer Musikkapelle in einer Anlage. Im Zoologischen Garten habe ich einen grossen Elefanten gemalt und junge Mädchen, die ihn anschauen und er sie. Er ganz grau und die Mädchen farbig und bunt wie Papageien. Die meisten dieser Pastelle hat dann Alfred Rütschi erworben. Als ich auf einem Platz einen Polizisten, der dort stationiert war, um eine Auskunft bitten wollte, waren zwei Herren dort, die mit ihm gesprochen haben. Als ich näher kam, waren es meine Freunde Stadtbaumeister Herter aus

Zürich und Professor Rittmeyer aus Winterthur. Sie waren auf der Reise nach Stockholm. Ein grosses Hallo entstand; und wir gingen dann zusammen zum Nachtessen in der Nähe der Alster. Von St. Pauli ist mir gut in Erinnerung geblieben eine grosse Kugel, die dort in einer Bar hing. Die Kugel war mit unendlich vielen quadratischen Spiegelstücken überzogen, war von der Seite beleuchtet und hat sich langsam gedreht. Unendlich viele Sterne sind so langsam durch den Raum und gleichmässig über dicke und dünne Mädchen und über dicke und magere, mit Glatze oder ohne Glatze anwesende Herren gegangen. Das war reizend. Es war eine Art Gerechtigkeit.

So sehr mir Hamburg als eine Stadt erschienen war, in der es sich gut leben liesse, so sehr kam mir das düstere Amsterdam als für mich unmöglich vor. Rembrandt und Vermeer, ja, aber die düsteren Kanäle und die düsteren Häuser waren deprimierend genug. Aber es spielte noch etwas anderes mit. In Hamburg hatte ich ein Mädchen kennengelernt, das hübsch war, und das mir gefallen hätte. Ich hatte Heimweh nach ihr, wollte sie wieder sehen, hatte immer an etwas denken müssen, das sie mir gesagt hatte, hatte eigentlich keine Ruhe mehr. Und so bin ich wenige Tage nachher wieder nach Hamburg zurückgefahren. Ich erinnere mich noch gut an den Augenblick, als der Zug die deutsche Grenze erreichte und der Schaffner ‹deutsche Passkontrolle› durch den Wagen rief. Das war wie eine Erlösung. So sehr hatte ich mich gefreut, bald wieder in Hamburg zu sein. Von Hamburg fuhr ich dann wieder direkt nach Zürich zurück.

LONDON

Aus London war von Alfred Rütschi eine engbeschriebene Postkarte bei mir angekommen. Es war ein ‹Aufgebot›, sofort nach London zu
kommen, um die in der National Gallery und in der Wallace Collection
ausgestellten Turner zu sehen. ‹Sie fahren morgen Donnerstag mit dem
und dem Zug von Zürich ab, sind dann und dann in Boulogne, dann und
dann in Folkestone und dann und dann in London. Sie besuchen mich
um die und die Zeit im Hotel so und so. Sie wohnen dort im Hotel so
und so an der Russels Square. Ich übernehme alle Reisekosten.› So war
seine Karte geschrieben. Das war seine Art. Und es gab da keine Wider-
rede und keinen ‹Wiedererwägungsantrag›.

Ich reiste also mit dem angegebenen Zug ab, alles klappte wunderbar,
nur die Überfahrt auf dem Kanal war scheusslich. Den Augenblick, als der
Mann kam und oben auf Deck die grossen weissen Schüsseln verteilte,
habe ich nicht vergessen. Und der ‹Salon› des Schiffes unten war voll see-
kranker Frauen, die teils auf Kanapees, teils am Boden gelegen sind. Ein
unausstehlicher Gestank trieb mich sofort wieder hinauf an die frische
Luft. Ein Stehplatz, ungefähr in der Mitte des Schiffes, wo also das Schiff
am wenigsten schwankte, war für mich das Erträglichste, und so kam ich
heil und wohlbehalten in Folkestone an. Eine für mich neue Welt hat dort
begonnen. Die steile Küste, die fremde Sprache und Eisenbahnzüge, wo
das Essen auch in den Coupés serviert wurde. Mein Englisch war mehr
als mangelhaft. Immer konnte ich ja nicht fragen ‹do you like butter?›
Und immer konnte ich auch nicht Bruchstücke der Worte Goethes
hersagen:

– Midnight hours.
Weeping upon his bed has sat.
He knows you not you heavenly powers.

die wunderbar sind, und die wir bei Tarnuzzer an der Kantonsschule in
Chur gelernt hatten. Es war Nacht geworden, und der Zug sauste gegen
London zu. Ein merkwürdiges Gefühl war es, zu wissen, dass man nun
bald in der grossen Stadt sein werde. Ganz erstaunt war ich, zu sehen, dass
in der Victoria Station die Taxis in den Bahnhof hineinfahren und sich
dem Eisenbahnzug entlang aufstellen konnten. Man konnte also vom Zug

aus direkt in ein Taxi steigen und abfahren. So selbstverständlich war das. Warum wird das bei uns in einer grösseren Stadt nicht auch gemacht? Warum muss man bei uns beim Aussteigen aus dem Bahnwagen drei hohe Tritte hinuntergehen, wobei man sich im Winter, in der Nacht, wenn alles vereist ist, mindestens ein Bein bricht, währenddem man in London bequem zur ebenen Rampe aussteigt? Merkwürdig, dass ein Land die technischen Fortschritte des anderen Landes nicht einfach übernimmt. Wäre das eine so grosse Demütigung?

In seinem Hotel hatte ich Alfred Rütschi mit seiner Frau im Speisesaal beim Essen unter einem glitzernden Leuchter angetroffen. Wir hatten uns die Hand gedrückt und hatten einige Worte gewechselt. Dann hatte er mich entlassen. Er wusste, dass mir Freiheit über alles ging, und dass ich London allein entdecken und auf meine Art erleben wollte, ohne von einem Onkel oder von einem Sachverständigen begleitet oder an bestimmte Ess- oder Teestunden gebunden zu sein.

Die Turner 1775–1851 waren wunderbar. Ich werde nie vom Gefühl frei, dass die Kunsthistoriker Turner einfach unterschlagen. Er wird bei weitem nicht so eingeschätzt, wie er es seiner Bedeutung nach verdienen würde. Manet, Monet, Cézanne, Renoir, das alles ist ganz in Ordnung, aber sieht man nicht ein, dass Turner der erste war, der ‹das neue Sehen› brachte? Er war der erste Impressionist. In der National Gallery, in London, hängt ein Bild von ihm, das abstrakt sein könnte. Als Entschuldigung der Kunsthistoriker kann man anführen, dass die wenigsten von ihnen in London waren und sie ihn also einfach nicht kennen. Als zweite Entschuldigung mag angeführt werden, dass Frankreich als Staat, vor dem ersten und vor dem zweiten Weltkrieg, zur Geltendmachung seiner Künstler viel beigetragen hat. Deshalb auch die stereotype, massive Nennung von Manet, Monet, Cezanne, Renoir usw. Es ist also Regie dabei. Aber von einem Kunsthistoriker sollte man doch erwarten können, dass er offene Augen habe, dass er sich von Regie und Suggestion befreien und sehen könne, wie die Tatsachen eigentlich sind.

Man hat gesagt, die Tate Gallery sei das problematischste Museum in London. Vielleicht ist es deshalb so reizvoll. Meine Jugendlieblinge hatte ich dort gefunden, Bilder von Dante Gabriele Rossetti und ein angefangenes Bild von Burne Jones. Rührend war das. Für unsere Begriffe war das angefangene Bild zu zaghaft, zu ängstlich. Aber wie schön war das alles. Wie schön und wie leise gezeichnet war das. Wie gross war der

Respekt vor der weissen Leinwand. Sie nicht beflecken, sie nicht beschmutzen, sie rein halten. Es wurde einem wieder bewusst, dass Malerei eine hohe, eine erhabene Kunst ist, der man sich nur mit reinem Herzen nähern kann. Dann war eine kleine Glasmalerei von Rossetti da, von der ich enttäuscht war und lächeln musste. Sie hat ganz dilettantisch ausgesehen.

Schwierig für mich war in London die ganz prosaische Frage des Essens. Ging man in die bekannten Lyons Restaurants, so war es eben schlecht und recht. Wollte man einmal ein wenig aufatmen und sich etwas gönnen und es so machen, dass das Essen eben auch ein Fest gewesen wäre, wie man es in Florenz ohne es zu wollen immer hatte, so geriet man in ein luxuriöses Restaurant, wo beständig zwei Kammerdiener in weissen Handschuhen hinter einem gestanden sind, die aufmerksam zugeschaut haben, ob man die strengen englischen Sitten beim Essen kenne oder nicht. Das war unangenehm. In solchen Lokalen war dann der Wein ganz vorzüglich. Zum Frühstück blieb ich gewöhnlich im Hotel. Gerne hätte ich an einem Morgen ein weichgesottenes Ei im Glas gehabt. Ich hatte im Menu nachgeschaut, und es war mir, als hätte ich den richtigen Namen gefunden. Aber als es kam, war es kein Ei, sondern ein kurzer, buckliger, gerösteter Fisch. Mein Englisch hatte also nicht ausgereicht. Der Serviertochter habe ich dann auf ein Blatt Papier das Ei und das Glas gezeichnet, worauf sie mir lachend Ei und Glas gebracht hat. Nicht so bald vergessen werde ich die unendliche Reihe von Gläsern mit gelber englischer Marmelade, die im Frühstücksraum aufgestellt waren. Das Wasser läuft einem jetzt noch im Munde zusammen, nur beim Darandenken. Am späten Abend, eigentlich schon gegen Mitternacht, waren ganz im Dunkeln unter einer Brücke in der Nähe von Piccadilly Strassenmädchen gestanden. Man sah die Gesichter der Mädchen nicht, so dunkel war es, und alles hatte gefährlich ausgesehen, sehr gefährlich sogar, diese dunkeln Schatten unter der Brücke. Im nächstgelegenen kleinen Café trank man Bier. Alles ging ein wenig burschikos zu, aber wohlwollend. Ich war der einzige Fremde dort. Einen eigenen Reiz hatte es für mich, still dort zu sitzen und zu schauen. ‹Again› rief mir ein hübsches Mädchen zu, das ich in der vorhergehenden Nacht dort zu einem Glas Bier eingeladen hatte. Ja, ‹again› habe ich geantwortet.

Warum gibt es in London keine Cafés wie in Paris, wo man im Freien auf dem Trottoir sitzen kann? Dass es das nicht gibt, gibt den Strassen etwas Korrektes, aber zugleich etwas Stehkragenmässiges, das langweilig ist. Wie man überhaupt in London immer das Gefühl hat, man müsse gut angezogen sein, müsse auf der Strasse schön aufrecht gehen, und man dürfe sich ja nicht irgendwie gehen lassen. Das ist der Stil der Stadt.

Der Tag der Abreise war gekommen. Ich sehe noch den strahlenden Morgen und den wolkenlosen Himmel, der über London lag. Und in der Nase habe ich noch den leisen Geruch des fernen Meeres und im Gefühl noch die Verbundenheit dieses Landes und dieser Stadt mit der weiten Welt, mit Kairo, mit Westafrika, mit Australien und mit Indien. Also ein ähnliches Gefühl wie in Hamburg, nur noch viel stärker. Als ob man nur das erste beste Schiff besteigen könnte, um in diese ferne Welt zu gelangen. Und merkwürdig war es, dass, als der Zug weit ausserhalb Londons gegen Folkestone zu raste, ich auf einem kleinen Blatt Papier an einer winzigen Bleistiftskizze in Briefmarkengrösse zeichnete zu einem Rütlischwur. Den Rütlischwur dachte ich mir als Glasfenster. Wohin es kommen sollte, wusste ich nicht. Vielleicht in den Grossratssaal in Chur. Eigen, wie einem die Heimat und die Betonung der Heimat im Blute liegt. Auch nachdem man London gesehen hat, oder gerade deshalb.

In Paris bin ich im Hotel de l'Univers, an der Rue Gay-Lussac, abgestiegen. In dem Hotel also, wo wir, Dübendorfer und ich, viele Jahre zuvor gewohnt hatten, wo er durchgebrannt war ohne den Monatszins zu bezahlen. Wo ich ihm geholfen hatte, nach Mitternacht seinen Koffer durch die schmale Wendeltreppe hinunter zu tragen, und wo ich durch das kleine Fenster im Parterre dem schlafenden Portier ‹cordon, s'il vous plaît› zugerufen hatte, und wo vor dem Hotel bereits die Kutsche stand, die unser Freund Bercher besorgt hatte, um den Koffer und uns zur Gare de l'Est zu bringen.

Aber jetzt war die Madame des Hotels gestorben; neue Menschen waren da, so dass man mich nicht erkannt hat, was ja gut war. Ein dünner, milder Regen fiel. Nach London kam mir Paris ganz als eine Stadt des Südens vor. Man durfte in den Cafés im Freien sitzen, durfte die Beine strecken, durfte sie übereinanderschlagen, durfte eine halbbrennende Zigarette auf die Strasse werfen, durfte irgendein Schullied leise vor sich her singen, durfte gähnen, durfte traurig sein, durfte alles. Und das Einatmen der feuchten Luft nach dem milden Regen, und das Gefühl der unbedingten eigenen Freiheit waren herrlich.

Nach meiner Heimkehr hat mich dann Alfred Rütschi einmal zum

Mittagessen nach Meggen eingeladen. Er hatte ein Landhaus dort. Seine ganze Familie sass am Tisch. Nach dem Essen sind Rütschi und ich in einem kleinen Boot auf den See hinausgefahren. Rütschi hat stehend gerudert. Er sagte mir, seine Kinder seien mit mir zufrieden, ich hätte den Kindern gefallen und dürfe wieder kommen. Aber irgendwie war eine elegische Stimmung in der Luft, die zu den langsamen und leisen Ruderschlägen in Harmonie stand. Was Rütschi sprach, war ein Zurückschauen über sein bisheriges Leben. Es war das letzte Mal, dass ich mit ihm war, und das letzte Mal, dass ich ihn sah. Kurz darauf hat ihn der Tod hinweggerafft.

Ich werde diesen Mann mit dem braunen Vollbart, mit dem guten Herzen und mit seiner rauhen Art in guter und dankbarer Erinnerung behalten.

DAS AMTSHAUS I IN ZÜRICH

Es war im Zeichen der Arbeitsbeschaffung, dass der Stadtrat von Zürich einen engeren Wettbewerb ausgeschrieben hatte zur Erlangung von Entwürfen für die Ausmalung der Parterrehalle im Amtshaus I in Zürich. In diesem Wettbewerb hatte ich den ersten Preis erhalten, und es handelte sich nun darum, einen Plan auszuarbeiten, wie man bei der ganzen Sache vorgehen solle, und wie man jüngere Maler als Mitarbeiter zuziehen könnte. Die Zuziehung von jüngeren Malern als Mitarbeiter war Bedingung, eben wegen der Arbeitsbeschaffung. Das Problem war also ziemlich schwierig. Ich hatte mich dazu entschlossen, das Ganze in Fresco buono auszuführen und eine Arbeitsteilung vorzunehmen in dem Sinne, dass die Mitarbeiter zuerst nach meinem Entwurf das Gewölbe der Halle, und dass ich dann allein die Felder mit figürlichen Kompositionen ausmalen würde. Als Mitarbeiter haben mitgewirkt Dr. Franz Riklin, also mein ehemaliger Schüler, dann Giuseppe Scartazzini und Jakob Gubler. Scartazzini hatte sich als Wandmaler bereits ausgewiesen. Er hatte am Wettbewerb für den Fraumünsterdurchgang einen Preis davongetragen. Wenn ich mich nicht irre, war es der dritte Preis. Sehr wertvoll war es, dass das Hochbauamt, unter der Leitung meines Freundes Stadtbaumeister Herter, vor allem Anfang weit draussen in Tiefenbrunnen in einer Holzbaracke Freskoverputzproben hatte machen lassen, um herauszubekommen, wie das Verhältnis von Weisskalk zu Sand und zu Marmorsand sein müsse, um einen guten Freskogrund zu erhalten. Verschiedene Rechtecke waren vom Maurer an die Wand aufgetragen worden, alle in verschiedenen Mischungen. Diejenige Mischung, die beim Trockenwerden keine Risse zeigte, sollte dann ausgewählt werden.

Schon war der erste Morgen, als mit dem Malen des Gewölbes begonnen wurde. Die leuchtenden Farben auf dem weissen Malgrund waren herrlich, wie ja jede Vorbereitung und jeder Anfang herrlich und vielversprechend ist. Und das Malen in Fresco buono ist wunderbar. Gewöhnlich kam ich am Abend um 5 Uhr dort vorbei, um zu sehen, wie die Sache vor sich ging. Scartazzini und Riklin haben über ein Jahr im Amtshaus gemalt. Das grosse längliche Rechteck, wie überhaupt die ganze Partie unmittelbar über dem Haupteingang, wurde von Scartazzini gemalt. Gubler malte das Gewölbe über dem Astronom, Riklin die gegenüberliegenden Gewölbe. Die drei Mitarbeiter waren nach Temperament und

Haltung ganz verschieden, so, dass ich mir vorkam wie ein Musikdirektor, der das Ganze irgendwie zusammenhalten und zusammenstimmen musste. Das war mir ungewohnt und war nicht leicht. Oft bin ich wie auf brennenden Kohlen gesessen. Aber es sah schön aus, diese angefangene Malerei mit den vielen Rot und die drei Maler, die auf dem Gerüst arbeiteten. Namentlich am Abend bei künstlicher Beleuchtung. Es sah sehr grosszügig und sehr ‹unternehmend› aus. Nachträglich wundert es mich, dass ich keine Pastellskizze davon gemacht habe. Aber ich stand dem ‹Unternehmen› innerlich viel zu nahe, als dass ich die Überlegenheit besessen hätte, ein Pastell davon zu machen. Ob der kleine weisse Hund noch lebt, dem, als er in der Halle auf seine Herrin warten musste, Scartazzini den Schwanz rot angestrichen hat?

Mit den Figurenfeldern hatte ich erst dann angefangen, als das Gewölbe fertig bemalt war. Ich war gierig im Malen und liess am Morgen vom Maurer oft ein ziemlich grosses Stück Verputz auftragen. Das hatte zur Folge, dass ich oft bis drei Uhr in der Nacht malen musste. Todmüde bin ich dann, mich am Geländer des Limmatquais haltend, heimgegangen. Den jungen Malern, die in Fresco buono malen wollen, möchte ich empfehlen, am Morgen vom Maurer kein zu grosses Stück Verputz auftragen zu lassen. Die Mehrzahl der ‹Nähte›, die dadurch entstehen, spielt keine Rolle. Man soll keine Angst haben davor. Der Maler sollte mit seiner Arbeit jeden Tag gegen vier Uhr fertig sein. Paul Bodmer sagte mir, dass er es gewöhnlich so gehalten habe. Will man ein zu grosses Stück in einem Tag bewältigen, so entsteht eine Übermüdung, die sich am folgenden Tag bemerkbar macht und sich jeden Tag summiert. Es entwickelt sich dann eine Gereiztheit, die unangenehm ist. Mit der Stadtpolizei, die nebenan ihr Lokal hatte, unterhielten wir gute freundnachbarliche Beziehungen. Einmal rief mich ein Detektiv vom Gerüst herunter. Er hielt ein Stereoskop in der Hand und sagte, ich solle da hineinschauen. Es war die photographische Aufnahme eines Mannes, der sich im Wald am Zürichberg erhängt hatte. Der arme Teufel hatte seinen Rucksack hübsch an einen Baum angelehnt und hatte sich am nächstliegenden Baum erhängt.

Unser Gaudium hatten wir natürlich, als einmal einer der Detektive nach Mailand verreist war, und man ihm dort, ausgerechnet ihm, dem Detektiv, die Brieftasche gestohlen hatte! ‹Ha trovato a Milano uno che era ancor più furbo di lui›, sagten wir uns, Scartazzini und ich.

Man muss die Malerei im Amtshaus I als verloren betrachten. Ich von mir aus habe die Angelegenheit bereits ‹abgeschrieben›, wie der berühmte Ausdruck heisst. Während des Krieges war sozusagen das ganze Amtshaus I, weil der Polizeiposten dort ist, verbarrikadiert und mit Stacheldrahtballen umsäumt. Der Haupteingang war verschlossen. In der Halle wurden Kisten eingelagert, Velos, Rettungsringe, wieder Kisten und wieder Rettungsringe, alles an die Fresken angelehnt! Alles ist also stark beschädigt worden. In der Halle wurde ‹Soldatenschule› abgehalten! Merkwürdig ist, dass die Stadtverwaltung zu diesem Treiben nichts sagte. Ein Artikel der NZZ, der zur Vorsicht mahnte, hatte nichts genützt. Und dabei hatte die Ausmalung der Halle eine schöne Summe Geld gekostet. Nachträglich bedaure ich, dass das Ganze nicht dreimal mehr gekostet hat.

WANDBILD IN DER
ETH IN ZÜRICH

Der Auftrag zu einem Fresko im Wandelgang der ETH in Zürich, am Eingang zum Auditorium maximum, war mir zugefallen als Resultat eines engeren Wettbewerbes, den das Eidgenössische Departement des Innern ausgeschrieben hatte. Zum engeren Wettbewerb waren mit mir eingeladen: A. H. Pellegrini, Basel, A. Blanchet, Confignon bei Genf, K. Hügin, Zürich, Ch. E. Clément, Lausanne, Maurice Barraud, Genf, und Otto Baumberger, Zürich. Als Thema zu meinem Fresko hatte ich gewählt: ‹Iktinus›, der Erbauer des Parthenon. Als mir das gute Resultat des Wettbewerbes mitgeteilt worden war, war ich zur Aula der ETH hinaufgegangen, wo die Jurysitzung stattgefunden hatte, und wo die eingereichten Entwürfe noch ungeordnet an der Wand angelehnt herumstanden, wie das bei Jurysitzungen üblich ist. Der Hauswart hatte mich hereingelassen. Im Saal war ein Geruch von kaltem Zigarettenrauch, und an den vollen Aschenbechern und an den auf dem Tisch herumliegenden Zündhölzern merkte man, dass hier Männer gehaust, zusammengesessen, geraucht, diskutiert und verhandelt hatten. Es war das typische Milieu nach einer Jurysitzung, wie ich es später dann noch oft erlebt habe.

DONNESCHE IMPRESE

Ich war noch nie in Marseille gewesen, und so hatte ich doch im Sinne, einmal hinzugehen, teils um das Land und die Stadt zu sehen, teils um vielleicht einige Pastelle zu machen. Ich weiss schon, dass man Pastelle ebensogut in Rüschlikon oder in Schwamendingen machen kann, ohne nach Marseille zu fahren, aber immerhin. ‹Wie ist das Leben in Marseille, ist es so wie in Paris?› hatte ich Freunde und Bekannte gefragt, darunter den Malersohn Tscharner, den Schriftsteller Jakob Wassermann, als er einmal in Zürich war, und den Samen-Mauser in Zürich, für den ich immer eine besondere Sympathie hatte, weil er mein grosses Nachtbild von Paris hat und das Pastell mit den Flamingos und weil er Samen verkauft. ‹Dass Dir im Garten alles glücke, wähl Samen-Mauser, Rathausbrücke›. ‹Sie haben keine Ahnung›, hatten mir alle drei ganz unabhängig voneinander gesagt. ‹In einem Quartier dort nehmen einem die Mädchen auf der Strasse den Hut weg, und man bekommt ihn nicht wieder.› Sofort habe ich natürlich für die Mädchen Partei ergriffen. Sie, die Mädchen, müssen doch auch leben, sagte ich mir. Sie nehmen einem den Hut weg, natürlich damit man sie zu einem oder zu zwei oder zu drei Cointreaux einlädt, und damit man ihnen auch ein wenig Geld gibt, eben weil sie auch leben müssen. ‹Begreift ihr das nicht, ihr Geizhälse›, sagte ich mir. Das betreffende Quartier sei am Vieux Port, also gerade am Fusse des Hügels, auf welchem Notre Dame de la Garde stehe, sagte man mir.

An einem Nachmittag war ich von Zürich abgereist – es war an einem Samstag –, hatte in Genf im Bahnhofrestaurant zu Nacht gegessen und war gleich darauf mit dem Nachtzug nach Marseille abgereist. Man hat ein eigentümliches Gefühl, wenn man zum ersten Mal in der Nacht dem Mittelmeer zustrebt. Etwas Erwartungsvolles und Spannendes liegt in der Luft. Ich habe Bildhauer Probst gut begriffen, dass er seine schwebenden Pferde an den Reliefs am Bahnhof in Genf nach Süden reiten lässt und nicht nach Lausanne! Am Morgen gegen fünf Uhr kam ich in Marseille an. Da es Sommer war, war es schon längst Tag. Wie gut war der Geruch des Meeres, den man schon in der Nase hatte, bevor man das Meer sah. Ein Geruch von Fischen, von Wasser, von Salz, und im Gemüt das Bewusstsein der unendlichen Weite, des hochgespannten hellgrünen Himmels und der grossen Schiffe, die hinausfahren in die ‹terres lointaines›. Wie schön ist doch die weite Welt, habe ich mir gesagt. Mit dem Omnibus bin ich heruntergefahren ins Hotel, habe mich zu Bett gelegt und bin erst gegen 10 Uhr aufgestanden. Es war das Hotel Regina an der Place Carnot. Nach dem Frühstück im grossen, weissen, leeren Saal, wo ich allein war, bin ich langsam die gerade Strasse hinuntergegangen, die zum Vieux Port führt. Was man da für wunderbare Sachen sah, wie ich am linken Ufer über die holprige Strasse hinausging gegen den Pont transbordeur und gegen den Leuchtturm. Es war ein sonniger, warmer Sonntagsmorgen. Das tiefe Blau des Meeres, die rosaroten Berge und das warme Grau der Festung Saint Jean waren herrlich. Und nach jedem Schritt kamen neue Sachen zum Vorschein. Die kleinen farbigen Ruderboote, rote, weisse, blaue und gelbe, dann grosse weisse Schiffe, dann weisse Seemöven, dann das kalte Grau der grossen modernen Festung gegenüber von Saint Jean, dann ausgehungerte, scheue, magere Katzen, die herumgestrichen sind, um bei den Fischverkäuferinnen auf der Strasse Fischabfälle, oder dann, mit leuchtenden Augen, ein Stück Fisch zu ergattern. Matrosen in ihrem blauen Anzug, dicke Austernverkäuferinnen mit kurzen violetten Strümpfen. Hühner und magere Hunde, die herumliefen, all das bildete die bunte, südliche Welt. Vier oder fünf junge Mädchen, wahrscheinlich Fabrikmädchen, denen ich nachschaute, und die Arm in Arm auf einer breiten Treppe im Freien hinaufgingen, hatten mir die Zunge herausgestreckt. Nun, ich war nicht beleidigt. Auch das gehörte gewissermassen zur südlichen Welt.

Unterdessen war es ein Uhr und sehr heiss geworden, auch für mich, der die Wärme liebt und nie genug davon bekommen kann. Ich hatte also den Rückweg angetreten und bin dann, auch am Vieux Port, bei Basso eingekehrt, um dort zu Mittag zu essen. Bestellt habe ich zuerst Sardinen, eine ganze Büchse natürlich. Dann eine Omelette au Rum. Das blauviolette Feuer des brennenden Rums war prachtvoll und die Omelette vorzüglich. Zum Trinken hatte ich eine Flasche gut temperierten Pommard gewünscht. Zum Dessert gab es Pfirsiche und weisse Trauben. Dann gab es schwarzen Kaffee mit einem alten Marc. Eine Zigarette habe ich mir angezündet und blickte traumverloren hinaus auf die halb heruntergelassenen, gelb und weiss gestreiften Storen und auf die Tramwagen, die vor dem Haus anhielten oder vorbeifuhren. Und es war eigen: Da man bekanntlich zwei Seelen in der Brust hat, so hatte der guttemperierte, ausgezeichnete Pommard (ich hatte die ganze Flasche ausgetrunken), die zweite Seele in mir geweckt, die bisher nur latent in mir war. ‹Wo sind

denn die Mädchen, die einem den Hut wegnehmen›?, habe ich mich gefragt. Da ich am Vormittag auf der linken Seite des Vieux Port gebummelt
hatte, und ausser den Fabrikarbeiterinnen nichts gesehen hatte, so mussten
sie doch auf der rechten Seite sein. Nachdem ich eine weitere Zigarette
angezündet hatte, bin ich auf der rechten Seite dem Quai entlang hinausgegangen. Es war Sonntag, und so trug ich meinen schönen schwarzen
Sonntagsanzug, trug meine goldene Uhr mit der alten goldenen Kette, die
ich von meiner Grossmutter geerbt habe, trug am kleinen Finger der
rechten Hand den Brillantring, den mir Onkel Torriani geschenkt hatte,
und trug einen nagelneuen Panamahut, den ich in Zürich bei Baumann
gekauft hatte. Ich war also in ‹grande tenue›. Es war heiss und das Quai,
dem entlang ich hinausging, schnurgerade, staubig und langweilig. Die
Tramlinie geht dort hinaus. Die Tramwagen waren kurz und hoch. Es
waren offenbar Wagen, die die Stadt Paris verkauft hatte, weil sie veraltet
waren, und die Marseille billig angekauft hatte. Aus den Fenstern der
Häuser hingen Käfige mit Kanarienvögeln darin. Sie waren mit Tüchern
zugedeckt, damit die Kanarienvögel nicht lebend von der heissen Sonne
gebraten würden. Aber wo waren die Mädchen, ‹die einem den Hut
wegnahmen›? Am Quai war nichts zu sehen, und die Stimmung dort war
so trostlos als nur möglich. Ich bin dann rechter Hand eine kleine Gasse
hinaufgegangen. Oben war eine breite Strasse, die schattig aber fast
menschenleer war. Es war ja Sonntag. Begegnet habe ich nur einen
Leichenwagen, dem viele Männer in blauen, aber sauberen Arbeiter-
kleidern gefolgt sind. Die Kränze waren alle aus bemaltem Blech. Ich habe
meinen Hut abgenommen und bin dagestanden, bis der Trauerzug
vorüber war. Dann war ich wieder allein

‹Du bist immer derselbe›, habe ich mir gesagt. ‹Andere erleben etwas,
sehen etwas; du bist immer allein, und dir nimmt man nicht einmal den
Hut weg.› Mit Minderwertigkeitsgefühlen, deprimiert und verdrossen ging
ich auf der menschenleeren Strasse weiter, als ich weitentfernt eine
Gruppe von Mädchen sah, die mitten auf der Strasse stand. In der Nähe
angekommen, hätte ich ja gut Platz gehabt, neben der Gruppe vorbei-
zugehen, aber offenbar war ich aggressiv geworden, und so ging ich mitten durch die Gruppe hindurch. Kaum war ich in der Gruppe drin, als
eines der Mädchen auf mich zukam, mich umarmte, mir einen saftigen
Kuss auf den Mund gab und mir sagte: ‹Je suis Tunisienne, viens avec moi.›
Im gleichen Augenblick ist ein anderes Mädchen gekommen, hat mir

meinen Panama vom Kopf genommen und ist damit langsam gegen die offene Türe des nächstgelegenen sogenannten ‹Cafés› gegangen. Augenblicklich hat mich das erste Mädchen freigelassen, so dass ich langsam und gemächlich dem zweiten Mädchen und meinem Hut folgen konnte. Ich war selig. Und an was hat mich die ganze Situation erinnert? Es ist merkwürdig, sie erinnerte mich an Maloja, damals, als ich zwanzigjährig die Rekrutenprüfung durchmachen und die sanitärische Untersuchung passieren musste und als tauglich für den Militärdienst erklärt wurde. Ich war stolz darauf. Denn was hätte mein Vater gesagt, wenn ich am Abend als ‹Staatskrüppel› von Maloja heimgekommen wäre? Auch er war stolz darauf, dass sein Augusto keine Plattfüsse hatte und für den Militärdienst angenommen war. Und so war es auch da. Man hatte mir den Hut weggenommen, wie das in diesem Quartier üblich war, und wie man das allen Männern gegenüber tat. Also war ich ein Mann.

Wir haben uns, das Mädchen und ich, neben den Eingang gesetzt, und ich habe sie gefragt, was sie zu trinken wünsche, und war überzeugt, dass sie ‹un Cointreau› sagen würde. Ich war darauf gefasst, ihr ein halbes Dutzend zu stiften. Aber es war nichts damit; sie bestellte einfach einen halben Liter offenen Rotwein. Wir haben angestossen, aber sie hat kaum daran genippt. Da sie nicht trank, habe ich auch nicht getrunken. Sie war nicht hübsch, war sehr dick, hatte Charcuterie-Arme, Mortadella di Bologna-Arme. Hatte pechschwarzes Haar und hatte kurze violette Strümpfe wie die Fischweiber, die mit einem Schlag dem lebenden Fisch den Kopf abhauen. Am Hals trug sie eine dunkelrote Granatbrosche. Ich schaute hinüber gegen den ‹Zinc› und gegen die Etagère, die gewöhnlich über dem ‹Zinc› angebracht ist, und worin gewöhnlich eine ganze Reihe von Liqueurflaschen mit farbigen Etiketten prangen. Aber die Etagère war leer. Keine einzige Liqueurflasche war dort. Ein leiser Schauer ist mir über den Rücken gefahren.

‹Setzen wir uns doch ein wenig weiter drin im Lokal, man ist da so exponiert, man sieht uns da zu sehr›, sagte sie zu mir. Ich hatte nichts dagegen, sodass wir uns ungefähr in die Mitte des ‹Cafés› setzten. Wir waren ja die einzigen Gäste. Eigentlich hatten wir uns nicht viel zu sagen. Der Spass, einem den Hut wegzunehmen, war ja ganz hübsch, aber ich hatte es nun erlebt und damit Schluss. Sie trank immer noch nichts und ich auch nicht. Nach und nach war es mir langweilig geworden, so dass ich ihr sagte, ich wolle nun bezahlen, sie solle mir meinen Hut geben, ich müsse jetzt gehen: ‹J'ai des amis qui m'attendent, il faut que je m'en aille.› Das war mein Refrain, den ich unzählige Male wiederholte, aber ohne Erfolg. Ich sollte noch bleiben, meinte sie.

Unterdessen waren zwei Frauenspersonen erschienen, die so taten, als ob sie den Boden des Lokals reinigen wollten. (Eine davon war, wie ich später erfuhr, ein verkleideter Mann.) Um also mit dem Besen auch hinter die zurückgeworfenen Holzflügel der breiten Eingangstüre zu gelangen, musste doch zuerst der eine Holzflügel zugemacht werden. Dasselbe geschah auch mit dem zweiten Flügel, ohne dass der erste Flügel wieder aufgemacht worden wäre. Wir sassen also im Dunkel, nur im Licht einer Kerze. ‹J'ai des amis qui m'attendent, il faut que je m'en aille›, hatte ich wieder angefangen. Aber den Hut wollte sie mir nicht geben. Ich solle mit ihr hinaufkommen ins Zimmer im ersten Stock, meinte sie. Das war natürlich eine schwierige Sache. Aber schliesslich: ‹Du hast schon so viele Modelle, so viele nackte Frauen gesehen, dass, wenn du auch diese Frau siehst, es nichts ausmacht›, habe ich mir gesagt. ‹Bien, je viens un petit moment, je vous regarde comme vous êtes belle et puis je m'en vais, j'ai des amis qui m'attendent›, hatte ich ihr gesagt. Dass sie nicht schön war, wusste ich ja schon, aber es war ein Kompliment, um sie gefügiger zu machen, mir meinen Hut zu geben. Um ihr zu zeigen, dass ich auch bezahlen und wirklich bald gehen wollte, hatte ich einige französische Noten herausgenommen, die ich in der Hand behielt. Dann ist sie mit der Kerze vorausgegangen. Die ‹Treppe›, die zum ersten Stock hinaufführte, war keine Treppe. Die Stufen waren nur aus dem Terrain herausgehauen; es war nur Erde, da das Haus an einem Abhang lag. Das Zimmer hatte ein winziges Fenster, das mit Zeitungspapier beklebt war. Man sah also nicht hinaus. Im Zimmer war ein eisernes Bett mit einer Matratze. Sonst war nichts da, kein Tisch, kein Stuhl, nichts. Die Kerze, die sie in der Hand hielt, hat sie mitten im Zimmer auf den Boden gestellt. Wie die Matratze ausgesehen hat, will ich nicht beschreiben. Es waren natürlich keine Bettücher da, keine Kopfkissen, nichts. Die Türe hatte kein Schloss, sondern nur ein grosses Brett, das heruntergelassen wurde.

Wir standen also da im Zimmer, sitzen konnte man ja nicht, als sie plötzlich zu schreien anfing: ‹Je veux que tu me regardes, je veux que tu me regardes.› Es war ein so entsetzlicher Schrei, der einem durch alle Knochen ging. Ich habe diesen Schrei noch heute in den Ohren. ‹Oui, je te regarde, mais deshabille-toi alors›, habe ich ihr gesagt. Aber sie hat sich nicht ausgezogen. Bald stand sie an einer Stelle im Zimmer, bald an einer anderen Stelle, immer scharf die Augen auf mich gerichtet, wie eine Wildkatze. ‹Wo will das hinaus›, fragte ich mich, am Ende ist sie wahnsinnig.› Und wieder fing der entsetzliche, schrille Schrei an: ‹Je veux que tu me regardes, je veux que tu me regardes.› Dann – blitzschnell hat sie sich auf mich gestürzt, hat mir mit ihren dicken Armen fest den Kopf umklammert und hat sich mit ihrem ganzen Gewicht rückwärts auf die Matratze fallen lassen, mich mit sich reissend, so, dass ich auf sie zu liegen kam, mein Gesicht auf der Granatbrosche, die sie trug. Wehren konnte ich mich nicht, die eine Hand war eingeklemmt, in der anderen hielt ich noch krampfhaft die französischen Noten, die ich ihr geben wollte. Gehört habe ich fast nichts, da ihre fleischigen Arme mir beide Ohren zugedeckt hielten. Ich fühlte nur das Wogen ihrer mächtigen Brust, und die Nase tat mir weh, da ihre Granatbrosche, die sie trug, spitzig war. ‹Sie ist verrückt, ganz verrückt›, sagte ich mir. ‹Ça y est. Ça y est.›, schrie sie plötzlich mit ihrer entsetzlichen Stimme. Eine ganze Weile hatte sie mich fest an sich gepresst, dann liess sie mich los. Sie lächelte einen Augenblick. Ich bin aufgestanden, und mir war, als ob die Luft staubig, als ob von der Decke Gips oder Kalk heruntergefallen wäre, als ob etwas geschehen wäre. ‹Das Luder wird mir wohl den Ring oder die goldene Uhr gestohlen haben›, sagte ich mir, aber dem war nicht so. Die goldene Uhr und die goldene Kette, die ich von der Grossmutter bekommen hatte, waren da. Ebenso die Brieftasche und der Brillantring, den mir Onkel Torriani geschenkt hatte. Alles war da, und alles war intakt. Ich gab ihr nun das Geld, das ich immer noch in der Hand hielt. Stillschweigend nahm sie es, ohne zu protestieren, und ohne zu sagen, es sei zu wenig. Aber plötzlich begann sie wieder mit ihrer spitzigen, unheimlichen Stimme zu schreien, ich solle nun gehen: ‹Tu me fais tuer par mon mari, tu me fais tuer par mon mari.›

Unterdessen waren die beiden Frauen erschienen, die unten im Parterre so getan hatten, als ob sie das Lokal reinigen wollten. Die eine der Frauen war also ein Mann. Er lächelte ein wenig, als ob er sagen wollte: ‹Das sind Weiber, nicht wahr.› Dann gaben sie mir meinen Hut.

Ich war daran, die sogenannte ‹Treppe› hinunterzugehen, als ich nochmals die Kleider befühlte, ob mir wirklich nichts gestohlen worden sei – die Sache kam mir doch verdächtig vor – als ich plötzlich merkte, dass der Briefumschlag, in dem ich mein Reisegeld hatte, und den ich in der hinteren Hosentasche trug, nicht mehr vorhanden war. ‹O vous m'avez volé mon argent, j'irai a la police», wollte ich die Bande anschreien. Dann ist mir plötzlich mein Vater eingefallen, der oft sagte, man solle bei einem erlittenen Schaden *bleiben* (auf bergellerisch «stär ei prüm dann»), und man solle nicht einen erlittenen Schaden noch durch unüberlegte Handlungen vergrössern. Es war gut, dass mir diese väterliche Mahnung einfiel; denn hätte ich meinem Zorn freien Lauf gelassen, und hätte ich von Polizei und von Verklagen gesprochen, so wäre ich heute nicht mehr da und würde heute nicht die gute Bergeller Luft einatmen, sondern würde, sehr wahrscheinlich, in dem violett und gelb schillernden, öligen, trägen, übelriechenden Wasser des Vieux Port liegen. In der Nacht hätte man die Leiche in einem Sack hinübergetragen und hätte sie über ein Brett, das eingeseift gewesen wäre, lautlos ins Wasser gleiten lassen. Ich wäre nicht der erste und nicht der letzte gewesen, den dort dieses Schicksal erreicht hätte.

Möglichst gleichgültig und möglichst gelangweilt und gähnend bin ich ins Zimmer zurückgegangen, etwa so, wie wenn ich dort eine Schachtel Zündhölzer oder ein halbes Päckchen Zigaretten vergessen hätte. ‹Ich habe, glaube ich, etwas verloren›, habe ich zu dem Mädchen gesagt. Mein Briefumschlag lag dort am Boden, und am Boden lagen die beiden grossen Sicherheitsnadeln, mit denen ich die hintere Hosentasche ‹gesichert› hatte. ‹C'est à vous, ça?›, hat mich das Mädchen mit verächtlicher Miene gefragt. ‹Oui, c'est à moi›, habe ich geantwortet und habe die Sicherheitsnadeln und den Briefumschlag aufgehoben, wobei ich sofort spürte, dass er bedeutend dünner geworden war. Im Hotel angekommen, habe ich nachgezählt. Es fehlten zehn von mir mit einigen Orchideenbildern und mit einigen Glasgemälden mühsam und ehrlich verdiente schweizerische Hundertfrankennoten. Wie der Kurs damals stand, hat das Mensch an jenem Sonntagnachmittag fünftausend französische Franken ergattert.

Nun, es war nur Geld. Schiller und ‹Die Glocke› sind mir eingefallen, wo es bei der Feuersbrunst heisst, ‹es fehlt kein teures Haupt.› So war es auch da.

DADA

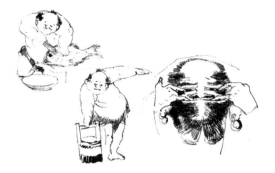

Es war die Zeit, da ich ins Restaurant ‹Seehof› am Limmatquai in Zürich zum Mittag- und Nachtessen ging, dass die Dadaisten (ihre Hauptpersonen waren Tristan Tzara, Hans Arp und Hugo Ball) auch dort am Nebentisch gesessen sind. Mit der Zeit hatte man sich kennen gelernt und mit der Zeit haben wir auch am gleichen Tisch gesessen. Nach dem Essen sind dann ab und zu ‹auf Besuch› oder zu einem Kaffee oder zu einem Glas Bier auch Alice Bailly oder Oskar Lüthy oder Franz Riklin gekommen.

Es ist ziemlich schwer zu sagen, was Dada war, was sie erstrebte, und was sie eigentlich wollte. Sicher war zum Teil auch da das berühmte ‹épater le bourgeois› vorhanden; aber sie war doch mehr als das. Zum Teil war sie ein Persiflieren des Bürgers, des Spiessers, des Schulmeisters und der Bürgerlichkeit. Genug und übergenug hatten die Schulmeister geschrieben, dass die Familie die Zelle des Staates sei, dass der Sparsinn des Bürgers geweckt werden müsse und dergleichen Selbstverständlichkeiten mehr. Über lauter vernünftige Sachen hatten die Schulmeister geschrieben und gesprochen, aber eben diese Vernünftigkeit war derart abgeleiert, war derart zum Gemeinplatz geworden, hatte derart als Brechmittel gewirkt, dass einem das Unvernünftige, das Tolle, der ‹holde Wahnsinn›, als Befreiung, als frische Luft und als Frühling vorgekommen war. Versteht man das? Aber auch ernsthafte Probleme waren aufgetaucht. Da Malerei und Bildhauerei durch das Auge perzipiert und aufgenommen werden und die

Musik durch das Ohr, so fragte man sich, ob man sich nicht eine Kunst
vorstellen könnte, die von unserem Tastsinn geschaffen wäre. Man würde
also in einem verdunkelten Raum sitzen, verdunkelt um nicht von den
sichtbaren Dingen abgelenkt zu werden, und würde beide Hände so halten, wie man sie beim Klavierspielen hält. Auf der Höhe der Tasten wäre
hier ein laufendes Band vorhanden. Dieses laufende Band wäre so behandelt, dass es etwa auf einer Länge von zwei bis drei Meter sehr glatte
Partien aufweisen würde, anschliessend dann andere Partien, die rauher
wären, dann wieder andere, die mit kleinen spitzigen Glasscherben belegt
wären, dann plötzlich andere Partien mit weichem angenehmem Samt,
vielleicht nur auf einer Länge von einem Meter. Andere Partien mit rau-
hem Glaspapier, andere Partien mit weicher Wolle, wieder andere mit
Katzenfellen usw. Leise würde man mit den Fingerspitzen der beiden
Hände dieses laufende Band, das in Bewegung wäre, berühren, würde die
Augen zumachen und würde die Unterschiede von glatt und rauh, von
spitzig und rund, und von hart und weich geniessen.

Auch fragte man sich, ob man sich nicht eine Kunst vorstellen könnte,
die für unseren Geruchssinn geschaffen und von unserem Geruchssinn
aufgenommen würde. Auch da würde man in einem verdunkelten Raum
sitzen. Zur ‹Aufführung› käme z. B. das Thema: ‹Alpaufzug.› In bequemen
Lehnstühlen würde man dasitzen, würde die Augen zumachen und würde
den guten, anheimelnden Geruch der Kühe, den warmen, molligen Geruch der Schafe und den salzigen Geruch der Ziegen einatmen. Dann den
frischen Geruch der Tannen, den Geruch der Matten, der zarten Frühlingsblumen, des Baches und der staubigen Landstrasse. Dann den Geruch
der eidgenössischen Post, des Postwagens, dem man während des Alpauf-
zuges auf der Landstrasse begegnet. Wäre das nicht herrlich? Die Parfüme-
riefabriken und die Parfümerieindustrie müssten dafür besorgt sein, diese
Düfte, wahrscheinlich auf synthetischem Weg, herzustellen und sie mit
Apparaten, mit kleinen Motoren usw. in den Saal zu leiten und sie zur
gegebenen Zeit mit Ventilatoren wieder wegzusaugen.

In den Diskussionen, die während des Essens im ‹Seehof› oder nach
dem Essen stattfanden, wurde das Theater, so wie es jetzt ist, als erledigt
betrachtet. Es sei ein Überbleibsel einer vergangenen Zeit, etwa so wie der
Zylinderhut, die Droschkenkutsche oder das Rösslitram. Das Theater liege
im Sterben; es könne sich nicht selbst erhalten und müsse eben mit
grossen Kosten von der Stadt erhalten werden. Als ein besonders typisches

und abschreckendes Beispiel einer Theateraufführung wurde immer ‹Lohengrin› genannt. Dieser Held mit Silberschuppen und dieser Schwan, der ruckweise mit einer Schnur gezogen wurde, und diese Bäume, halb naturalistisch und halb stilisiert. Eben alles nur halb. ‹Du lieber Schwan›, ja du lieber Schwan.

Die Zukunft gehöre dem Film. Aber auch nicht dem jetzigen Film mit seinen Liebesgeschichten, mit seinem Pathos und seiner vermeintlichen Tragik. Nein, dem Film, der dem wirklichen Schauen gilt. So war an einer kleinen dadaistischen Filmaufführung, die im Kunsthaus stattgefunden hat, eine halboffene Hand zu sehen, eine Arbeiterhand. Auf dieser halboffenen Hand sind Ameisen herumgekrochen. Es war nun interessant zu sehen, wie einige Ameisen an gewissen Stellen der Hand stehen blieben, während andere schnell um die Hand herumkrochen. Das alles war sehr eindrucksvoll und rätselhaft. Man fragte sich, wieso man gerade auf eine Hand mit Ameisen gekommen sei. Auf einem anderen kurzen Filmstreifen waren aufeinandergestapelte Teller zu sehen, so wie man sie etwa in der Küche eines grossen Restaurants oder in einem ‹Office› sieht. Neben diesen aufgestapelten Tellern war ein Ausschnitt eines wunderbaren nackten, pfirsichartigen, warmen Mädchenkörpers erschienen. Am gleichen Abend wurden auch abstrakte Gedichte und kleine dadaistische Prosastücke vorgetragen. Wiedergegeben wurde der reine Klang an sich und der Rhythmus der Worte, ohne dass die Worte etwas mitgeteilt oder einen Sinn gehabt hätten.

Wie habe ich innerlich lachen müssen, als bei einer dadaistischen Aufführung im Kaufleutesaal die guten Bürger gekommen waren und mit gutem Schweizergeld den Eintritt und ihre Plätze bezahlt haben. Das Geld stand ja in gar keiner Beziehung zu dem, was in der Aufführung geboten wurde. Einerseits war das Geld viel zu ernst, war viel zu sehr mit Schweiss, mit Sorgen, mit schwerer oder mit eintöniger Arbeit erworben worden. Anderseits war die dadaistische Aufführung gar nicht mit Geld zu bezahlen. Sie hätte bezahlt werden können mit Applaus, mit Wein, mit Singen, mit Jubeln, oder mit einem Kuss, aber niemals mit Geld.

Für jenen Abend hatten wir, Alice Bailly und ich, ohne Wissen der Dadaisten, ein etwa fünfzehn Meter langes und etwa dreissig Zentimeter breites Band aus Goldpapier angefertigt. Auf dieses Band wurden Bäume, Pelikane, Elefanten, Affen, Ziegen und Kühe, die aus farbigem Papier geschnitten waren, aufgeklebt. Mit diesem schwebenden goldenen Band sind wir, Alice Bailly und ich – wir waren beide schwarz gekleidet – durch den Zuschauerraum und auf die Bühne gegangen und haben dort den Hauptdarsteller mit diesem goldenen Band bekränzt.

Lustig ist, dass, als meine gute Tante Marietta in der Zeitung von dieser dadaistischen Aufführung gelesen hatte und davon auch, dass Alice Bailly und ich den Dadaisten eine Ovation dargebracht hatten, sie mich ganz ernsthaft fragte: ‹Du, Augusto, sag, wäre diese Alice Bailly nicht jemand zum heiraten?› Die gute Tante hätte mich allzugerne verheiratet gesehen.

Und wie hat, von mir aus gesehen, der ganze Dadaismus gewirkt? Die Voraussetzungen bei mir waren ganz andere als bei Hans Arp oder bei Tristan Tzara. Ich war als Bergeller schon von Hause aus sehr ernst. Ich kam aus Florenz, und mein Gott war Fra Angelico. Es wäre mir ganz unmöglich gewesen durch dick und dünn mit den Dadaisten zu gehen, ohne gegen mich selbst Verrat zu begehen. So habe ich damals, während dieser Begegnung mit ihnen, es war 1917, ruhig und glücklich an den Pastellentwürfen und an den Kartons für meine Glasfenster für die St. Martinskirche in Chur gearbeitet. Es waren meine ersten Glasgemälde.

Aber anderseits empfand ich für die Dadaisten immer eine warme Sympathie und eine warme Freundschaft. Auch ich hatte ja viele Jahre früher, als es noch keine Dada gab, und wo man von Abstraktion noch gar nichts gehört hatte, ganz allein in Paris, im Jardin des Plantes, mit meinen abstrakten Farbenstudien begonnen, die auf Valeurs und auf Quantität einer Farbe gingen. Und der ‹holde Wahnsinn› der Dadaisten in unserer nüchternen, trockenen und vernünftigen Welt war herrlich.

TUNIS

Ende März, gegen Mittag, bei tiefblauem Himmel mit weissen Wolken, ist von Marseille aus das weisse Schiff hinausgefahren, das mich nach Tunis bringen sollte. Es war das Schiff ‹Mustapha›. Ein eigenes Gefühl war das, nun ins Unbekannte hinauszufahren, gegen Afrika zu. Das Schiff war weiss, weiss waren die Uniformen der Matrosen und der Offiziere, weiss waren die grossen Seemöwen, die um das Schiff geflogen sind, weiss waren die runden Wolken, alles war weiss. Ich hatte eine Einzelkabine bestellt; als ich aber auf dem Schiff ankam, hiess es, es sei nur eine Zweierkabine frei. Durch ein Trinkgeld an den Steward ist es mir dann gelungen, eine Kabine zu bekommen, in der ich allein war. Langsam ist das Schiff hinausgefahren, am Château d'If und an den kleinen Inseln vorbei, die dem Hafen von Marseille vorgelagert sind. Dann hat es das offene Meer erreicht und hat in voller Fahrt die Überquerung des Mittelmeers begonnen. Marseille lag schon weit zurück und war kaum mehr zu erkennen. Ein leises Heimweh und ein leises Frösteln war über mich gekommen. Aber der Nachmittag war schön, die Sonne schien, und man fuhr an einer kleinen unbewohnten Insel vorbei. ‹Wenn man hier leben würde?› habe ich mich gefragt. Aber in den Sinn gekommen war mir eine andere Sache, nämlich die, dass ein Kunstwerk in erster Linie für den Künstler da ist, der das Kunstwerk geschaffen hat. In erster Linie bedeutet es für ihn Zwiesprache, Erlösung und Glück. ‹O namen-, namenlose Freude›, hatte Beethoven ausgerufen. Wenn das Kunstwerk auch den Mitmenschen Trost, Erhebung und Glück bedeutet, wenn es ‹ein Kuss der ganzen Welt› sein kann, dann umso schöner.

Als es Abend wurde und es dunkel zu werden begann, und das Schiff ununterbrochen weiter fuhr, wäre ich am liebsten zum Kapitän hinaufgegangen, um ihn zu fragen, ob wir nicht doch wieder nach Marseille zurückfahren wollen, so sehr war das Heimweh in mich eingedrungen. Die Nacht war stürmisch. Mein Mantel, den ich in der Kabine aufgehängt hatte, hing nicht senkrecht herunter, sondern stand schräg zur Wand, stand unten heraus. Ein Zeichen, dass das Schiff schräg stand. Ich war schwer seekrank. Am besten war es, wenn ich vollständig ruhig auf dem Bett liegen blieb, ohne die geringste Bewegung zu machen. So hörte ich immer den Gong, der zum Frühstück, zum Mittag- und zum Nachtessen rief. Aber es ging mich nichts an, denn beim blossen Gedanken, dass man essen sollte, wurde es mir übel. Im Laufe des Vormittags ist trotz des Sturms ein Sonnenstrahl durch die Wolken gekommen, und von meinem Bett aus sah man schräg hinauf durch das runde kleine Schiffsfenster hohe, helle Felsen, die von der Sonne beleuchtet waren. ‹Afrika›, habe ich freudig und still in mir ausgerufen. Am Abend, als es dunkel wurde, haben sich die Wellen gelegt, und das Schiff fuhr langsam durch den Kanal von Tunis dem Hafen zu. Ich bin auf Deck gestiegen; die Seekrankheit war vorbei, ich zündete mir eine Zigarette an und war guter Dinge. Reizvoll waren die roten und die grünen Signallichter, die man im Dunkeln sah, und im Hintergrund die vielen Lichter der Stadt, die eine waagrechte dünne Linie bildeten. Später habe ich dann versucht, diesen Eindruck der Einfahrt in Tunis in einem Pastell festzuhalten.

‹Nous sommes des Grisons›, sagte der Direktor des ‹Tunisia-Palace› zu mir, als er mich ins Zimmer hinaufbegleitete und nachdem er durch meinen Einschreibezettel erfahren hatte, dass ich aus Stampa bin. Er war aus Disentis. So klein ist die Welt. Und nach dem Nachtessen, als ich wieder, mit einer gut brennenden ‹Camel› im Mund, einige Schritte am Quai dahinging und herzlich froh darüber war, der Seekrankheit nun endgültig entronnen zu sein, und froh und leicht afrikanische Luft einatmete, haben mich zwei Herren, denen ich begegnet war, fest angeschaut und sind halbwegs stillgestanden. ‹Das könnte genau der Giaco sein›, hat der eine von ihnen gesagt, und gleich darauf ‹das ist er auch› und ist auf mich zugekommen; wir drückten uns die Hand und lachten herzlich. Es waren die Maler Wilfried Buchmann und Bally, die auch im gleichen Hotel wohnten wie ich. Mit Buchmann war ich seinerzeit in der Kunstgewerbeschule in Zürich und später in Paris an der Rue de Nesles gewesen, so dass wir uns gut kannten. Wir nannten ihn ‹Büechmel›. Später nannten ihn die anderen ‹Buché›. Diese Begegnung in Tunis war hübsch. Wir waren gegeneinander sehr rücksichtsvoll; wir haben einander nicht gestört; jeder ging seinen eigenen Weg, arbeitete oder arbeitete nicht, und man sah einander erst am Abend nach dem Nachtessen und auch dann nicht immer. Das alles schätzte ich sehr.

Man fühlt sich in Tunis schon sehr weit von Europa entfernt, man hat ‹Distanz› dazu. Klein, nervös und zappelig kommt einem Europa vor. ‹Ja, vielleicht ist Europa das Gehirn unseres Planeten›, sagt man sich, ‹aber es ist sicher nicht sein Herz›. Und wenn man an die ewigen Auseinandersetzungen und an den ewigen Antagonismus Deutschland – Frankreich

dachte, der damals herrschte, so war es einem, als müsse man beide durch-
hauen, wie man das bei unartigen Kindern tut, und ihnen zurufen: ‹Wollt
ihr endlich einmal Vernunft annehmen und ruhig sein.› Es ist, als ob man
in Tunis die Grösse, die Langsamkeit und die Schwere des afrikanischen
Kontinents fühlte. Die grossen braunen Kamele, die aus dem Süden kommen, von einer dunkelhäutigen Berberin geritten und von einem braunen
Berber geführt, und die schweigsam an einem vorbeiziehen, haben Grösse
und Schönheit. Was sind unsere Dancings, unsere Bars, unsere Herren-
modegeschäfte und unsere Übersetzungsbureaux daneben? – An einem
Nachmittag ist französische Artillerie durch die Strassen gefahren. Ich habe
zugeschaut, und ein leiser Stolz ist in mir aufgestiegen. ‹Das haben wir
gemacht; das ist in Europa gemacht worden›, sagte ich mir und habe zugeschaut, wie die vorbeifahrenden nagelneuen Kanonen auf die Araber
wirken würden. Aber sie haben keine Miene verzogen.

Da ich doch einmal nach Kairouan, das südöstlich von Tunis liegt, fahren wollte, und da Buchmann und Bally auch hinfahren wollten, haben
wir abgemacht, dass wir zusammen fahren könnten, und zwar mit einem
Mietauto. Der Chauffeur hat uns schon für sechs Uhr am Morgen bestellt.
Die Morgenluft war frisch und angenehm, und so sind wir losgefahren.
Das Auto war nicht komfortabel, sondern war ein schmaler, ausrangierter,
offener Wagen, der stark holperte, und worin man schlecht und hart
gesessen ist wie in einer Sardinenbüchse. Ich sass vorne beim Chauffeur,
die beiden anderen hinten im Wagen. Und doch war das die schönste
Fahrt im Auto, die ich je mitgemacht habe. Durch ein unbekanntes Land
zu fahren, und zudem in Afrika, gehört wohl zum Interessantesten, was
man sich vorstellen kann. Schon nicht weit ausserhalb Tunis haben wir
französische Soldaten gesehen, die offenbar auf dem Marsch waren und
nun ausruhen sollten, und die oberhalb der Landstrasse am Strassenrand
sich hingelegt hatten. Wie das Zinnoberrot der Hosen, das Braun der
offenen Brust, der Hände und der Köpfe der Soldaten und die kleinen
Quantitäten des Weissgelbs der Hemden zum Gold des Terrains standen,
war unsagbar schön. ‹Schau, schau›, haben wir uns unwillkürlich und
schnell zugerufen, und dann waren wir schon wieder vorbei. Wie war der
Himmel in Enfidaville durchsichtig und leuchtend hellgrün und von einer
solchen Helligkeit, die mich beständig an Maloja erinnerte. Ja, meine
armen Pastellstifte, die ich aus Zürich mitgenommen hatte, waren alle viel
zu dunkel und viel zu schwer. Das hatte ich schon in Tunis erfahren. Sie

wirkten so unangenehm wie dicke wollene Strümpfe im Hochsommer.

Allmählich wurde die Strasse schmäler. Wir fuhren durch eine Art Steppe. An beiden Seiten des Weges war Gras, das durch den Wind niedergehalten wurde. Von Zeit zu Zeit fuhren wir an niedrigen Gebüschen vorbei, aber kein Haus war zu sehen, nichts, als unser Karren plötzlich stehen blieb! Es war nichts zu wollen. Wir stiegen aus und schauten umher. ‹Wenn jetzt ein Löwe kommen würde›, hat Buchmann gesagt. ‹Was werden wir machen, wenn das Auto wirklich nicht mehr fährt?›, fragte ich mich. Nach langem Suchen und nachdem der Chauffeur unter den Wagen gekrochen war und die Störung entdeckt und behoben hatte, konnten wir wieder einsteigen. Der Karren fuhr wieder. Eine schmale Steinbrücke führte uns über einen gänzlich ausgetrockneten Bach. Der Chauffeur musste sich bücken und ordentlich zielen, um den Wagen in die schmale Brücke einfädeln zu können. Gegen Mittag waren wir in Kairouan, das 193 Kilometer von Tunis liegt, angekommen. Es war heiss geworden. Die Stadt ist viel unberührter geblieben als Tunis und wirkt märchenhaft. Man sollte dort einige Wochen bleiben können. Es hat europäische Hotels, und am Mittag gab es sogar ‹Saumon du Rhin›. Bally erklärte sofort, er esse das nicht. Wir andern, Buchmann und ich, die vielleicht weniger ängstlich und vielleicht bescheidener waren, haben in Afrika Rheinsalm gegessen. Auf der Strasse in Kairouan trafen wir einen Wasserverkäufer an, der uns Wasser zum Kauf anbot. Er trug das Wasser auf dem Rücken in einem Ziegenfell, das zugenäht war. Mit der linken Hand hielt er die Öffnung des Felles zu, damit das Wasser nicht herausfliesse. Um uns zu zeigen, wie sauber das Wasser sei, liess er in eine braune, flache Schale, die er in der rechten Hand hielt, etwas Wasser heraus. Das war wunderbar. Ich habe zum ersten Mal in meinem Leben gesehen, was eigentlich Wasser ist. Dieses unbeschreibliche, kostbare, durchsichtige, glitzernde Etwas, das man trinken kann. Ja, wir mit unseren Wasserleitungen und mit unseren Wasserhahnen, die man beliebig öffnen und schliessen kann, wir haben uns alles verdorben.

Im Hotel fragte man uns, ob wir uns einer kleineren Gesellschaft anschliessen möchten, die unter der Leitung eines Kunstverständigen die Moscheen von Kairouan besichtigen wolle. Buchmann protestierte sofort und antwortete mit Vehemenz, es falle ihm gar nicht ein, das ‹Geschnorr› eines Führers anzuhören, er ziehe es vor, während des ganzen Nachmittags einen Stumpen nach dem anderen zu rauchen. Es war selbstverständlich eine Reaktion gegen die kunsthistorische Betrachtungsart, die uns, ich muss es auch sagen, oft auf die Nerven geht. Uns auf die Nerven geht, weil diese Betrachtungsart meistens an dem Kern der Sache vorbeigeht und immer nur Jahreszahlen bringt und immer nur von Schulen, von Einflüssen und von Dynastien spricht und das eigentlich Künstlerische kaum erwähnt. Diese kunsthistorische Betrachtungsart geht immer nur um den Brei herum. Sie ist für uns ungeniessbar. So sind wir im Freien vor ein arabisches Café gesessen und haben aus grossen Schalen einen wunderbaren arabischen Tee getrunken, der aus vielerlei Blumen und Kräutern des Landes gebraut war. Man hat über Malerei gesprochen; dann sind unsere Gedanken weit zurückgewandert zu den Zeiten, als wir noch an der Kunstgewerbeschule in Zürich waren, und die Namen der Schülerinnen, die mit uns in der Schule waren, sind aufgetaucht, und wir nannten uns Anna Sprüngli, Gertrud Escher, Frieda May, Clara Suter, Marie Stiefel, Elisabeth Altenburger und andere Namen mehr. Die Schülerinnen waren für uns in der Schule, die manchmal trocken war, wie eine Art Sonne. Und so war es hübsch, dass wir uns auch in Afrika ihre Namen genannt haben. Uns schräg gegenüber, auf dem flachen Dach eines Hauses, war Wäsche aufgehängt, hellrote, hellgrüne, blaue und weisse Wäsche, die fröhlich und unbeschwert im Winde flatterte. ‹Das gefällt dir, nicht wahr?› sagte Buchmann zu mir. Ja, es war herrlich, es war wie ein Symbol des Lebens.

Spät am Abend waren wir wieder in Tunis. Aber an ein Zubettgehen oder an Schlafen war nicht zu denken. Die Eindrücke des Tages waren zu gross, und die warme Frühlingsluft, die man während des ganzen Tages eingeatmet hatte, und der Duft der braunen afrikanischen Erde hatten einem das Blut aufgepeitscht und in Wallung gebracht. Es war einem, als ob man die Liebe zur Erde, zur wirklichen Erde spüren würde. So bin ich spät in der Nacht noch ganz allein durch das Labyrinth der schmalen Gassen von Tunis gewandert. Verträumt und selig und angenehm müde bin ich ins Hotel zurückgekehrt.

Diese Reise hat im Frühjahr 1931 stattgefunden. Aber das Land übt eine derartige Anziehungskraft aus, hat einen derartigen Charme, dass ich im folgenden Jahr, also 1932, wieder gegen Ende März, nochmals losgezogen bin, dieses Mal über Algier.

ALGIER

Ich wollte jetzt weiter nach Süden kommen, wenn möglich bis an den Rand der Sahara, wenn möglich bis Touggourt. Im Vergleich zu Tunis ist Algier grösser und grossstädtischer. Wie schön ist der Jardin d'Essais in Algier, und wie kühn waren die gradlinigen, grauen, stolzen englischen Kriegsschiffe, die im Hafen gelegen sind. Von diesen grauen Kriegsschiffen habe ich ein Pastell gemacht. Ich hatte Schwierigkeiten, in Algier Unterkunft zu finden. Alles war überfüllt. Schliesslich fand ich ein Zimmer in einem Hotel, das fast ausserhalb der Stadt lag. Obschon es erst gegen Ende März war, sah man am Morgen, bei hellem Sonnenschein, als ich aus dem Hotel kam, zahlreiche grosse Heuschrecken herumfliegen. Es war eigen; sie sind mit ganzer Wucht gegen die Hausmauern geflogen und sind dann durch den Anprall betäubt oder halb tot zu Boden gefallen. Es war, als ob sie blind wären. Vielleicht hat sie der helle, warme Frühling halb toll gemacht. Der Jardin d'Essais ist ein eigentliches Paradies. Man weiss, dass Renoir dort gewesen ist, und dass Bilder von ihm vorhanden sind, die dort gemalt wurden.

Sehr früh musste ich am Morgen am Bahnhof sein, um den Zug zu erreichen, der nach Constantine fuhr. Es waren nur wenige Reisende da, die einstiegen, sodass ich im Coupé allein sein konnte. Spannend war es für mich zu erwarten, was jetzt kommen würde und wie dieses Nordafrika aussehen würde. Streckenweise fährt der Zug durch eine zerklüftete, steinige Landschaft, wo nichts wächst als einige kleine verkrüppelte Föhren. Dann kommen Strecken mit weitausgedehnten, riesigen Kornfeldern. Man fühlt sich nach Frankreich versetzt. Dann wieder andere Landschaften, die in der Nähe von Neuchâtel oder von Biel sein könnten, wo alles gepflegt und wo alles grün und gut bewässert ist. In einer steinigen, einsamen Gegend hat der Zug an einem kleinen Bahnhof angehalten. Dicht am Bahnhof standen die Eingeborenen mit vielen Eseln. Offenbar war Markttag. Um den Bahnhof waren lauter gelbleuchtend blühende Mimosenbäume. Wunderbar war das. Am Abend in Constantine angelangt, bin ich im Hotel Transatlantique abgestiegen, wo es beim Nachtessen steif, konventionell und langweilig zuging. An jedem Tisch stand unbeweglich ein Kellner in weissen Handschuhen. Man begreift nicht, dass man auch so weit im Süden, wo die Natur herrlich ist und wo man unbeschwert und frei leben könnte, dass man auch dort diese europäischen Hotelaffereien nachmacht und imitiert. Es war schon Nacht, als ich, ohne Plan, das arabische Quartier gefunden habe. Es liegt an einer Strasse, die ziemlich steil gegen den Fluss hinunterführt. Die Gegend schien ziemlich gefährlich zu sein, denn die Polizei patrouillierte mit aufgepflanztem Bajonett. Dementsprechend hatte ich meinen langen Regenmantel, den ich trug, sorgfältig von oben bis unten zugeknöpft. Ich trug ja mein ganzes Reisegeld bei mir. Was hätte ich dort unten machen müssen, wenn mein Reisegeld gestohlen worden wäre? Und trotzdem war die Versuchung gross, ja sehr gross sogar. An einigen Türen der Häuser war nämlich ein kleines Fenster ausgeschnitten, das vergittert war. Inwendig war der Raum hell beleuchtet. Man konnte also ganz nahe an das vergitterte Fenster herankommen und hineinschauen. Und was war darin? Darin waren arabische Mädchen. Der ganze Raum war mit Girlanden und mit roten und weissen Rosen geschmückt. Es war entzückend. Wenn man sich unter Tausendundeinenacht etwas vorstellt, so war es das. Die Mädchen sind einfach dagesessen ohne etwas zu tun. Eine hatte einen ovalen Spiegel in der Hand. Eine andere hatte einen breiten Gurt um den Leib. Der Gurt war vollständig mit glitzernden Steinen besetzt. Alles glitzerte. Und draussen auf der Strasse die patrouillierende französische Polizei mit aufgepflanztem Bajonett!

‹Soll ich hineingehen?›, fragte ich mich. Wohl acht- oder zehnmal bin ich die Gasse hinauf- und hinuntergegangen, ohne den Mut zu haben, irgend einen Entschluss zu fassen. Also wieder die Gasse hinauf und wieder hinunter. ‹Sei ein Mann, rauche Stumpen und Zigarren›, habe ich mir gesagt, um mich etwas aufzuheitern und um eventuell dem unsichtbaren Netz zu entrinnen, das sich um mich zu bilden begann, und das ich schon gut spürte. ‹Soll ich?› Und wieder fühlte ich mit der Hand nach, ob wirklich alle Knöpfe meines langen Regenmantels zugemacht waren. Aber sie waren alle zu. Durch eines der vergitterten Fenster hatte ich drei Mädchen gesehen, die wunderbar dasassen, ganz wie in einem Bild. Dasjenige, das in der Mitte sass, sah man von vorne. Die beiden andern rechts und links von ihr sah man im Profil. Alle hatten schöne, breite, herunterfallende Zöpfe. Alle sassen da, ganz ruhig, ohne zu lachen, die Hände im Schoss, ein wenig so wie Figuren von Burne-Jones. Es war schon spät in der Nacht, als ich ins Hotel zurückkehrte. Als Andenken an Constantine habe ich am anderen Morgen von einem Händler auf der Strasse ein grünes, seidenes Band gekauft, das ich jetzt noch habe.

El Kantara ist für Nordafrika das, was für die Westschweiz der Tunnel von Chexbres ist. Dort beginnt eine neue Welt, dort beginnt der Süden. Die Eingeborenen nennen El Kantara ‹Foum es-Sahara› (Der Mund der Sahara) und Fromentin nannte es ‹Die goldene Pforte›. Der Zug fährt durch mächtige Felsen und über einen schäumenden Bach; es könnte in Göschenen sein, – dann sieht man plötzlich hinunter in die dunstige, hellblaue Oasenlandschaft mit der Ebene von Biskra. Ergreifend ist das. Man traut seinen Augen kaum, und zugleich ist es einem, als ob man irgendwann, in einem früheren Leben, das schon einmal gesehen hatte. Von einer ganzen Wehmut wird man erfasst, so wie wenn man nach vielen Jahren das Elternhaus wieder sehen würde. Was ist das? Kommen wir ursprünglich von dort? Oder sind es Erinnerungen an biblische Szenen, die man in der Kindheit hat erzählen hören, oder an biblische Szenen, die man damals auf Bildern gesehen hat? Die hellblaue Landschaft, mit den ausgedehnten Palmenwäldern, ist ganz in Pastelltönen gehalten und könnte von Turner gemalt sein, so phantastisch und unwirklich ist sie.

Bald ist man in Biskra. Nur wenige Fremde waren im Hotel Viktoria, wo ich wohnte. In den letzten Tagen meines Aufenthalts, als es schon heiss zu werden begann, waren nur ein junges englisches Mädchen und ich im grossen Speisesaal. Wir sind so weit als möglich voneinander gesessen, ohne je einander ein Wort zu sagen. Sie sass in einer Ecke des Saales und ich in der gegenüberliegenden, also in der Diagonale. Erst als ich schon abgereist und schon in Touggourt war, kam es mir in den Sinn, dass es eigentlich schade gewesen sei, dass ich ihr doch hätte sagen können: ‹I love you.›

Das eigentliche Leben in Biskra spielt sich am Abend ab, in der Querstrasse, wo die Ouled Naïl sind. Ja, die Ouled Naïl. Einige Pastelle habe ich von ihnen gemacht, immer im Freien, auf der Strasse oder in einem Hof, oder vor ihren Haustüren. Die Mädchen können nur arabisch, aber ein kleiner Araberbub, den ich gemietet hatte, und der in der Schule etwas Französisch gelernt hatte, diente als Dolmetscher zur Feststellung des Preises, den ich den Mädchen als Modell bezahlen musste. Der kleine Araberbub war köstlich. ‹Il ne faut pas deranger le peintre›, rief er mit wichtiger und ernster Miene aus und suchte die grosse Schar von Kindern und von Erwachsenen zurückzudrängen, die mein angefangenes Pastell sehen wollten. Ihr ganzes Vermögen tragen die Ouled Naïl in Form von französischen Goldstücken um den Hals. Das sieht sehr hübsch aus.

Einige haben eine dreifache Halskette, alles mit Goldmünzen behängt. Man wundert sich, dass ihnen das alles nicht gestohlen wird. Eine Hauptaktion und fast eine rituelle Handlung war das Bezahlen des Sitzungsgeldes an das Modell. Das spielte sich auf der Strasse in aller Öffentlichkeit ab. Alle Vorübergehenden und Anwesenden hatten sich zu uns herangedrängt. Ich stand aufrecht da, und vor mir stand aufrecht das Mädchen, das mir seine Hand entgegenhielt. Auf seine Hand habe ich dann laut zählend, dass alle es hören konnten, das Geld ausbezahlt. Ein allgemeines Nicken mit dem Kopf, deutete mir an, dass man mit mir zufrieden war, und dass bei der ganzen Angelegenheit alles mit rechten Dingen zugegangen war. Ich habe mich noch nie so wichtig gefühlt wie in Biskra bei der Bezahlung des Modells. Eines der Mädchen, das ich gemalt habe, trug von oben bis unten ein knallgelbes Kleid aus rauschender, glitzernder Kunstseide. Und um ihren Hals die französischen Goldmünzen.

Der Zug, der von Biskra nach Touggourt fährt, ist wegen der Hitze weiss gestrichen. Dieser weisse Eisenbahnzug, der sich durch den weissgelben Sand schlängelt, wirkt unglaublich schön. Man fährt der Sahara zu; das Unwirkliche beginnt. ‹Région du Sahara› stand auf einer Holztafel an einer Sanddüne weit ausserhalb Biskra. Man ist ganz gerührt. Der Zug fährt streckenweise an Salzseen – dann über ausgetrocknete Flüsse, dann an Palmenpflanzungen vorbei. ‹Siffler› stand auf einer Holztafel, als Warnung an die Lokomotive, dass sie pfeifen soll, da ein unbewachter Bahnübergang zu passieren war. Man ist erstaunt darüber, dass im Zug ein Speisewagen mitgeführt wird, und dass man dort gute Sachen bekommt, wie wenn man in Europa wäre. Es gab als Hors d'œuvre Sardinen und Oliven, Salami und Thon. Das alles stand so sehr im Gegensatz zu der umgebenden Landschaft, wo man, auf sich allein angewiesen, elendiglich verhungern und verdursten könnte.

Es war abends neun Uhr, als der Zug in Touggourt ankam. Es war schon Nacht. Als man vom Zug ausstieg, trat auf hohen weichen Sand. Eigen war das. Ein verlottertes, altes Auto stand bereit, um die wenigen Gäste ins Hotel zu führen. Im Wagen hatte ich in der letzten Sekunde noch Zeit, schnell meinen Fuss hereinzuziehen. Denn schon war ein grosser Neger daran, ohne zu schauen mit aller Wucht die Türe des Wagens zuzuschletzen. Ganz allein bin ich dann noch mit einer Petroleumlampe an einem kleinen Tisch im Freien im Hof des Hotels gesessen. Die Sterne waren gross und hell und schienen ganz nahe zu sein, und die

Stille, die man wirklich zu hören glaubte, war wunderbar. Wie weit weg war jetzt Europa, und wie weit weg war der ganze europäische Betrieb. Wie gerne hätte ich gewünscht, dass meine Mutter mit mir diesen Himmel gesehen und diese Stille empfunden hätte. Touggourt ist die letzte Eisenbahnstation. Es hat kein elektrisches Licht. Man kehrt zurück zur Petroleumlampe und zur Kerze. Im Hotel wickelte man, um das Eau-de-Vichy einigermassen frisch zu halten, nasse Tücher um die Flaschen. Die Türen der Zimmer gingen direkt ins Freie auf einen langen Balkon, zu dem man durch eine äussere Treppe gelangte. Die Türen waren als Jalousien gebaut, damit im Zimmer immer Luftzug vorhanden sei.

Aber wie schön waren die haushohen Sanddünen, die ausserhalb Touggourt sich einander folgten. Als ich mit meinem kleinen Berberbub, den ich aufgetrieben hatte, damit er mir einen Teil der Malsachen trage, dort hinausgegangen war und wir schweigend nebeneinander eine Düne nach der anderen bestiegen hatten und ich immer weiter ging, hat er zu mir hinaufgeschaut und mich schliesslich gefragt:

‹Mais où est-ce que nous allons?›

‹A Tombouctou›, antwortete ich. Der Berberbub lächelte. Er wusste also doch, wie weit weg Tombouctou ist. (Die Raupenautos Citroën hatten 1923 für die Fahrt durch die Sahara von Touggourt nach Tombouctou, zwanzig Tage gebraucht.) Auf einer hohen Düne angelangt, entliess ich den Bub, setzte mich hin und begann ein Pastell mit der Dünenlandschaft, mit einem Marabu und, weit in der Ferne, einigen Palmen. Merkwürdig war das, so ganz allein in dieser Einsamkeit zu sein. Hatte ich Angst? So weit das Auge reichte, sah man nichts als Sand und wieder Sand. Es war eine Landschaft von unbeschreiblicher Grösse. Ich werde diesen Eindruck nie vergessen.

Auf der andern Seite, schon ausserhalb der Stadt, war ein Haus, das allein dastand. Als ich zufällig vorbei kam, konnte ich am Haus die durch die heisse Sonne und durch den heissen Sand stark verwitterte Schrift lesen: ‹École de musique›.

Also in dieser Sandwüste war eine École de musique. Das war rührend.

MEINE AUSSTELLUNG BEI
BERNHEIM-JEUNE IN PARIS 1933

Um von meiner täglichen Arbeit in Zürich Abstand zu gewinnen, aber namentlich und vor allem um Paris wieder zu sehen, bin ich während einer ganzen Reihe von Jahren, gewöhnlich Mitte Dezember, nach Paris gefahren. Wenn die Heilsarmee ihre Töpfe am Bellevueplatz und sonst in den Strassen Zürichs aufstellte, reiste ich gewöhnlich ab. Eine grosse Unruhe ergriff mich jeweils. Die Kälte, die schon Mitte Dezember herrscht, habe ich als angenehm empfunden, gewissermassen als Bestätigung, dass es wirklich Winter ist und ich also abreisen dürfe. Im Bahnhof in Basel bin ich ganzen Scharen von jungen Sportsleuten begegnet, die lärmend und aufgeregt, mit farbigen wollenen Handschuhen, mit farbigen Mützen, mit farbigen Pullovern, mit Ski und Skidress, in die entgegengesetzten Richtung gefahren sind, hinauf nach Graubünden, der Sonne zu. Ich fuhr hinunter in die Ebene, in den Nebel, in den Russ der Fabriken, in das im Winter nie ganz Tag werden wollende Paris. Eigen, wie im französischen Bahnhof in Basel alles schon anders ist. Man wird im Wartsaal eingesperrt bis einige Minuten vor der Abfahrt des Zuges. Das kleine Buffet, das im Wartsaal ist, ist schon irgendwie verschieden vom grossen Buffet im SBB-Bahnhof, und beim Essen der Schokolade, die man am erstgenannten Buffet gekauft hat, denkt man, sie sei ein wenig ‹sandig›, als ob es schon ausländische Schokolade wäre. Die Frau, die sie verkauft, spricht noch gut Baseldeutsch, der französische Bahnhof ist ja keine Enklave, er ist noch auf gutem Schweizerboden, und doch ist man im Geiste und im Gefühl schon in Frankreich. Dann der Augenblick, wie die Türe des Wartsaals geöffnet wird und man hinauseilt, um im dampfenden Zug einen Platz zu besetzen. Herrlich war dieser dampfende Zug in der morgendlichen Dezemberkälte. Ich habe diesen warmen Dampf immer mit Wonne eingeatmet. Und eigen war der Unterschied der französischen Coupés zweiter Klasse im Vergleich zu unseren Zweitklasswagen. Es war so, als ob unsere soliden, starken, tadellosen Zweitklasscoupés für solide, brissagorauchende und mit goldener Uhrenkette behangene und mit Ehering versehene Nationalräte gebaut wären. Die französischen Zweitklasswagen waren für Damen gebaut.

Im Winter, im Dezember, ist mir Paris immer am schönsten vorgekommen am Nachmittag gegen vier Uhr, wenn es dunkel zu werden beginnt, und wenn langsam das Rot, das Grün und das Blau der Lichtreklamen erwacht. Dann liegen Häuser, Strassen und Himmel in einem dunklen, warmen Grau; man ist selbst in diesem Grau wie in einem Pelz eingebettet, und Paris ist dann durch den enormen Verkehr am dichtesten. Eine Fahrt im Taxi durch das Gewühl der riesigen Stadt ist dann ein unvergleichlicher Genuss, den man nie vergisst. Wallisellen ist nichts dagegen.

Jeder hat seine Lieblinge. Auch ich habe meine Lieblinge gehabt, die ich jedesmal in Paris aufgesucht habe, wie um zu sehen, ob die Werke noch da sind, und wie als ob es sich um eine rituelle Handlung handeln würde. Im Musée de Cluny die Gobelins mit der ‹Dame à la licorne›, die Luca della Robbia und ‹Limoges› mit dem schönen blauen Grund und mit den hellen Figuren. Dann die Schweizer Kabinettscheiben. Im Pantheon selbstverständlich Puvis de Chavannes. Das Pantheon ist eigentlich ein Gebet, Paris möge nie mehr vom Feind überfallen werden. Deshalb ist das Wandbild dort mit Sainte Geneviève, die die Stadt bewacht. Im Louvre in der ‹Salle carrée› den Raphael mit Maria und dem Christuskind. Dann im langen Saal das Portrait von Velázquez, das Mädchen mit den langen Haaren, dann die ‹Pélerins d'Emaus› von Rembrandt und natürlich von jeher schon die italienischen Primitiven mit Angelico. Es hatte einen besonderen Reiz und eine besondere Schönheit, Jahr für Jahr diese Sachen zu sehen. Man wurde immer älter, und man wunderte sich darüber, dass man immer noch da war, und dass man immer noch kommen durfte. Und, dass diese Sachen immer da waren, unverrückbar und immer an der gleichen Stelle, war einem wie ein Halt und eine Zuversicht. Es war ja gleich, was mit einem geschehen würde. Wenn nur diese Sachen immer da wären.

Aber dieses Mal kam ich nicht im Winter nach Paris; es waren die lauwarmen Tage der zweiten Hälfte März, man sass im Freien vor dem Café de la Paix, und ich war gekommen, um meine Ausstellung bei Bernheim-Jeune zu sehen. Die Ausstellung war das Werk meines Freundes Max Kaganovitch. Ich hatte ihm nur die Bilder gegeben, alles andere hatte er besorgt. Und alles hatte eine grosse Arbeit verursacht. Keine so grosse Arbeit, wie jetzt der Bau des interkontinentalen Flugplatzes in Kloten, aber immerhin. Ich kam einige Tage vor der Eröffnung. Paris ist Mitte März wunderbar. Die Springbrunnen in den Champs Elysées waren so, wie wenn sie den Frühling verkündeten. Am Nachmittag war ich oft mit Johann von Tscharner zusammen, der damals zufällig auch in Paris war.

Bundesrat Motta und Bundesrat Meyer hatten die Freundlichkeit, das Patronat der Ausstellung zu übernehmen, ebenso Minister Dunant in Paris. Ein hübscher illustrierter Katalog war erschienen mit Beiträgen von Daniel Baud-Bovy, Charensol, Paul Fierens, François Fosca, Maximilien Gauthier, Paul Hilber, Walter Hugelshofer, Erwin Poeschel, Gaston Paulain und Marcel Zahar. Zur Eröffnung kam mit Minister de Monzie und mit Minister Dunant auch André Dezarrois, der Konservator der nationalen Museen in Paris. Von Schweizer Malern kamen Cuno Amiet, Max Hunziker, Max Gubler, Johann von Tscharner und viele andere mehr. Es war ein ganzes Fest. Gegen Abend kam ein Herr auf mich zu und stellte sich vor – er heisse Silvestre! Ich war ganz gerührt. Wie oft hatte man zur Zeit von Hodler und von Righini, als ich noch ein hellgrüner Jüngling war, den Namen Silvestre gehört. Immer und immer wieder war sein Name aufgetaucht. In den Generalversammlungen der Gesellschaft Schweizerischer Maler, Bildhauer und Architekten hiess es immer: ‹Ja, Silvestre kommt.› Bilder von ihm sah man eigentlich nie, aber er war ein gefürchteter Kunstpolitiker. Righini und Vibert, die doch keine Angsthasen waren, fürchteten ihn. Es hiess, er habe Ambitionen, Präsident der Eidgenössischen Kunstkommission zu werden. Selbstverständlich hatte ich damals nie die Ehre gehabt, auch nur ein einziges Wort mit ihm zu sprechen. Dann war er verschwunden, und man hatte nichts mehr von ihm gehört. Und nun war er, ohne Einladung, gekommen, um meine Ausstellung zu sehen. War das nicht reizend?

An meiner Ausstellung bei Bernheim-Jeune hat das Musée du Jeu de Paume in Paris das Bild ‹Algier› (1932) erworben.

IN DER EIDGENÖSSISCHEN
KUNSTKOMMISSION

Als ich in die Eidgenössische Kunstkommission gewählt wurde, es war 1934, war Bundesrat Meyer Vorsteher des Eidgenössischen Departements des Innern. Daniel Baud-Bovy war Präsident und Sigismund Righini Vizepräsident der Eidgenössischen Kunstkommission. Departementssekretär war Dr. Fritz Vital.

Wie oft hatte man schon früher die drei letztgenannten Herren gesehen, in Bern, in Genf, in Zürich und, wenn ich gelegentlich aus Florenz nach Venedig kam, auch in Venedig. Sie waren schwarz gekleidet, und man wusste, dass eine wichtige Sitzung stattgefunden hatte, oder dass sie bevorstand. Man hatte sie auf der Strasse ehrerbietig gegrüsst, ohne die Ehre zu haben, mit ihnen zu sprechen. Auch wollte man nicht derjenige sein, der mit ihnen anbändelt, um irgendeinen Vorteil, etwa einen Ankauf oder einen Auftrag zu ergattern. So hielt man sich immer in einer gewissen Distanz, und nicht selten machte man einen grossen Bogen um sie und liess sie gehen.

Und nun sass ich da mit ihnen am gleichen Tisch, in einem Saal des Bundeshauses, war stimmberechtigt, konnte Vorschläge bringen und Anträge stellen. Eigen war das. Aber ich hatte mich für diesen Anlass auch hübsch gemacht. Ich trug meinen nagelneuen grauen Anzug, der aus handgewobenem Stoff hergestellt war, und zu dem man echte, gute Bündnerwolle verwendet hatte. Eine Freundin, die in Schweden gewesen war und dort das Weben gelernt hatte, hatte den Stoff gewoben und ihn mir geschenkt. Baud-Bovy, der auch Präsident der Eidgenössischen Kommission für angewandte Kunst war, und der von solchen Sachen etwas verstand und ein Auge dafür hatte, ist dann auch sofort zu mir gekommen und hat zu mir gesagt: ‹Mais c'est beau ça, c'est très beau.›

‹Hoffentlich auch›, dachte ich mir.

Gut erinnere ich mich noch an das Haupttraktandum am ersten Vormittag. Es handelte sich darum, unsere Abteilung für die Ausstellung der ‹Biennale› in Venedig vorzubereiten. Man hatte eine Liste von Künstlern zusammengestellt, die für Venedig eingeladen werden sollten. Man wollte Amiet eine grössere Wand geben, damit er gewissermassen als ‹pièce de résistance› wirke und wollte, um mehr Raum zu gewinnen, in unserem Saal in Venedig die zwei Zwischenwände aufstellen, die bereits vorhanden

waren, und die man früher schon benutzt hatte. Nun, ich habe Zwischenwände in einem Ausstellungsraum immer gehasst. Immer kamen sie mir
vor wie die Holzwände, die man in einem Rossstall aufstellt, damit die
Pferde einander nicht beissen. Auch von der Idee, neben Amiet noch
andere Künstler einzuladen, war ich nicht erbaut. Ich befürchtete, dass rein
ausstellungstechnisch das Ganze als Briefmarkensammlung wirken könnte.
Da man Amiet mit Recht eine grössere Wand geben wollte, so fragte ich
als Neuling die Kommission an, ob es nicht möglich wäre, Amiet den
ganzen Saal zu geben und auf die Zwischenwände zu verzichten, oder ob
da Verordnungen bestehen, die diese Lösung unmöglich machen. Nach
kurzer Diskussion war mein Vorschlag angenommen, worauf sich sofort
Milo Martin anmeldete, der sagte: ‹Wenn nur *ein* Maler eingeladen wird,
dann auch nur *ein* Bildhauer.› Worauf Hermann Haller als der einzula-
dende Bildhauer bezeichnet wurde. – Das war der erste Vormittag meiner
Anwesenheit in der Eidgenössischen Kunstkommission.

Als Kollege in der Kommission war der Bildhauer Zimmermann da. Er
sprach gewöhnlich nicht viel, wenn er aber etwas sagte oder einen Antrag
stellte, so hatte alles, wie man zu sagen pflegt, ‹Hand und Fuss›. Alles war
getragen von einer schlichten und ehrlichen Erfahrung. Dann war mein
Freund, der Architekt Risch, da. Zimmermann, Risch und ich bildeten in
der Kunstkommission, ohne es zu wollen, eine Art Klub, so dass Righini
doch ein wenig Angst vor uns hatte, wir könnten durch gemeinsames
Vorgehen oder durch gemeinsames Krachmachen irgendeinen von der
Kommission gefassten Beschluss wieder umstürzen. Mit mir eingetreten
war Dr. Oskar Reinhart. Als Neuling haben wir nebeneinander am ersten
Tag zuunterst am Verhandlungstisch gesessen. Dann waren da Madame
Métein-Gilliard, immer wohlwollend und immer guter Dinge, dann Luc
Jaggi, der uns oft von Rom erzählte, dann mein Freund Blailé, damals
noch mit seinem schwarzen Bart und damals schon mit seinen etwas ab-
stehenden Ohren. Er war damals auch Präsident der Gesellschaft Schweizerischer Maler, Bildhauer und Architekten und vertrat mit Vehemenz die
Interessen der Künstlerschaft. Immer trug er die Mitgliederliste der Gesellschaft bei sich, und man sagte in Neuchâtel, dass er auch immer mit
der Mitgliederliste unter dem Kopfkissen schlafe. Dann der gute und liebe
Otto Roos, jetzt schon durch den Tod von uns geschieden. Wie oft erzählte er uns von Kanada, wo er als Jüngling einige Jahre war. Von dem
grossen Strom, der grosse Baumstämme ans Land schwemmte. ‹Wir wer-

den uns, Sie und ich, immer verstehen›, hat er einmal auf der Fahrt von Davos nach Chur zu mir gesagt.

An einer unserer Hauptsitzungen (die Hauptsitzungen waren diejenigen, an denen die Vergebung der Eidgenössischen Kunststipendien vorgeschlagen und vorgenommen wurde), hatten wir beschlossen, Bundesrat Meyer zum Mittagessen einzuladen, und zwar um zwölf-einviertel Uhr im Kasino, wo wir selbstverständlich auch einen Tisch für zwölf Personen reservieren lassen wollten. Bundesrat Meyer hatte uns durch das Sekretariat wissen lassen, dass er sehr gerne kommen werde.

Unsere Verhandlungen waren an jenem Vormittag sehr angeregt. Es wimmelte nur so von Anträgen, von Gegenanträgen und von Wiedererwägungsanträgen, und man hatte sich derart in die Diskussion hineingehetzt, dass einem ganz heiss war und alle gegen alle Opposition gemacht haben – als plötzlich Milo Martin unvermittelt dem Präsidenten zurief: ‹Mais, nous avons bien invité Monsieur le Conseiller fédéral Meyer pour aujourd'hui!›, worauf sofort die Sitzung abgebrochen wurde und man ins Kasino eilte. Es war bereits ein Uhr. Ja, Herr Bundesrat Meyer sei da gewesen, sagte uns das Fräulein im Kasino, aber da niemand da gewesen sei, sei er wieder weggegangen. Natürlich hatten wir auch vergessen, den Tisch reservieren zu lassen. Daraufhin halbe Selbstmordgedanken unsererseits, aber nur halbe. ‹Harakiri›, sagten wir uns. Robbi gelang es dann, Bundesrat Meyer ausfindig zu machen und ihn zu bitten, doch wieder zu kommen, worauf selbstverständlich alles in Minne ablief.

‹Gerade bewanderte Gastgeber sind diese Herren der Eidgenössischen Kunstkommission nicht›, wird sich Bundesrat Meyer gesagt haben.

Als Bundesrat Philipp Etter das Eidgenössische Departement des Innern übernahm, hat sich die Eidgenössische Kunstkommission ordnungsgemäss teilweise erneuert. Neue Namen und neue Gesichter tauchten auf. Die Malerin Suzanne Schwob war da, immer sehr darauf bedacht, dass bei den Ankäufen, die der Bund tätigte, die Malerinnen und die Bildhauerinnen ja nicht zu kurz kommen. Dann war Dr. Hilber da, der bewährte Konservator des Luzerner Kunstmuseums. Seine Arbeit war für die Kommission immer äusserst wertvoll. Aber wenn wir ihn in Bern, nach einer Sitzung, fragten, wo wir gemeinsam zum Mittagessen gehen wollten, sagte er regelmässig: ‹Ja, wir gehen zu ‹Della Casa›.› Ich glaube, er war Aktionär und war am Geschäft beteiligt.

Nicht vergessen möchte ich unsere verehrten und lieben Präsidenten und Vizepräsidenten Daniel Baud-Bovy und Righini. Sie bildeten den eigentlichen Kern der Kommission; sie waren der feste Punkt in der Erscheinungen Flucht. Baud-Bovy, immer gelenkig und schmiegsam, als ob er ein Jüngling von fünfundzwanzig Jahren wäre, rauchte seine kleine englische Pfeife, war sehr aufmerksam für alles, was während der Sitzung vorging und trug seine Notizen mit Tinte in ein schwarzes Kollegienheft ein, was mir ganz besonders imponierte. Und du, Righini, der du nicht mehr bei uns bist. Wie war dir die Eidgenössische Kunstkommission ans Herz gewachsen. Und was bist du der ‹Gesellschaft Schweizerischer Maler, Bildhauer und Architekten› gewesen, als du ihr Zentralpräsident warst! ‹Wer die GSMB und A angreift, greift mich an›, hast du einmal gesagt. Wir hatten dich gern, wir reden auch jetzt noch oft von dir, wie du warst und was du sagtest. Die angewandte Kunst mochtest du nicht. Du nanntest sie einfach ‹das Glump›.

Und nicht vergessen möchte ich unsern damaligen Schriftführer der Eidgenössischen Kunstkommission, Dr. Fritz Vital. Seine rechte Hand war der Bündner Daniel Robbi. Es war herrlich, Vital zu sehen, wenn beim Sekretariat ein ganzer Stoss von unbegründeten Unterstützungsgesuchen eingegangen war und Dr. Vital entrüstet und empört mit der Hand auf den Aktenstoss schlug und – ‹das Lumpazüüg› ausrief. Wir hatten unsere helle Freude daran.

Schön waren unsere Reisen mit Vital, Baud-Bovy, Righini und Blailé zur Jurierung von Wettbewerben, die das Eidgenössische Departement des Innern ausgeschrieben hatte, oder zur ‹Abnahme› von Werken, die soeben fertiggestellt waren. Die Fahrt nach Lausanne zur Besichtigung der Wandbilder von Clénin im Bundesgerichtsgebäude. Dann die Fahrt nach Genf zur Jurierung des Wettbewerbs für die Malereien im Vökerbundsgebäude, wo Karl Hügin als Sieger hervorging. Dann wiederum die Fahrt nach Genf zur Abnahme des Wandbildes von Goerg-Lauresch in der Universität. Dann die Reisen nach Lugano und die Jurysitzung in Luzern, wo Erni den Auftrag für ein Wandbild im Bahnhof erhielt. Und nicht zuletzt die Reisen und der Aufenthalt in Venedig. Das alles war sonnig, interessant und reich.

Als mir die Ehre zuteil wurde, das Präsidium der Eidgenössischen Kunstkommission zu übernehmen – es war im Januar 1939 –, tauchten wieder neue Gestalten, neue Namen und neue Gesichter auf. Aus Freiburg kam Professor Adrien Bovy. Ernst und verschlossen, dabei eine ganze

Künstlerpersönlichkeit, wurde er uns in kurzer Zeit unentbehrlich. Ein Wort von ihm genügte, um etwa auftauchende Schwierigkeiten oder auftauchende Meinungsverschiedenheiten wieder aufzuheben. Dann war Architekt Metzger da. Klug und abwägend, intelligent und vorsichtig schaute er durch seine dicken Augengläser. Dann Dr. Wartmann. Man spürte gut, wie es ihm leid tat, dass man ihm seine kostbare Zeit wegstahl, die er gerne *seinem* Kunsthaus (dem Kunsthaus Zürich) gewidmet hätte.

Wenn uns ab und zu Bundesrat Etter während den Sitzungen im Bundeshaus in Bern besuchte, um uns eine wichtige Mitteilung zu machen oder um uns Richtlinien zu geben, oder aber auch nur um zu sehen, ob seine Kunstkommission überhaupt arbeite und wie sie arbeite, dann war das für uns immer eine Auszeichnung; wir waren stolz darauf und haben uns über den hohen Besuch herzlich gefreut.

Als Nachfolger von Dr. Vital kam als Departementssekretär und zugleich als Schriftführer unserer Kommission Marcel Du Pasquier und mit ihm Dr. Vodoz. Mit Du Pasquier war ich im Frühjahr 1942 in Venedig, um die schweizerische Abteilung an der ‹Biennale› zu installieren. Es war eine bewegte und eine interessante Zeit. Wir wohnten im ‹Danieli›, wo fast alle ausländischen Delegationen abgestiegen waren, und wo gewissermassen die Zentrale war. Alle Fäden kamen dort zusammen. Wir werden diese schönen und interessanten Tage in Venedig nicht so leicht vergessen, obwohl wir am Morgen zum Frühstück nur ein kleines Stück hartes Brot bekamen und sowohl Butter als Konfitüre ‹supponieren› mussten, wie es in der Militärsprache so hübsch heisst.

A. Blailé, Neuchâtel, Marguerite Frey-Surbek, Bern, Professor Dr. H. Hofmann, Zürich, Professor Dr. M. Huggler, Bern, H. von Matt, Stans, C. Reymond, Lausanne, und E. Unger, Genf, bilden jetzt – 1946 – mit mir die Eidgenössische Kunstkommission. Ihr liegt es ob, die Flamme der Begeisterung und die Liebe zur eidgenössischen Kunstpflege zu tragen und weiterzugeben. Ich bin davon überzeugt, dass sie es mit aller Entschiedenheit tut. Für mich ist es immer eine besondere Freude, die Mitglieder der Kommission, meine Kollegen, im Bundeshaus in Bern zu unseren Sitzungen begrüssen zu können und einige Tage mit ihnen zu sein. Es ist eigen: Jeder von uns hat zu Hause seine strenge Arbeit, seine Aufgaben, seine Schwierigkeiten, seine Niederlagen, seine Erfolge, sein Glück. Und dann trifft man sich eines Morgens in Bern, gut aufgeräumt und in guter Stimmung. Man sieht dann in sich und im Mitmenschen das ‹pauvre maladroit être humain› wie Ruskin sagte. Das alles hat eine besondere bernische, morgendliche Schönheit.

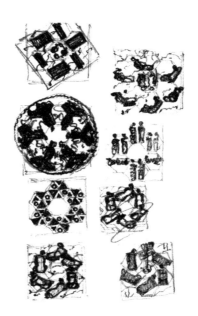

KRANKHEIT

Ich war in die internationale Jury für die Ausstellung der ‹Biennale› in Venedig gewählt worden und hätte zur Sitzung des Preisgerichts in der ersten Woche des Septembers 1942 nach Venedig fahren sollen. Aber es war merkwürdig. So oft war ich schon in Venedig, schon damals von Florenz und später von Zürich aus, und immer kam mir die relativ lange Reise wie ein Fest vor. Schon in Chiasso, wie die italienischen Bahnbeamten erschienen und die mir wohlbekannte, liebe und gutmütige italienische Art begann, war es schön. Dann der kleine Aufenthalt in Mailand, der bis zur Abfahrt des Zuges nach Venedig gewöhnlich zwei oder drei Stunden dauerte. Dann die Fahrt nach Venedig mit den Stationen Desenzano, wo man an Gabriele d'Annunzio dachte, dann Peschiera, worüber unser Lehrer Zaccaria in Stampa erzählt hatte, dann Ponte Lago Oscuro, wo man trotz des Namens weder eine Brücke noch einen dunklen See sah. Dann die Fahrt durch die Gegend, wo man die ersten Zypressen und die mächtigen, von der Abendsonne beleuchteten Wolken sah. Dann Mestre und der Geruch der Laguna und von weitem die ersten vereinzelten Lichter von Venedig!

Nur dieses Mal war mir in Gedanken das alles nicht als ein Fest vorgekommen. Im Atelier sitzend, hatte ich versucht, mir alle Herrlichkeiten der Reise vorzustellen, wie ich sie immer lebhaft empfand. Aber es war unnütz. Ich war unsagbar müde. Ein grosses Reissbrett, das ich für meine grossen Pastelle zu den Glasfenstern hatte machen lassen, habe ich im Atelier auf den Boden gelegt und bin darauf gelegen. Als Kopfstütze einige Bücher und darüber ein rotes Kissen. So unsagbar müde war ich, dass ich mich schon am Morgen, nach dem Frühstück, auf das Reissbrett hinlegte und, ohne zu essen, bis am Abend dort liegen blieb. Dann kam das Verhängnis. In der Nacht vom zweiten zum dritten September, morgens um drei Uhr, erwachte ich plötzlich. Ich konnte nicht mehr atmen. Es war furchtbar. Ich kam mir vor wie einer, den man ins Wasser geworfen hat, der nicht schwimmen kann und der erstickt. Dass nun der Tod kommen würde, war mir eine Gewissheit. ‹Du bist also fünfundsechzig Jahre alt geworden›, sagte ich mir. Soweit war alles recht. Aber die drei Chorfenster für die Wasserkirche waren noch nicht eingesetzt – ich würde sie also nie sehen; ich würde nie wissen wie sie wirken, und das war furchtbar. Ich bin aufgestanden, habe Licht gemacht, bin im Nachthemd einige

Male um den Tisch herumgegangen, unschlüssig, was ich tun sollte. ‹Du springst vom Balkon hinunter, dann ist alles aus›, sagte ich mir, und gleich darauf: ‹Ja, dann liegst du unten im Regen mit einem gebrochenen Bein, im Nachthemd, frierst und kannst doch nicht atmen. Anstandshalber musst du doch einen Arzt kommen lassen.› Da ich, ausser den jährlichen Erkältungen mit Angina und Schluckweh, eigentlich nie richtig krank war, hatte ich auch keinen Glauben an die ärztliche Kunst. ‹Es tut mir sehr leid, dass Sie nicht atmen können, aber da kann man nichts machen›, würde der Arzt sagen, dachte ich mir. Aber anstandshalber also doch einen Arzt rufen.

Gegen sieben Uhr morgens klingelte ich. Frau Rössler von der Pension, wo ich wohnte, kam und machte mir Essigumschläge. ‹Ja, das Herz, das Herz›, sagte sie. Unterdessen hatte Rössler acht verschiedene Ärzteadressen angerufen. Aber alle Ärzte waren entweder verreist oder waren im Militärdienst oder waren schon in Anspruch genommen. Aber der Achte kam. Es war Professor Dr. med. Karl Rohr. (‹Sie haben Glück gehabt›, sagte mir später Oberschwester Lydia, als ich ihr den Hergang erzählte.) Schon die ganze Art von Professor Rohr, dass er nicht viel sprach und dafür ganz bei seiner Arbeit war, und die Art, wie er meinen Arm anfasste, flösste mir Vertrauen ein. Da man Unbekanntes unwillkürlich an Bekanntes anschliesst oder vergleicht, so erinnerte er mich an meinen Freund Dr. Franz Riklin, von dem ich bereits erzählt habe. Also auch er unbedingt eine Künstlerpersönlichkeit, die weiss, dass zwischen Himmel und Erde mehr Sachen sind und sich mehr Sachen zutragen, als man gemeinhin anzunehmen scheint. Ich bekam Einspritzungen. Nach einer Weile war es mir schon, als ob ich mich besser fühlte, und nach etwa einer halben Stunde war alles vorbei, und ich konnte wieder frei und leicht atmen, wie wenn nichts gewesen wäre. Wie ein Wunder war das. Dann kamen die Mannen der Sanität, hüllten mich so wie ich war, im Nachthemd, in eine grosse wollene Decke ein, trugen mich die Treppe hinunter und legten mich in den Sanitätswagen. Dann wurde ich zur Klinik Hirslanden hinaufgeführt. Frau Rössler fuhr mit mir im Krankenwagen hinauf. Wie ist man, als alter Junggeselle, dankbar für alle Hilfe, die einem gewährt wird, und die man als gar nicht verdient empfindet. Man stand ja immer unabhängig ausserhalb eines Familienverbandes, man hat niemandem geholfen, und nun ist man erstaunt darüber, dass einem geholfen wird. Gute Frauen, wie sie in der Bibel genannt werden, kommen einem in den Sinn: Marta, Maria und die Magdalena.

Oben im Zimmer – ich hatte ein Eckzimmer – geniesst man eine wunderbare Aussicht über den See und gegen den Uetliberg. Ich hatte ja ganz im stillen zuhause Abschied genommen vom Leben und von der Welt, und nun war es für mich wunderbar, wieder die schöne Landschaft und wieder den Uetliberg zu sehen und mich wohl zu fühlen, wie wenn nichts geschehen wäre. Ich, der früher nicht an die ärztliche Kunst geglaubt hatte, war durch ärztliches Können gerettet worden. – Ja, der Uetliberg. Wie oft bin ich am Sonntag mit meinem Onkel und mit meiner Tante Torriani dort hinaufgefahren. Beide sind schon lange tot. Nur meine Erinnerung an sie ist noch da, aber für wie lange noch? Eine ganze Wehmut war bei diesen Gedanken in mich eingedrungen. Ich war zu Schwester Stephy gekommen. Nur am ersten Tag war sie abwesend; sie hatte ihren freien Tag, und so wurde ich zuerst von Schwester Margrit betreut. Die guten Schwestern von Hirslanden! Ich denke noch oft an sie. Sie haben einem über schwere Tage hinweggeholfen. Schon am ersten Abend hatte ich eine Nachtschwester bekommen. Sie hatte ein kleines Tischchen und Nähzeug in mein Zimmer gebracht und eine kleine grüne Nachtlampe. An diesem Tischchen, das sie in eine Ecke des Zimmers gestellt hatte, um mich nicht zu stören, hatte sie gearbeitet. Ich war ruhig eingeschlafen, im guten Gefühl, gut betreut zu sein. Bei der kleinsten Bewegung, die ich machte, war sie aufgestanden, war zu mir gekommen, hatte meine Bettdecke weiter hinaufgezogen, hatte mir die Schultern zugedeckt und hatte mich gefragt, ob ich gut liege, ob ich warm genug habe und ob sie ein wenig warme Milch holen solle. Das alles war für mich wunderbar und seltsam. Es war wieder genau so, wie meine Mutter vor vielen, vielen Jahren mit uns war, damals in Stampa, als wir kleine Kinder waren. Und nun kam das wieder – es war für mich wie ein Märchen. Nur war jetzt die Mutter viel, viel jünger als ich; es war Schwester Berty. Einige Jahre nachher – es war im Jahr 1944 – habe ich versucht, das Märchenhafte dieser Stimmung als Erinnerung in einem Bild festzuhalten. Es ist das Bild ‹Die Nachtschwester›.

Mein Freund Professor Dr. Arnoldo M. Zendralli, der mich in der Klinik besucht und mir Blumen mitgebracht hat, wäre erstaunt gewesen zu sehen, wie unglaublich lange seine Blumen frisch, leuchtend und schön geblieben sind. Das grenzte an Zauberei. ‹Die Blumen von Professor Zendralli sind immer noch schön›, sagten die Schwestern.

REDEN IST SILBER

Am Sonntag, dem 4. April 1943, vormittags 10 Uhr, war in der Galerie Aktuaryus in Zürich die Eröffnung einer Ausstellung von Werken Cuno Amiets. Aktuaryus hatte mich angefragt, ob ich bereit wäre, an der Eröffnung einige Worte der Begrüssung an Amiet zu richten. In meiner Bergeller Art hatte ich mich am Anfang etwas dagegen gesträubt, in der Meinung, ein anderer sei viel eher in der Lage und sei viel besser befähigt, eine kleine Ansprache zu halten. Aber dann, nach kurzer Überlegung, wer denn dieser ‹Andere› wäre, habe ich herzhaft und mit Freude zugesagt. Ich lasse die kleine Begrüssung hier folgen:

‹Sehr geehrte Damen und Herren, lieber Cuno Amiet,

Sie sollen keine Angst haben, dass ich etwa das Vorgehen der Kunsthistoriker kopiere und zuerst mit der Kunst der Phönizier beginne, dann zur Kunst der Ägypter übergehe, die griechische Kunst erwähne, die römische Kunst berühre, dann das Mittelalter, die Renaissance, den französischen Impressionismus anführe, um dann zur Kunst Cuno Amiets zu gelangen.

Uns interessieren andere Zusammenhänge und andere Tatsachen. Weisst Du, Amiet, dass Du uns Malern, in irgendeiner Art Vorbild bist? Nicht nur Deinen eigentlichen Schülern, die als junge Maler bei Dir auf der Oschwand waren, und die selbstverständlich zu Dir hinaufschauen und von Dir auch jetzt noch irgendeinen Ratschlag haben möchten, wie man malen soll. Jetzt noch, wo sie erwachsene Männer sind, wo sie längst verheiratet sind und uns erzählen, sie hätten bei Dir im Malen eine Rosskur durchgemacht. Die Schüler, die selbstverständlich auch zur Opposition aufgelegt sind. Die, wenn Du ihnen sagst, man solle ein Bild überall beginnen, auf der ganzen Leinwand solle man Farbflecken legen – Dir entgegenhalten, das sei ja ganz recht, aber Leibl habe doch einmal bei einem Frauenbildnis zuerst die Brosche *ganz fertig* gemalt. Und bei einem unvollendeten Stilleben von Prud'hon, das im Louvre hängt, sehe man ganz gut, dass es Stück für Stück fertiggemalt worden sei, und daneben stehe jetzt noch die nackte Leinwand. Das sind die Schüler. Aber Deine Geduld und Deine Bemühungen haben sich doch bei dem *einen,* Ernst Morgenthaler, der Dir letzthin einen so entzückenden Brief geschrieben hat, reichlich gelohnt.

Nein, uns allen bist Du irgendwie Vorbild. Und zwar nicht so, dass wir der Ansicht waren, man solle die gleichen Probleme haben wie Du, oder man solle so malen wie Du. Jeder von uns hat eine andere Individualität (oder sollte sie haben), hat andere Grosseltern und andere Eltern gehabt, eine andere Kinderstube und eine andere Jugend. Jeder ist in einer anderen Umgebung aufgewachsen, hat andere Freunde gehabt, ist unter einem andern Stern geboren und folgt einem andern Schicksal. Und es ist schön so. Würden wir so malen wollen wie Du, so würden lauter schlechte Amiets entstehen, und da wärest Du der erste, der damit nicht einverstanden wäre.

Nein, in einem andern Sinn bist Du uns Vorbild. In der Art, wie Du zur Kunst stehst, wie Du Deine Arbeit anpackst und wie Deine Malerei wirklich Mittelpunkt Deines Lebens ist. Auch Vorbild, indem Du mit denjenigen nie etwas zu tun gehabt hast, auch in Deiner Jugend nicht, die am Nachmittag im Café sitzen und warten, dass die Inspiration komme. Denn kommt sie scheinbar, dann ist es ungefähr vier Uhr. Bis man zu Hause ist, ist es schon viereinhalb Uhr, und im Winter, und namentlich in Paris, ist dann das schöne Tageslicht, in dem man hätte malen können, bereits dahin. Also wird das Malen verschoben auf den nächsten Tag und dann wieder auf den nächsten Tag. Eine ganze Hölle liegt in diesem Sein und in diesem Missverständnis. Wieviele junge Menschen sind in dieser Hölle eingesperrt, ohne dass sie je den Ausgang finden und ohne dass sie je im inneren Ohr das Passwort hören: Energie und Arbeit.

Und so ist es besonders schön zu sehen, wie Du am Abend Deine Palette und Deine Sachen zum Malen bereitstellst für den folgenden Tag. Denn der folgende Tag bringt wieder Licht und bringt Farben, und man kann wieder breit malen nach Herzenslust, und man kann die wilden Pferde laufen lassen, was eine Freude ist. – Oder man kann äusserst behutsam vorgehen, man kann die verschiedenen Grau, die das ganze Bild seidig und perlmuttrig schimmern lassen, sehr vorsichtig hinsetzen, sehr behutsam, bis sich das Bild von der Erdenschwere löst. Auch das ist sehr schön. Vorbild, indem Du immer arbeitest. Am Vormittag, am Nachmittag, am Abend, immer. Es ist bei Dir ein fortwährendes Schauen, ein inneres Horchen, ein Bereitsein, das Wunder, das in uns und ausser uns entsteht, einzufangen. So, wie man als Bub Schmetterlinge fängt. Eine beneidenswerte Fähigkeit ist in Dir, auch während der Ausführung grosser Werke, grosser Arbeiten, innerlich immer offen, immer empfänglich zu sein, so dass Du zur gleichen Zeit vier, fünf oder mehr Arbeiten einfädeln kannst, ohne dass die eine zu viel einsaugt, und ohne dass die andere verdurstet.

Vorbild bist Du uns auch, indem Du nie versucht hast, Deiner Kunst irgendeine philosophische Untermauerung zu geben. Ich meine so: dass Du nie versucht hast, herauszufinden, in welches der bestehenden philosophischen Systeme Deine Kunst und Dein Verhältnis zur Welt hineinpassen würden. Ich glaube, dass es die epikuräische Welt wäre. Aber ich kann mich täuschen. Man müsste einen Philosophen fragen. Es kann auch sein, dass es eben einfach die amietsche Welt ist, ohne Epikur und ohne jemanden sonst. Auf alle Fälle sind solche Spekulationen immer steril. Es schaut nichts dabei heraus. Und so höre ich Dich auch sagen, das alles habe gar keinen Sinn, es komme doch nur immer darauf an, ob man gut male oder nicht. Und gut malen sei das Schönste.

Und so war es schön, an jenem Frühlingsnachmittag mit Dir in Paris durch den Louvre zu gehen und das ‹Türkische Bad› von Ingres anzuschauen. Ich hatte das beglückende Gefühl, nun mit jemandem zu sein, der wirklich *schauen,* wirklich *sehen* könne. Gewöhnlich haben die Leute den Kopf voll Flausen und sehen nichts.

Schön war es auch, wie Du mich besucht hast, als ich hier im Spital lag. – ‹Mich wundert es nur, dass Du einfach da liegen kannst, ohne etwas zu tun›, hast Du mir gesagt. Dann hast Du mir erzählt von dem Bild, das Du beginnen wolltest, von Farben, von Sachen, die man malen könnte, und von Bildern, die Du gesehen hast. Als Du wieder weggegangen warst, hatte ich das Gefühl, ich müsse sofort aufstehen und sofort malen. Dann zeigte das Thermometer eine kleine Temperaturerhöhung an. Die Schwester, die gekommen war, teilte mir mit, auch der Puls habe eine kleine Beschleunigung erfahren, die man so bald als möglich beseitigen müsse. – Ob Du also ein geeigneter Krankenbesucher bist, weiss ich nicht. Ich bezweifle es sehr. Aber schön war es.

Und nun will ich die wenigen Worte, die ich an Deiner Geburtstagsausstellung an Dich richten wollte, schliessen. Ich weiss aus eigener Erfahrung, dass das Zuhören eine ganz hübsche Sache ist, weiss aber auch ganz bestimmt, dass ein Maler wie Du unwillkürlich durchbrennt, und weiss, dass Du im stillen und ohne etwas zu sagen, schon längst an Formen, an Tonwerten und an Farben *laborierst,* die Du gerade hier siehst, die gerade vor Dir liegen.

Der satte dunkle Ton der Kleidung der Musiker und das weiche Grau des Raumes, in das sie eingebettet sind. Ist das nicht wunderbar? Sind die

Musiker wirklich schwarz gekleidet? Ich glaube es kaum. Wahrscheinlich sind sie dunkelgrün, ein warmes, sattes Tannengrün, an das dann herrlich der warme Ton der Instrumente angrenzt. Das müsste man sehen. Vielleicht sind die Musiker nur dunkelgrau. Also das Grau des Bodens ins Dunkle gesteigert. Aber vielleicht sind sie reines Cobalt! – Nicht zu vergessen wäre das schöne Schwarz meines Anzuges. Dass in dem Schwarz zwei helle Punkte sind – der weisse Kragen und das weisse Poschettli –, ist natürlich prachtvoll. Ich sage: Weiss, aber Weiss ist nur die Lokalfarbe. Als Malerei würden die beiden hellen Punkte ganz anders aussehen. Damit sie nicht kreidig wirken, müsste man sie wahrscheinlich aussparen und erst zuletzt, wenn das ganze Bild fertig ist, einsetzen. Eigen ist es, dass Du mir sagtest, Du habest jetzt auf Deiner Palette kein Grün mehr. Dass du nur Ultramarinblau mit verschiedenen Cadmiumgelb mischest, um die vielen Grün zu erhalten. Auch habest Du nur ein einziges Blau, das Ultramarin. Eine ganze Schönheit liegt in dieser Askese, in dieser Enthaltsamkeit. Und auch ein grosser Vorteil, indem die Harmonie des Bildes dadurch eine viel grössere, eine viel geschlossenere ist. Alles ist so aus einem Guss. Aber nur ein Meister kann so vorgehen. – Ich schätze und verstehe das alles sehr gut, aber ich könnte ohne Cobalt nicht auskommen. Ich habe einmal in Venedig, in der Glashütte, wo die Mosaiksteine, die ‹Smalti› gemacht werden, ein grosses Fass voll cobaltblauer Mosaiksteine gesehen, die nach New York hätten gesandt werden sollen. Das Cobalt war zum Fressen schön.

Das sind Probleme der Farbe, die ich intensiv nur mit Dir besprechen und durchnehmen kann.

– Und nun etwas anderes. – In seiner Rangordnung der Werte stellt Schopenhauer die *Güte des Herzens* in den ersten Rang. Wieviel Gutes habt Ihr, ganz im stillen, oben in der Oschwand schon getan! Wie vielen einfachen Leuten geholfen, wieviel Not gelindert, wieviele Kinderherzen erfreut. Die jetzigen Kinder von Oschwand werden lange von Euch erzählen und werden einst mit Stolz sagen: Wir haben Amiets gekannt.›

Ebenso habe ich auf die Anfrage des Präsidenten der Zürcher Kunstgesellschaft, Dr. Franz Meyer, ob ich am 27. Oktober 1945 an der Eröffnung der Ausstellung von Hermann Hubacher im Zürcher Kunsthaus einige Worte der Freundschaft an Hubacher richten würde, mich wiederum etwas zögernd eingestellt, in der Meinung, ein Kunsthistoriker würde das viel besser machen. Aber auch da sagte ich nach kurzer Überlegung freudig zu.

Aus Bern war zur Eröffnung der Ausstellung Bundesrat Etter gekommen. Dann war Regierungsrat Dr. Briner da, und die Stadt Zürich hatte auch Vertreter gesandt. Auch diese meine kurze Ansprache lasse ich hier folgen, immer unter dem Motto: Reden ist Silber.

‹Sehr verehrter Herr Bundesrat! Sehr verehrte Damen und Herren! Lieber Hubacher!

Als Präsident der Eidgenössischen Kunstkommission habe ich die Ehre und die Freude, Ihnen, verehrter Herr Jubilar, die Grüsse und die Glückwünsche der Eidgenössischen Kunstkommission zu überbringen.

Wir freuen uns darüber, dass die Zürcher Kunstgesellschaft Sie eingeladen hat, zu Ihrem sechszigsten Geburtsjahr in den schönen Räumen des Zürcher Kunsthauses eine grössere Anzahl Ihrer Werke den Freunden der Kunst zu zeigen.

Und wir freuen uns namentlich darüber, dass Sie diese Einladung angenommen haben. Denn wenn man Sie kennt, weiss man, dass Sie ganz gut imstande gewesen wären, dem Kunsthaus zu sagen: ‘Ich habe anderes zu tun, als Ausstellungen zu machen und mich mit Kisten, mit Speditionen, mit Frachtbriefen und mit Schreibereien abzugeben. Wenn ihr eine Ausstellung meiner Sachen machen wollt, so könnt ihr sie machen, aber ich rühre keinen Finger und bleibe zu Hause.’ Ja, Sie wären ganz gut imstande gewesen, das dem Kunsthaus zu sagen. Nun, die Ausstellung wäre doch, auch ohne Sie, auch ohne Ihre Mithilfe gemacht worden. So unentbehrlich sind Sie nicht. Aber wenn Sie dann bei der Eröffnung zu Hause geblieben wären, hätten Sie meine Ansprache nicht gehört, und das wäre doch sehr schade gewesen.

Einzelwerke von Ihnen hat man schon oft hier im Kunsthaus gesehen. Auch unsere Privatgalerien haben oft Werke von Ihnen gezeigt. Dann hat man Einzelwerke an Kollektivausstellungen gesehen in Luzern, Bern, Genf, Winterthur, Basel, Paris, Brüssel, Venedig und Wien, um nur diejenigen zu nennen, die ich gesehen habe. Reizend war eine kleine Schau, die die Galerie Aktuaryus in Zürich einmal veranstaltete, und wo Ihre Sachen gezeigt wurden, die Sie damals von Ihrer Reise nach Ägypten mitgebracht hatten, oder die kurz nachher hier entstanden waren. Beim Durchgehen Ihrer Arbeiten hatte man wirklich das Gefühl, man atme den Geruch dieses biblischen Bodens ein. In dieser Ausstellung habe ich zum erstenmal gesehen, welche Bedeutung die Zeichnung, also das Zeichnen, in Ihrer künstlerischen Produktion einnimmt. Sie haben jetzt, mit Ihren Zeichnungen nach Heinrich Wölfflin, bewiesen, dass es so ist.

An jene Reise nach Ägypten werden Sie wohl oft zurückdenken. Sie erzählen darüber so herrlich in Ihrem Buch ‹Aus meiner Werkstatt›. Man spürt daraus Ihre Beziehungen zum Land, zum Nil, zu den Eingeborenen, zu den kahlen, hellvioletten Bergen, zu den mit Fliegen übersäten Augen der Kinder und zu den Krokodilen. Und jetzt, wo bald die kalte Jahreszeit bei uns beginnt und man halb fröstelnd darüber nachdenkt, wieviele Monate noch vorübergehen müssen, bis wieder die warme Sonne kommt, ja, jetzt wird man von Ihrer Erzählung doppelt angezogen.

Die schönste, die repräsentativste bisherige Schau Ihrer Werke war diejenige 1938 an der Biennale in Venedig. Ich war ja mit Ihnen dabei dort, als der Tag der Eröffnung sich bedenklich näherte und die Sendung Ihrer Skulpturen aus der Schweiz immer noch nicht angekommen war. Werden wir mit dem leeren Pavillon dastehen, hatte ich mich gefragt? Es wurde nach Bern telegraphiert und angefragt, ob die Sendung abgegangen sei. Ja, sie sei dann und dann abgegangen und müsse bald in Venedig sein, hatte Robbi geantwortet. Endlich war der Bericht gekommen, die Sendung sei im Bahnhof Venedig, das war gut, aber vom Bahnhof bis zu den Giardini ist noch ein weiter Weg, und Welti-Furrer ist nicht dort, und die Camionnettes, die hier vorzügliche Dienste leisten, waren dort unbrauchbar.

Mit Ihnen war ich auch an jenem Morgen, als wir auf der kleinen Brücke, die über den Canale St. Elena führt, gestanden sind. Von weitem hatte man eine grössere Barke gesehen, und die Sendung kam. Die Skulpturen waren senkrecht und schräg aufgeladen, wie eben ‘Güter’ aufgeladen werden. ‘Der erschrockene Mann’ stand aufrecht, hatte Sie von weitem erkannt und war nun wirklich erschrocken darüber, nicht mehr im Berner Kunstmuseum, sondern auf einer Barke in einem schmalen Kanal in Venedig zu sein.

Und dann jener strahlende Morgen, an dem die Eröffnung der Ausstellung stattfand. Die Carabinieri in ‘grande tenue’, die vor unserem Pavillon aufgestellt waren, dann der Moment, als die Herren der Biennale und die Behörden der Stadt, an ihrer Spitze der Duca di Genova als Vertreter des Königs und in Begleitung von Conte Volpi, von Unterrichtsminister Bottai und von hohen Offizieren vor unserem Pavillon erschienen und die Regimentskapelle unsere Nationalhymne spielte und im gleichen

Augenblick am hohen Mast die Schweizerfahne hochgezogen wurde – ja, wir werden diesen Augenblick nicht so leicht vergessen. Als ein Grüpplein Getreuer standen wir da, mit uns Minister Rüegger und der immer hilfsbereite Schweizer Konsul in Venedig, Herr Imhof.

Ich habe diesen militärischen Aufwand und diesen militärischen Pomp als schön empfunden. Wäre Militär immer nur dazu da, um in Reih und Glied in Handschuhen und mit aufgepflanztem Bajonett dazustehen, um fremde Gäste ehrenvoll zu empfangen, wie das an der Biennale geschehen ist – ja, dann wäre die Welt schön. Und etwas von internationaler Solidarität und von internationaler Freundschaft war an der Biennale sicher vorhanden. Das hat man unwillkürlich gespürt.

Interessant war es dann, unter den Arkaden, die den Markusplatz umsäumen, zu vernehmen, was die italienischen Bildhauer, die immer aus ganz Italien zur Biennale kommen, über diesen 'Ubacker', den sie bisher nicht kannten, gesprochen haben. Dass Ihnen, verehrter Herr Jubilar, in Venedig der Staatspreis für Skulptur zuerkannt wurde, war nicht nur für Sie eine grosse Ehre, sondern für die ganze Schweiz. Unsere verehrten Bildhauer Hermann Haller und Otto Bänninger könnten auch von Venedig erzählen. Auch sie haben, in anderen Jahren, dort, an der Biennale, den Apfel abgeschossen.

An der Ausstellung hier im Kunsthaus, die wir heute eröffnen, ist auch meine Büste ausgestellt, oder, besser formuliert, die Büste, zu der ich Herrn Hubacher als Modell gesessen bin. Von dieser Büste möchte ich etwas sagen, möchte aber vorher etwas vorausschicken, was mir Herr Hubacher erzählt hat. Hubacher sagte mir, er habe einmal ein weibliches Modell gehabt, und dieses Modell habe ihm gesagt, es sei merkwürdig, man habe bei ihm während der Arbeit und namentlich vor dem Beginn immer das Gefühl, er suche etwas. Und es ist wirklich so. Er sucht immer etwas. Er geht in den Nebenraum, wo die Tonkiste ist, und holt Ton. Aber im nächsten Augenblick geht er wieder hinein und holt wieder Ton. Und dann fehlt wieder etwas, das im Atelier gesucht werden muss, und dann wieder etwas. Und das alles geht nicht etwa hastig zu, sondern sehr gelassen und sehr ruhig. Es ist ein schöner Morgen, und man hat Zeit. Aber er spricht kein Wort. Was ist nun dieses Suchen? Es ist natürlich ein sich Zeit lassen, ein sich Vorbereiten, ein sich Sammeln. Er weiss, dass der Anfang einer Arbeit ausschlaggebend ist, dass der Anfang alles bedeutet. Diejenigen, die glauben, man könne eine Arbeit schlampig und langweilig beginnen, sie werde dann nachher schon gut, sind auf dem Holzweg. Sie wird nämlich nie mehr gut.

So geht Hubacher eher zurückhaltend an eine Arbeit. Es werden bei ihm während des Schaffens keine pathetischen Michelangelo-Posen angenommen, und es wird bei ihm keine Künstlermähne zurückgeworfen. Ich weiss, böse Zungen sagen, er habe überhaupt keine Mähne, also könne er sie auch nicht zurückwerfen, und die wenigen Haare, die bis jetzt übriggeblieben seien, würden höchstens noch bis Mitte Januar reichen, dann sei überhaupt nichts mehr da. Es stehe bei ihm in dieser Beziehung ebenso schlimm wie mit unserer Kohlenversorgung.

Das sind die bösen Zungen. Aber eben: 'Non ti curar di lor.' Denjenigen unter Ihnen, sehr verehrte Anwesende, die noch nie bei einem Bildhauer als Modell gesessen sind, und es ist die Mehrzahl, möchte ich erzählen, dass man in der ersten Sitzung einfach neben dem Modellierblock sitzt, auf dem um einen dünnen, kurzen Eisenstab ein grösserer Klumpen Ton angebracht ist. Schaut man diesen Klumpen Ton an – man hat ja Zeit dazu –, so sagt man sich: Ja, es könnte ein Pinguin daraus entstehen oder höchstens ein Fischotter. Aber es kann eben auch eine Büste daraus entstehen und eventuell auch eine sehr schöne Büste. An diesen Klumpen wird dann immer mehr Ton angesetzt. Das geht bei Hubacher ziemlich rasch zu; es ist keine Hast vorhanden, aber man merkt, es ist Aufregung dabei, es hämmert und pocht, man redet nicht und überlässt sich dem Rhythmus des Werdens. Es wird nicht gemacht, es *wird*. Auch Hubacher ist dann nur Zuschauer. Dann misst er. Er hat einen hölzernen Zirkel mit Metallspitzen. Er misst die Breite der Schläfen, die Breite der Backenknochen, die Entfernung vom Kinn bis zur Basis der Stirne, die Entfernung des Ansatzes der beiden Ohren, am Hinterkopf gemessen.

Schön ist dieses Messen, ich habe es als wunderbar empfunden. Die Ruhe und die Sicherheit, die es gibt. Unwillkürlich habe ich an das Werk Dürers über die Messkunst denken müssen, wo mit Proportionen, mit Verhältnissen gespielt wird wie mit goldenen Kugeln. Und dieses Messen bringt nicht etwa Starrheit in die Arbeit, alles wird trotzdem schwebend und lebendig gehalten. Junge angehende Bildhauer oder solche, die glauben, angehende Bildhauer zu sein, eben Junge, die hinter den Ohren noch nicht ganz trocken sind, werden über dieses Messen die Nase rümpfen und werden sagen, ein einigermassen begabter Bildhauer sehe doch diese Verhältnisse genau, ohne zu messen. Aber lassen wir sie.

177

Am Ende der ersten Sitzung ist bei Hubacher schon alles da, Sinnlichkeit und alles, auch wenn noch drei Viertel der Büste fehlen und das Ganze so aussieht wie ein verwitterter Fels im Bergell oder wie die Ruine einer Burg. Man wäre versucht, nichts mehr daran zu machen und sie, so wie sie ist, in Bronze giessen zu lassen.

Und eigen ist es, wie das alles auch für einen Maler sehr anregend war, denn wenn ich gegen Mittag heimwärts zog und den steilen Hamberger-Steig hinunterging, war es mir, als wisse ich nun, wie man malen sollte.

Im Buch Hubachers 'Aus meiner Werkstatt', von dem ich soeben gesprochen habe, ist ein Passus enthalten über Rodins 'Homme qui marche' im Palazzo Farnese in Rom. Es wäre verlockend, und man wäre versucht, auf diese Gedankengänge näher einzutreten. Aber dazu müsste uns Hubacher noch weitere Mitteilungen machen. Vielleicht bildet das einmal ein Problem und eine Aufgabe für die Arbeit eines Kunsthistorikers.

Und nun komme ich zum Schluss. Ich bin Junggeselle, auf Italienisch 'scapolo', was mit scappare oder scappato nichts zu tun hat. Als Junggeselle also bin ich nicht zuständig und nicht kompetent zu urteilen, wie es Ihnen, verehrte und liebe Frau Hubacher, heute an diesem Fest zumute sein mag. Es muss schön sein, beim Entstehen der Werke Hubachers dabei sein zu können, und es muss für Sie schön sein, dafür zu sorgen, dass er für den Winter warme Kleider habe, dass er nicht immer im Luftzug stehe, dass er nicht übermässig viel rauche, dass er verschont bleibe von der täglichen Schererei und von den vielen Telephongesprächen, die eine Haushaltung mit sich bringt. Und so benütze ich die heutige Feier, um auch Ihnen, verehrte und liebe Frau Hubacher, meine besten Grüsse und meine besten Glückwünsche darzubringen.›

Meine Ansprache zur Eröffnung der 21. Nationalen Kunstausstellung in Genf, am 31. August 1946:

‹Sehr verehrter Herr Bundesrat! Sehr verehrte Damen und Herren!

Liebe Kollegen!

Wir eröffnen heute die 21. Nationale Kunstausstellung 1946 in Genf. Die Eröffnung einer Kunstausstellung ist immer ein Fest. Es ist das Auf-den-Tisch-stellen eines Blumenstrausses. Findet aber diese Ausstellung in Genf statt, in Genf mit seinem weichen Sommerlicht, mit seinem See, mit seinen Wolkenbildungen, die die Nähe des Mittelländischen Meeres ahnen lassen, – mit seinen blauen Dächern, die an Dächer auf Bildern von Pissaro und von Van Gogh erinnern, dann ist die Eröffnung einer Kunst-

ausstellung doppelt schön.

Wir sind gerne mit unserer Ausstellung nach Genf gekommen. Und es ist eigen: ohne, dass ich mein stilles Bergtal in Graubünden, das Bergell, mit dem stolzen Genf vergleichen möchte, so haben doch beide Gegenden das eine gemeinsam und sind somit verwandt. Beide Gegenden liegen am äussersten Rande unseres Landes und sind gewissermassen nur wie mit einer Nabelschnur mit der übrigen Schweiz verbunden, Genf mit der Bahnlinie mit Lausanne, unsere Täler mit der Schmalspurbahn mit Chur. Und so wie man im Bergell von einem, der nach Luzern oder nach Zürich gefahren ist, sagt: 'È andato giù per la Svizzera' (er ist in die Schweiz hinuntergegangen), so steht hier in Genf, im Bahnhof Cornavin, angegeben: 'Trains pour la Suisse.' Ich war ganz gerührt, als ich das las.

Und nun zurück zu unserer Kunstausstellung. Wie Sie alle wissen, gibt es genau 36'000 Möglichkeiten, eine Nationale Kunstausstellung zu organisieren. Wenn ich nun behaupten wollte, die Eidgenössische Kunstkommission habe alle sechsunddreissigtausend Möglichkeiten durchgenommen, so wäre das etwas zu viel gesagt. Aber sicher hat sie alle Hauptmöglichkeiten gewissenhaft geprüft und sie auf ihre Anwendbarkeit für uns untersucht.

Man darf nicht vergessen, dass eine Verordnung über die Eidgenössische Kunstpflege, die berühmte 'Ordonnance', vorhanden ist. Die Kunstverordnung bindet nicht nur die Eidgenössische Kunstkommission, sondern bindet auch das Eidgenössische Departement des Innern. Wir können also nicht tun was wir wollen.

Man wird uns zurufen: 'Werft doch das alte, überlebte Zeug über Bord und macht eine neue Kunstverordnung, oder noch besser, *macht gar keine,* damit man tun kann, was man will.' – Das ist bald gesagt. Die jetzige Verordnung, die jetzige 'Ordonnance', so alt und so überlebt sie auch sein mag, war ein gutes Werkzeug und hat uns gute Dienste geleistet. Auch unsere verehrten Vorgänger in der Eidgenössischen Kunstkommission, zu denen wir immer mit Hochachtung hinaufschauen, Daniel Baud-Bovy und Righini, haben sich immer gewissenhaft an die Verordnung gehalten und sind gut gefahren damit. Aber eines Tages wird die Verordnung doch erneuert werden müssen.

Sie sollen keine Angst haben, dass ich Ihnen alle 36'000 Möglichkeiten der Organisierung einer Nationalen Kunstausstellung aufzähle. Aber zwei Hauptmöglichkeiten möchte ich hier doch vorbringen und so tun, als ob die Eidgenössische Kunstverordnung nicht vorhanden wäre.

Die eine Möglichkeit, die vornehmste, die kühnste und wohl die schönste wäre die, in einem Saal nur *ein* Bild aufzuhängen oder nur *eine* Skulptur aufzustellen. Voraussetzung wäre, dass das Bild oder dass die Skulptur wirklich ein Kunstwerk wäre. Im Saal würde man einige Stühle aufstellen, nicht viele, dann vielleicht eine Topfpflanze, eine grössere Zimmerlinde, oder einen kleinen Feigenbaum. Das wäre alles. Unbeschwert und glücklich und ohne ermüdet zu sein, würde man durch die Säle wandern. Alles wäre leicht und schwebend, und die Welt wäre schön. Wenn das betreffende Museum oder Ausstellungsgebäude fünfundzwanzig Säle hätte, so würden im ganzen fünfundzwanzig eingeladene Künstler ausstellen und fünfundzwanzig Werke würden da sein. Das wäre die Nationale Kunstausstellung.

Die zweite Möglichkeit, die auch sehr schön und vielleicht weniger exklusiv und ausführbarer ist als die erstgenannte, ist die, jedem ausstellenden Künstler einen ganzen Saal zu geben. Auch hier hätte man, wenn der Ausstellungsbau fünfundzwanzig Säle umfasst, im ganzen fünfundzwanzig ausstellende Künstler, die alle einzuladen wären. Man würde im ersten Saal sich in die Welt des betreffenden dort ausstellenden Malers oder Bildhauers einleben, würde *seine* geistige Atmosphäre einatmen, würde seine Einstellung zur Welt ahnen, würde seine 'maniere de voir' entdecken und würde so einen ähnlichen Genuss oder eine ähnliche stille

Freude erleben wie beim Betrachten eines schillernden Käfers, eines Schmetterlings oder einer Blume. Denn wie diese ist der Mensch ein Produkt der Natur.

Langsam würde man dann zum nächstliegenden Saal hinübergehen, wo selbstverständlich eine ganz andere Atmosphäre herrschen würde, eine andere Weltanschauung, ein anderer Duft, ein anderes Können und eine andere Art zu sehen. Vielleicht wäre *dieser* Käfer nicht schillernd wie jener im ersten Saal, sondern er wäre ganz matt und wäre nur silbergrau oder nur graugrün, was auch *sehr schön wäre.* Und so würde man weitergehen von Saal zu Saal, würde die verschiedensten Klänge in sich aufnehmen und würde die verschiedensten Welten und die verschiedensten Einstellungen zum Leben betrachten.

Beim Verlassen des letzten Saales und beim Hinuntersteigen der Treppe würde man dann ganz bestimmt zur Schlussfolgerung gelangen, dass es immer darauf ankommt, den Mut zu haben, ganz sich selbst zu sein.

'Werde, der du bist.'

Ein Lastwagen soll ganz Lastwagen sein, dann ist er prachtvoll. Ein Tiger ganz Tiger. Eine Schnecke ganz Schnecke. Weich und schleimig soll sie langsam über feuchte Steine kriechen und soll unschuldig und scheu ihre langen Fühler ausstrecken und schauen. Dann ist sie vollkommen. Eine Dampfwalze soll ganz Dampfwalze und ein Teelöffel ganz Teelöffel sein und ein Knie *'nur ein Knie',* wie Morgenstern das so wundervoll gesagt hat.

Ja, das alles wird einem beim Verlassen einer Kunstausstellung bewusst. Und es ist sicher, dass beim Jüngsten Gericht alle diese Wesen und alle diese Dinge, *die ganz sich selbst sind,* in den Himmel kommen werden. Für alle Zeiten verflucht werden die Lastwagen sein, die zugleich 'Gloriakinderwagen' sein wollen.

Ich komme zum Schluss. Wir alle warten darauf, die Ausstellung zu sehen und wissen, dass wir hier ein berühmtes Zitat variieren und sagen könnten: 'Worte sind Schall und Rauch, *schauen* ist alles.' Aber vorher möchte ich Ihnen doch noch einige statistische Daten mitteilen, die vielleicht den einen oder den anderen von uns interessieren könnten.

Wir haben für diese Ausstellung eine mittlere Linie eingenommen und sind so weit gegangen, als uns die Eidgenössische Kunstverordnung erlaubt hat. Vorgesehen war, im ganzen 600 Werke auszustellen, und zwar 300 Werke von eingeladenen Künstlern und 300 frei eingesandte Werke. Im ganzen sind also, ohne die Eingeladenen, 2288 Werke eingegangen. Von diesen wurden 320 Werke angenommen. Refüsiert wurden 1964 Werke. Von der Eidgenössischen Kunstkommission wurden 99 Künstler eingeladen mit zusammen 302 Werken.

Dass diese 21. Nationale Kunstausstellung verwirklicht werden konnte, verdanken wir vor allem den Bemühungen des Vorstehers des Eidgenössischen Departementes des Innern, Herrn Bundesrat Dr. Philipp Etter, der durch seine innere Beziehung zur Kunst alles getan hat, um das gute Werden der Ausstellung zu sichern.

Unseren herzlichsten Dank sprechen wir den Behörden des Kantons und der Stadt Genf aus, die uns ihr schönes Kunstmuseum und ihr Musée Rath zur Verfügung gestellt haben, und die bereit sind, unsere Ausstellung in treue Obhut zu übernehmen.

Wir danken den beiden Juryen, der Jury für Bildhauerei und der Jury für Malerei, die uns ihre kostbare Zeit geopfert und die das nicht immer dankbare Amt des Kunstrichters übernommen haben.

Und nicht zuletzt danken wir dem eigentlichen Gestalter der Ausstellung, Herrn Professor Dr. Huggler, für die vorzügliche Lösung der ihm gestellten Aufgabe und für die Art, wie er die Werke der Malerei, der Graphik, der Bildhauerei und der Gruppe Architektur disponiert, aufgestellt und sichtbar gemacht hat.

Die umfangreichste und wohl nicht immer dankbarste Arbeit hat Herr Dr. Vodoz gehabt. Wir sehen immer wie sein Herz blutet, wenn ein Künstler refüsiert werden muss. Zuverlässig, gewissenhaft und still hat Herr Dr. Vodoz seines Amtes gewaltet. Auch ihm sprechen wir hier unseren herzlichsten Dank aus.

Monsieur le Conseiller Fédéral, Mesdames et Messieurs, Chers camarades.

J'aurai bien préféré de dire ces quelques mots en français au lieu de les dire en allemand. Mais que voulez-vous, j'avais tellement peur des maîtres d'école et des professeurs. Ils seront venus et auront, du reste avec raison, critiqué mon français et auront dit, qu'il est bien pire que notre fameux français fédéral. Et je le sais bien. C'est un français grisons-italien, un français qu'on parlait nous autres, entre camarades et copains, au Quartier latin à Paris en 1900. Mais quand-même, moi je trouve *mon* français extrémement beau.

Je voulais vous dire, que nous sommes venus à Genève avec le plus grand plaisir.

Im Namen und im Auftrag des eidgenössischen Departements des Innern eröffne ich hiermit die 21. Nationale Kunstausstellung 1946 in Genf.›

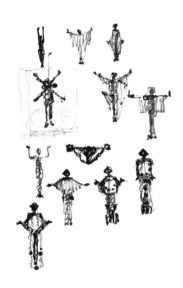

MEINE GLASGEMÄLDE

Das erste gemalte Fenster, das ich in meinem Leben gesehen habe, war die kleine Lünette im Chor der Kirche ‹Nossa Dona› oberhalb Promontogno. Als Buben gingen wir oft, der Edmondo, der Emil und ich, an Sonntagnachmittagen hinunter, um die Burg Castelmur, die Kirche, und am Weg den kleinen Steinbrunnen zu sehen. Und da war in der Kirche das Glasfenster, das ‹Die Verkündigung an die Hirten› darstellt, für mich der Inbegriff aller Seligkeit. Heute weiss ich, dass es ein wertloses, armes Ding ist, aus irgendeiner Glasfensterfabrik in Mailand. Aber das alles hat nichts zu sagen, man kritisiert nicht das Kopftuch der Mutter und kritisiert nicht den Christbaum, den sie im Schlafzimmer, in der ‹cambra›, gerüstet hat, um einem Entzücken und Freude zu bereiten. Aber wie so ein Glasgemälde auf einen Buben Eindruck machen kann! Es ist seltsam und es ist zugleich ein Trost. Wer weiss, ob mein Glasgemälde in San Giorgio bei Borgonovo einem Bub in Stampa, in Coltura oder in Borgonovo nicht auch einmal etwas sagt und etwas bedeutet? Wer weiss? Es ist auch eine Lünette, und es ist wenigstens aus schönem Glas gemacht und hat echte Bleifassungen und ist echt. Und die gute Beziehung eines Kunstwerkes zum einfachen, unverbildeten Volk ist vielleicht die grösste Belohnung, die es geben kann.

Alle meine Glasgemälde waren direkte Aufträge, die nicht durch Wettbewerbe entstanden sind. Bei jedem Fenster habe ich das Thema vorschlagen können, das auch immer angenommen wurde. Zu den glücklichsten Themen gehört wohl dasjenige für die drei Chorfenster in der Wasserkirche in Zürich: ‹Das Leben Christi und unser Leben›. Die grossen Kreise im Mittelfenster für das Leben Christi und die kleinen Kreise der Seitenfenster für unser Leben. Nachträglich bin ich erstaunt darüber, wie sich das alles von selbst ergeben hat, ohne Zwängerei und ohne Qual und wie aus einem Guss.

Die ersten Fenster, die nach meinen Entwürfen ausgeführt wurden, sind die drei für die St. Martinskirche in Chur. Durch Vermittlung meines Freundes, des Architekten Martin Risch, war mir der Auftrag zugesprochen worden. Mein letztes Fenster, wenigstens bis jetzt, ist dasjenige im Fraumünster in Zürich. Es wurde am 3. September 1945 fertig eingesetzt. Am Dienstag, den 9. September 1945, fand im Fraumünster eine sehr hübsche und intime Einweihungsfeier des Glasgemäldes statt. Ich lasse die

Worte, die Herr Pfarrer Grossmann über das Fenster und über die Abnahme geschrieben hat, hier folgen. Ebenso die wenigen Worte, die ich zur Erklärung des Fensters im Fraumünster gesprochen habe:

‹Offizielle Abnahme des Giacometti-Fensters.

Am Dienstag, den 9. Oktober, veranstaltete die Kirchenpflege Fraumünster eine kleine Feier, worin sie dem Künstler Augusto Giacometti sein vollendetes Glasgemälde im nördlichen Querschiffenster der Kirche offiziell abnahm und wozu sie als Gäste diejenigen einlud, die zur Verwirklichung beigetragen haben. Ausser den sechs Kirchenpflegern fanden sich auch geladene Gäste um zehn Uhr dreissig vor der Kirche ein, besichtigten zuerst eine Ausstellung von drei farbigen Gesamtentwürfen verschiedener Grösse und einiger Einzelskizzen zu dem Kunstwerk im Unterrichtszimmer und nahmen dann in der Kirche angesichts des in wunderbarer Farbenpracht glühenden Fensters Platz.

Vizepräsident J. Meili begrüsste den Künstler und die Gäste. Dann erläuterte Meister Augusto Giacometti seine Schöpfung. Wir freuen uns, seine Rede im Wortlaut bringen zu dürfen. In weiteren Ansprachen gratulierten Oberst F. Kuhn und Pfarrer A. Custer, Präsident und Aktuar der Zentralkirchenpflege, dem Künstler und der Kirchgemeinde zu dem wunderbaren Fenster, das dem herrlichen Gotteshaus wohl ansteht. Pfarrer Grossmann äussert, dass er nicht ohne theologische Bedenken einer Darstellung von Gott-Vater im Kunstwerk zugestimmt habe. Er sei aber überzeugt worden, dass hier der Heidelberger Katechismus in seiner Auslegung zum zweiten Gebot zu weit gehe. Im Gebot ist der Bilder*kultus* verboten. Was aber in so vielen Visionen der Offenbarung Johannis geschaut werde und was das Glaubensbekenntnis zentral ausführt, Christus zur Rechten Gottes thronend, darf auch die religiöse Kunst irgendwie schauen und darstellen. Bekannt sind die Gott-Vater-Darstellungen auf den Schöpfungsbildern Michelangelos oder in den Bilderbibeln von Schnorr von Carolsfeld oder Rudolf Schäfer. Zudem haben wir bereits eine Gott-Vater-Darstellung auf dem von Hans Waldmann gestifteten Bild unter dem Schirmdächlein an der Aussenmauer der Kirche gegen den Münsterhof.

Eine Nachfeier vereinigte die Festteilnehmer zu einem gemeinsamen Mittagessen im Hotel 'Baur au Lac', dessen Direktor Mitglied unserer Kirchenpflege ist. Dort schilderte Vizepräsident J. Meili den langen Werdegang dieses Kunstwerkes, das sich bereits in einem Voranschlag der

Zentralkirchenpflege vom Jahre 1925 für voraussichtliche Ausgaben der nächsten Zeit als geplant findet. Er bedauerte, dass der verstorbene Präsident der Kirchenpflege, Bezirksrichter G. Hess-von Schulthess, die Vollendung dieses Werkes nicht mehr hat erleben dürfen, und dankte den eidgenössischen, städtischen und kirchlichen Behörden, deren Beiträge die Ausführung dieses Glasgemäldes ermöglicht haben. Alt-Stadtrat Dr. J. Hefti, Vertreter der freundnachbarlichen Kirchgemeinde Enge, von der wir bald einen Gemeindeteil übernehmen dürfen, sprach seine hohe Anerkennung für dieses Kunstwerk aus und berichtet in launiger Rede von seinen langjährigen engen Beziehungen zum Fraumünster. Die Kirchenpfleger W. Rüegg und H. Nüssli sprachen Meister Giacometti persönlich an und würdigten seine Kunst. Und auch Augusto Giacometti ergriff nochmals das Wort, um neben heller gehaltenen Glasgemälden, wie es dem Nordfenster des Fraumünsters angemessen war, auch traumhaft dunkeln, die nur im Sonnenlicht aufleuchten, gut zureden.

Es war eine schöne Feier, und die wenigen, die daran teilnahmen, waren sich bewusst, dass sich mit ihnen viele freuen und noch freuen werden, sowohl an der Farbenpracht wie auch am tiefbiblischen Sinn des neuen farbigen Fensters, das von nun an unsere Kirche bereichert. H. G.›

Meine kleine Ansprache im Fraumünster:
‹Sehr geehrte Herren!
In Kunstkreisen und auch in der Eidgenössischen Kunstkommission ist oft die Frage aufgetaucht und besprochen worden, ob eine Behörde, eine Instanz, bei der Vergebung einer künstlerischen Arbeit dem Künstler ein bestimmtes Thema vorschreiben oder ob sie ihm freie Hand lassen soll.

Freie Hand in dem Sinne also, dass der Künstler von sich aus ein Thema wählt und der betreffenden Behörde dann eine Skizze oder einen Entwurf einreicht. Die Behörde ihrerseits würde dann, gestützt auf ihre künstlerischen Berater, entscheiden, ob der Entwurf angenommen werden soll oder nicht.

Heftige Diskussionen sind über diese Fragen entstanden, und es haben sich, wenn man so sagen will, zwei Parteien gebildet. Die Anhänger der ersten Partei, die dafür sind, dem Künstler immer ein bestimmtes Thema vorzuschreiben, berufen sich auf die Vergangenheit, namentlich auf die italienische Renaissance, und sagen, die Medici und die Kirche hätten immer bei einer Auftragserteilung dem Künstler einen ganz bestimmten

Inhalt des Bildes vorgeschrieben. Das stimmt ja, und dagegen ist nichts einzuwenden.

Die Anhänger der zweiten Partei, und ich gehöre auch zu ihnen, sagen sich, dass wir in einer anderen Zeit leben, dass die psychologische Einstellung sich gewandelt habe, dass der Künstler, wenn er einer ist, mündig geworden sei, dass er nicht nur der Ausführende einer ihm gegebenen Idee sei, sondern eventuell mitreden könne, was in dem und in dem Raum dargestellt werden soll.

Wenn man einige Erfahrung hat, wie es bei einer Instanz oder bei einer Kommission zugeht, wenn ein Thema für ein Wandbild, für ein Mosaik oder für eine Glasmalerei gefunden werden soll und der Herr Präsident die Kommissionsmitglieder bittet, ihm Vorschläge zu unterbreiten, und es einen ganzen Handel gibt, bis man herausgefunden hat, welcher Vorschlag die meisten Stimmen auf sich vereinigt – dann, ja dann wird es einem bewusst, dass dieses Vorgehen offenbar nicht das richtige sein kann. Bedenkt man noch, dass jedes Kommissionsmitglied im stillen seine eigenen Privatsorgen hat – es muss zu Hause ein Kinderwagen und es muss eine Nähmaschine gekauft werden. Das alles kostet Geld. Die Schwägerin ist im Spital, vielleicht wird eine Operation notwendig sein. Bedenkt man das alles, dann kann man ermessen, wie wenig innere Wärme, wie wenig Begeisterung für das Auffinden einer Idee zu einem Wandbild oder zu einer Skulptur vorhanden sein kann.

Und wie ganz anders ist es, wenn man dem Künstler freie Hand lässt. Ist er ein solcher, so wird er oft den Raum aufsuchen, in den sein Bild kommen soll. Ist es eine Kirche, so wird er hingehen, einmal zur Predigt, wenn viele Menschen dort versammelt sind und das gesprochene Wort in sich aufnehmen. Einmal wird er hingehen, wenn die Orgel gespielt wird oder wenn eine Gesangsaufführung stattfindet. Aber namentlich wird er hingehen, wenn er ganz allein dort sein kann und wenn alles still ist. Still wird er da sitzen und schauen und horchen. In sich hineinhorchen, was der Raum ihm sagt und was die stillen Geister des Raumes ihm zuflüstern. Wenn ausnahmsweise einmal von Inspiration gesprochen werden kann, so ist es hier.

Ein schönes Beispiel moderner Malerei, wo man dem Künstler in der Wahl des Themas freie Hand gelassen hat, haben wir hier ganz in der Nähe, im Fraumünsterdurchgang. Paul Bodmer hat, schon durch die Wahl der darzustellenden Szenen, Vorzügliches geleistet.

Das Glasfenster vor uns – ich hatte freie Wahl – stellt das Paradies dar. Oben im violetten und blauen Gewand ist Gott-Vater mit der Weltkugel. Rechts von ihm, von uns aus gesehen links, ist Christus mit dem Kelch. Dann folgen von oben nach unten gelesen paarweise die Propheten: Jesaja, Jeremia, Hesekiel, Daniel Hosea, Joel Amos, Obadia.

In der untersten Reihe sind die vier Evangelisten. Rechts und links wird das Ganze umrahmt von anbetenden, knienden Engeln. Die mittlere Partie mit den Propheten ist ihrem Wesen entsprechend tonig und dunkel gehalten. Die Umrahmung mit den knienden Engeln und mit den Evangelisten ist heller. Oben im Masswerk ist das Jubilierende, das reine Singen des Paradieses.

Es war mir darum zu tun, das Ganze so ruhig als möglich zu halten, um dadurch etwas von dem zu erreichen, was man *serenità* nennt. So sind alle Figuren ähnlich und alle sitzend dargestellt. Jede heftige Gebärde und jede heftige Bewegung ist vermieden worden. Der Massstab der Figuren nimmt gleichmässig von unten nach oben zu, d. h. die oberen Figuren mit Gott-Vater und Christus sind im Massstab grösser als die untere Figurenreihe mit den Evangelisten. Abgesehen von der symbolischen Bedeutung hat diese Lösung den Vorteil, dass sie den Blick nach oben leitet. Hätte man alle Figuren im gleichen Massstab gehalten, so hätte die Gefahr entstehen können, dass die oberen Figuren irgendwie klein und dürftig gewirkt hätten. Das Fenster ist doch neun Meter hoch.

Die Ruhe in der Komposition, von der ich soeben sprach, besteht in der Haltung und in der Anordnung der Figuren. Aber sie steht nicht allein da. Über diese Ruhe, über diese *serenità,* ist gewissermassen ein farbiger Schleier ausgebreitet, der das Jauchzende und Frohlockende und Prächtige des Paradieses darstellt. Es liegen also gewissermassen zwei verschiedene ideelle Schichten übereinander.

Ausgeführt wurde das Fenster von Glasmaler Ludwig Jäger in St. Gallen, der fast alle meine Glasgemälde ausgeführt hat und dem ich auch hier für seine vorzügliche Arbeit meinen besten Dank ausspreche.

Wenn ich der Kirchenpflege Fraumünster noch einen Wunsch aussprechen dürfte, etwa so wie ein Bub sich auf Weihnachten etwas wünschen darf, so möchte ich wünschen, dass das Glasfenster von aussen geschützt werde. Vielleicht durch eine doppelte Verglasung, wie das in der Wasserkirche geschehen ist, oder nur durch ein Drahtgitter wie am Grossmünster. Ich weiss, dass die Kosten erheblich wären. Aber es wäre eine einmalige Ausgabe, die sich rechtfertigen liesse.

Der Weihnachtswunsch wäre dann erfüllt, und ich würde im nächsten Jahr nicht wieder mit einem Wunsch kommen.›

Die drei Chorfenster im Grossmünster in Zürich wurden während des Krieges herausgenommen und versorgt. Sie wurden am 28. August 1945 wieder eingesetzt. Und nun:

> Glück und Unglück, beides trag in Ruh;
> Alles geht vorüber und auch du.

DIE FARBE
UND ICH

Vortrag gehalten im
Rundfunk-Studio Fluntern
am 14. November 1933

DIE FARBE UND ICH

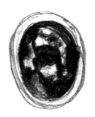

Wahrscheinlich haben Sie sich auch schon darüber gewundert, mit welcher Genauigkeit, Gewissenhaftigkeit und Vollständigkeit die Biologen uns das Leben der Insekten, der Schmetterlinge und der Schnecken schildern. Das Dasein dieser Naturwesen wird genau erforscht. Man weiss, wie sie sich im Sommer verhalten und wie sie im Winter aussehen. Man weiss, ob sie schon bei Tagesanbruch herumziehen oder nur in der Nacht. Man kennt ihre Nahrung. Man weiss, ob sie Alkohol ertragen und ob sie Süssigkeiten lieben. Man sagt uns, dass der Admiral, der schöne Schmetterling, ausser mit dem Mund auch mit den Füssen schmeckt. Man weiss, ob diese Naturgeschöpfe sich am Abend beizeiten zurückziehen oder ob sie gerne (wie andere Naturwesen auch) noch eine Weile im ‹Odeon› oder in der ‹Kronenhalle› sitzen. Alles weiss man. Und ausserordentlich sympathisch ist es, dass die Biologen keine Forderungen aufstellen, kein Maximalprogramm. Sie sagen nicht, dass der Hirschkäfer bedeutend gewinnen würde, wenn er sich so und so verhalten würde. Oder, dass die Wegschnecke einen ganz anderen Rang einnehmen würde, wenn sie, anstatt nur bei feuchtem Wetter herumzugehen, auch imstande wäre, im Hochsommer, bei heissem Wetter, über heisse Steine zu kriechen. Das sagen sie nicht. Sie beschreiben einfach das Aussehen und das Leben der Tiere.

Aber, wenn das Sein und das Sichverhalten der Purpurschnecke, des Feuerfalters und des Kolbenwasserkäfers wirklich so interessant und bewunderungswürdig sind, haben wir nicht ein gewisses Recht, auch von uns, die wir ebenfalls zur Natur gehören, zu berichten? Und habe ich nicht, in diesem Spezialfall, heute abend das Recht, von mir und meinem Tun zu erzählen? Ich werde Ihnen nicht sagen, wie ich mich im Winter verhalte und wie ich im Sommer aussehe. Werde Ihnen nicht schildern, dass ich zum Schutz gegen Kälte eine zweistöckige Pelzmütze besitze, mit der man auch bei 30 Grad Kälte ruhig herumgehen kann, ohne frieren zu müssen. Selbst das nicht, dass ich im Sommer oft um das Mittelländische Meer herum aufzutreiben bin. Bald in Venedig; bald in Marseille; bald in Algier oder in Tunis. Weil es dort warm ist, weil man dort keine Mandelentzündung bekommt, kein Schluckweh und keine Angina.

Von jeher hat die Farbe und alles Farbige auf mich einen grossen Eindruck gemacht. Ich mag wohl drei Jahre alt gewesen sein, als ich im Elternhaus in Stampa in einem hohen Kinderstuhl sass. Damit man daraus nicht herausfiel, war vorn ein Holzstab angebracht. Sessel und Holzstab waren gelb angestrichen, mit dem schönen Gelb wie die Postwagen, und am Holzstab vorn war, ich weiss nicht warum, ein glänzender Messingnagel eingeschlagen. Ein Messingnagel mit einem grossen Kopf. Ich fühle heute noch die Wirkung, die mir diese Farben gemacht haben, *Gelb* und *Gold*. Und wenn ich heute Gelb und Gold sehe, an einem Mosaik in San Marco oder in Nordafrika, wo der Wüstensand das Gelb darstellt und die Sonne das Gold, muss ich wieder an den Kinderstuhl in Stampa denken.

Einige Jahre später kam ich oft mit anderen Buben nach Coltura. Das Tor des Schlosses Castelmur dort stand gewöhnlich offen. Man durfte aber nicht hineingehen. Wenigstens wir Kinder nicht. Durch das offene Tor sah man einen dunklen Gang und an seinem Ende eine kleine Glastüre mit blauem Glas. Oft habe ich in den schwarzen Gang hineingeschaut – und immer war es mir, als ob dort hinten, bei dem Blau, irgendein Wunder im Entstehen sei. Als ich später, als Erwachsener, Gelegenheit hatte, ihn zu betreten, musste ich leider erkennen, dass das blaue Glas nur das war, was die Glasmaler mit Spott und Verachtung Signalglas nennen.

Der Schreiner in Borgonovo besass einige ganz kleine Stücke farbiges Glas. Wir Buben und Mädchen hielten diese kleinen Glassplitter ganz nahe ans Auge und schauten hindurch. Einstimmig waren wir der Meinung, wie prachtvoll es wäre, wenn die Welt immer so aussähe. Immer ganz rot oder immer ganz gelb oder immer ganz blau. Aber bei einem dieser Glassplitter wurde ich nachdenklich. Das Glas hatte ein kaltes Grün, und beim Durchschauen schien es mir immer, als müsse die Welt beim Weltuntergang so aussehen. Dann, wenn das Jüngste Gericht kommt. Und damit war nicht zu spassen.

Im Sommer 1898 befand ich mich zum ersten Mal in Paris und malte im Jardin des Plantes im zoologischen Museum Schmetterlinge. Eigen ist das. Man malt doch in Paris die Seine, die Brücken der Seine, die Schiffe und die Notre Dame. Mir aber war es immer, als könne man gewissermassen vom Mikrokosmos aus den Makrokosmos verstehen. So, als sei die Farbengebung zu einer grossen Komposition der Hochzeit zu Kaana schon in der farbigen Stimmung eines Herbstblattes enthalten. Das blosse ‹Vor der Natur sitzen› und sie farbig mehr oder weniger gut wiederzugeben genügte mir eigentlich nie. Etwas in mir hat immer nach einem Wissen über die Farbe gestrebt. Nach einem Wissen, um mit Hilfe dieses Wissens selbstherrlich über die Farbe disponieren zu können. Es hat sich also bei mir immer darum gehandelt, der Natur ihre Gesetze des Farbigen abzulauschen und zu entlocken, um mit Hilfe dieser Gesetze einen Organismus zu schaffen (in diesem Fall eine Kunst), die in allen Teilen parallel zur äussern Welt läuft. Ja, ich wollte nichts anderes, als dem lieben Gott Konkurrenz machen. Das ist doch sehr viel?

Immer war es mir, als ob es ein Leben der Farbe an sich geben müsse, losgelöst von jedem Gegenstand. Also etwas, das schon vor der Welt der Gegenstände da war und wovon die Gegenstände ihre Farbe entlehnen. Der Mohn hat sein Rot aus der farbigen Welt entlehnt. Beim Verblühen des Mohns geht das Rot wieder zurück zur farbigen Welt und kommt im andern Sommer im neuen Mohn wieder zum Vorschein. Aber wie mit dem Studium über die Farbe an sich beginnen? Über die Flügel der Schmetterlinge, die ich damals im Jardin des Plantes malte, zog ich ein Netz aus ganz kleinen Quadraten. Ein Netz, wie man es braucht, um eine kleine Skizze ins Grosse zu übertragen. Nur waren hier die Quadrate sehr klein. Auf diese Weise konnte ich ablesen, wieviel Quadrate Schwarz, wieviel Quadrate Dunkelgrün und wieviel Quadrate Rot der Schmetterlingsflügel enthielt. Diese Quadrate zeichnete ich dann grösser, füllte sie mit der betreffenden Farbe aus und liess den Umriss des Schmetterlingsflügels weg; so hatte ich tatsächlich eine farbige Abstraktion ohne Gegenstand.

Ich möchte Sie bitten, bei dem Wort ‹Abstraktion› jede Erinnerung und jede Parallele an Léger, Braque oder Picasso wegzulassen. Denn 1898 haben diese Künstler, sofern sie überhaupt schon auf dieser runden Erde

waren, ganz gegenständlich gemalt. Ihre Abstraktionen, die viel später entstanden sind, enthalten noch vielfach Teile aus der gegenständlichen Welt.
Teile einer Mandoline. Teile eines Weinglases und Teile einer zusammen-
gelegten Zeitung. Also Speisereste. Was mir vorschwebte, war etwas ganz
anderes. Meine Spekulationen von 1898 mit dem Schmetterlingsflügel
waren an sich richtig und logisch, aber das Vorgehen war unbefriedigend.
Ich habe dieses Vorgehen auch sehr rasch aufgegeben. Die Zahl der Quadrate war zu gross. Also musste viel grosszügiger und souveräner vorge-
gangen werden. So reduzierte ich die Zahl der Quadrate auf neun, überzeugt, dass man mit neun Quadraten auch die reichste und vollste Farbenharmonie einfangen könne. Die letzten dieser Farbenabstraktionen stammen aus diesem Jahr aus Torcello. Ich habe versucht, etwas vom Klang der
alten Mosaike mit nach Hause zu nehmen.

Man weiss, dass die französischen Impressionisten sich für das Theo-
retische der Farbe interessierten. Es handelte sich bei ihnen darum, eine
Farbe, eine Fläche, die an sich flach und dünn war, zum Vibrieren zu
bringen, spielen zu lassen. Was angestrebt wurde, war keine Erkenntnis
über die Art der Verteilung der grossen Farbmassen im Bild. Dafür waren
sie zu sehr der Natur verpflichtet. Auch vollführten sie die Komposition
der grossen Farbmassen vor der Natur und liessen sich durch sie inspi-
rieren. Schon 1839 war das ausgezeichnete Buch von Chevreuil erschienen: ‹De la loi du contraste simultane des couleurs›. Es war den Impressionisten gewissermassen vorausgeeilt und der eigentliche Träger der Theorie.
Mit der Zeit entstand ein ganzer Nimbus um das Buch. Ich habe es vor
vielen Jahren mit einem Freund in Florenz gelesen. Jeden Abend trug er
mir in einer kleinen Weinkneipe in der Nähe der Piazza della Signoria
einen Abschnitt daraus vor. Ich habe sehr andächtig zugehört. Als jedoch
die Lektüre zu Ende ging, war ich über die Sache ein klein wenig enttäuscht. Wahrscheinlich war das, was Chevreuil behauptete, schon Allge-
meingut geworden und mir vertraut.

Später beschäftigte sich Signac stark mit dem Problem der Farbe. In
seiner Schrift: ‹De Delacroix au Néo-Impressionisme› sucht er die Notwendigkeit der ‹mélange optique› zu beweisen. Die Notwendigkeit beispielsweise, ein Grau dadurch zu erzeugen, dass man kleine Flecken Rot
neben kleine Flecken Grün von gleichem Valeur setzt. Die beiden Farben
mischen sich in der Netzhaut des Auges und ergeben, von weitem betrachtet, ein prachtvolles Grau, das gleichsam schwebt. Das ist die ‹mélange

optique›.

Signac suchte nachzuweisen, wie schon Delacroix, namentlich in seinem Deckenbild in der Salle d'Apollon, durch seine ‹virgules› eine Bereicherung der Farbe in diesem Sinne anstrebte. Interessant ist, dass sowohl Chevreul wie Signac darauf ausgehen, der Farbe und dem Bild eine schöne Haut zu geben, wie die Haut einer reifen Frucht. Denn sicher ist das Grau, das durch das Mischen von Rot und Grün in der Netzhaut entsteht, weitaus reicher und voller als ein Grau, das schon auf der Palette gemischt wird. Eine solche Farbe ist gewissermassen vergeistigt, entmaterialisiert worden. Die Aussetzungen, die man Böcklin gegenüber erhoben hat, ihm vorwerfend, seine Farbe sei zu materiell, beruhen auf diesem Gedankengang.

Kehren wir zu Chevreul und zu Signac zurück! Was ich bei beiden vermisse, ist, dass sie sich eine Frage nie gestellt haben: die, wie die Natur bei ihrer Farbengebung eigentlich vorgeht? In welchem Verhältnis steht das Silbergrau eines Fisches zur dunkelgrünen Zeichnung, die über diesem Silbergrau gezogen ist? Das haben sie sich nie gefragt und nie daraus die Schlussfolgerung gezogen. Oder der rote Kamm und das weisse Ohr einer schwarzen Henne, wie sind sie koloristisch zu erklären? Wenn die Natur soviel Schwarz hinsetzt (in den eigentlichen Körper der Henne), so wenig Rot (in den Kamm) und nur einen Punkt Weiss (in das Ohr), so ist das ihre Art, farbig zu komponieren. Wäre es nicht interessant, die Sache zu untersuchen, um zu sehen, ob darin nicht eine Gesetzmässigkeit verborgen liegt? Sollten wir nicht analog zur Natur, parallel zu ihr vorgehen? Also nach dem Beispiel der Henne bei einem grossen Ensemble von Schwarz sehr sparsam mit Rot sein und noch sparsamer mit Weiss? Die kleine Quantität Rot jedoch von höchster Leuchtkraft. Dann das Problem des Transponierens einer Farbe! Bei einem grünen Apfelbaum sind die Äpfel rot. Wie wären sie, wenn der Baum violett wäre? Alle diese Fragen sind sowohl Chevreul als Signac unbekannt geblieben.

Seit kurzem versucht man, die Farbe einer Normung zu unterwerfen. Namentlich Wilhelm Ostwald und Hans Adolf Bühler haben es getan. Dabei handelt es sich darum, jeder denkbaren Farbe, jeder denkbaren Nuance ihre bestimmte geographische Lage zu geben innerhalb der anderen Farben. Zu diesem Zweck stellt man sich eine Kugel vor, die aus einer mächtigen Zahl kleiner, würfelähnlicher Körper bestand. Diese Würfel waren aussen, an der Oberfläche der Kugel, am grössten. Nach innen

nahmen sie immer mehr ab. Am kleinsten war der Würfel im Mittelpunkt
der Kugel. Jeder dieser Würfel stellte einen Farbton dar und war auch so
gefärbt. Die vollen, ungebrochenen Farben waren am Äquator der Kugel
angebracht und überschnitten diesen schräg. Der Nordpol war das reine
Weiss. Der Südpol das reine Schwarz. Der Mittelpunkt das absolute Grau.
Da man unmöglich jedem dieser Würfel einen Namen geben könnte (der
Wortschatz würde kaum ausreichen), so müsste man sie numerieren.
Praktisch würde es so herauskommen, dass man diese Kugel beim Völkerbund in Genf deponiert. Der Völkerbund würde sie untersuchen und
begutachten lassen und jedes Land verpflichten, für diesen bestimmten Ton
diese bestimmte Nummer anzunehmen. Jede Verwechslung und jede
Verschiebung wäre strafbar. Man könnte also in Sydney in einen Laden
gehen und sagen, man wünsche ein farbiges Taschentuch 1003. (Das wäre
zum Beispiel ein helles Blau mit einem Stich ins Ockerige.) Das Laden-
mädchen wüsste sofort Bescheid und würde lächelnd das verlangte helle
Blau mit einem Stich ins Ockerige bringen. Hätte man einige Monate
später in Wladiwostock das Gefühl, ein Taschentuch genüge doch nicht
und man wolle noch einige dazu kaufen, so würde man im Laden wieder
sagen: ‹Farbe 1003›, und der Jüngling brächte, stolz über seine Intelligenz,
sofort das helle Blau mit einem Stich ins Ockerige.

Ich bin davon überzeugt, dass man später mit Hilfe dieser Kugel die
tollsten und interessantesten Spekulationen auf dem Gebiet der Farbe
machen könnte. Vorläufig sind wir aber noch nicht so weit. Alles geht ja
sehr langsam vorwärts.

Kandinsky hat in seinem Buch ‹Über das Geistige in der Kunst› die
überaus interessante Frage aufgeworfen, durch welche Form man eine
gegebene Farbe steigern könne? Anders ausgedrückt: in welcher Form
eine gegebene Farbe zu ihrem vollen Ausdruck kommt? Kandinsky kam
beispielsweise zu der Folgerung, dass der Kreis die kongruente Form für
Blau sei. Rückblickend und zusammenfassend sehen wir, dass für Chevreul
und Signac das Spiel der farbigen Fläche, das Vibrieren der Farbe ein
Problem war. Für Ostwald und Hans Adolf Bühler jedoch handelt es sich
darum, Ordnung in die Reihe der Farben zu bringen. Kandinsky wiederum interessiert der Ausdruck der Farbe am stärksten.

Als ich fragte, ob es nicht möglich sei, dem lieben Gott Konkurrenz zu
machen, verstand ich darunter, ob sich nicht Gesetze entdecken lassen,
nach denen das Farbige in der Natur gestaltet ist? Denn es scheint, als ob

alles Farbige nicht zufällig, sondern nach Gesetzen vor sich geht. Nur kennen wir den Schlüssel noch nicht. Hätten wir ihn, so könnten wir gewissermassen von oben herab verstehen und disponieren. Wir würden dann so wie die Natur malen und wären innerlich so wahr wie die Natur.

Nehmen wir beispielsweise eine Orchidee (die Cattleya)! Das viele Violettgrau der eigentlichen Blume und plötzlich das leuchtende Carmin der Lippe. Letzteres in einer ganz kleinen Quantität. Wie ist das zu verstehen? Wie ist der Urtyp dieser Harmonie? Nach welcher Konjugation vollzieht sich die Abwandlung? Wäre es nicht interessant, das zu wissen?

Dieses Frühjahr machte ich in Marseille im zoologischen Garten kleine Pastelle von Papageien, die gelb und blau sind. Wenn ich sage gelb und blau, so verstehe ich darunter nicht ein flaches Gelb und ein flaches Blau, wie diese Tiere in Schulbüchern und im Konversationslexikon abgebildet sind. Als Maler meine ich natürlich zwanzig Nuancen gelb und zwanzig Nuancen Blau. Wie aber sind die Papageien zu diesem Gelb und diesem Blau gekommen? Nach welchem Vorzeichen ging die farbige Gestaltung vor sich? Wie ist sie zu verstehen? Wären die Tiere rot und grün, so würde man sofort sagen: selbstverständlich nach dem Gesetz des Gegensatzes. Es sind Komplementärfarben. Aber gelb und blau? Was ist das? Wären es wenigstens die drei primären Farben! Gelb, blau und rot. Aber das Rot fehlt. Merkwürdig: erst nach einigen Tagen, nachdem ich die Lösung des Rätsels schon halb aufgegeben hatte, ging mir ein Licht auf. Man darf die farbige Erscheinung eines Naturwesens nicht für sich allein betrachten. Seine farbige Umgebung, die Umgebung, in der es lebt, will mitgesehen werden. In diesem Fall also der Wald, der Urwald, in dem die Papageien leben. Der Urwald ist grün, streckenweise dunkelgrün, streckenweise hellgrün, streckenweise graugrün und gelbgrün. Auf alle Fälle grün. Auf diesem Grün also fliegen die Papageien. Und nun sehen wir: ihre Farbe, ihr Gelb und ihr Blau sind die Komponenten des Grüns. Denn Grün besteht aus Gelb und Blau. Wir haben hier etwas wie den Zipfel einer Wahrheit erwischt. Die Natur schafft also Wesen und gibt ihnen diejenigen Farben, die die Komponenten der Farbe des Hintergrundes sind, auf dem sie leben.

Nun eine interessante Bestätigung dieser Gesetzmässigkeit an einem Beispiel aus unserer Gegend! Wenn wir uns unsere Stadt im Winter vorstellen, mit Nebel und Regen, ist sie grau. Um Grau zu bekommen, wird

Weiss und Schwarz vermischt. Die Komponenten des Grau sind also Weiss und Schwarz. Und tatsächlich: wir haben die weissen Möwen und die schwarzen Tauchenten, die ‹Taucherli›, die sich auf dem grauen Hintergrund bewegen. Ist das nicht prachtvoll? Dieselbe Gesetzmässigkeit, die im südamerikanischen Urwald ist, herrscht auch bei uns. In die Sprache der Malerei übersetzt – denn nur auf die Malerei kommt es uns an – würde das heissen: ein Grau ist belebt durch Weiss und Schwarz. Wem diese beiden Farben zu heftig und extrem sind, kann sie ruhig dämpfen. Er bleibt trotzdem in dieser Gesetzmässigkeit. Also: ein Grau ist belebt durch Hellgrau und durch Dunkelgrau. Aus dem Beispiel des Urwaldes und der Papageien, von dem wir ausgingen, lernt der Maler: eine grüne Fläche ist belebt durch Gelb und Blau. Aber auch hier hiesse es ausführlicher: eine Fläche aus zwanzig Nuancen Grün ist belebt und bereichert durch zwanzig Nuancen Gelb und zwanzig Nuancen Blau. Das ist schon eine respektable Leistung und bildet einen gewissen Reichtum.

Irgendwie haben wir hier den Faden einer Wahrheit in der Hand und können nun kühn werden, indem wir daraus interessante Folgerungen ziehen. Stellen wir uns vor, wir befänden uns auf einem anderen Stern, und die Atmosphäre dort wäre im Winter ein leuchtendes Orange. Dann strahlten die Möwen in Gelb und die Tauchenten in Rot. Denn das sind die Komponenten des Orange. Auf einem anderen Stern, wo die Atmosphäre violett wäre, müssten die Möwen blau (schon kobaltblau) und die Tauchenten karminrot aussehen. Als ich das einmal einem Jüngling aus Dornach erzählte, sagte er mir, das sei ‹luziferisch› und kam nicht wieder. Bis jetzt haben wir nur zwei Komponenten einer Farbe in Betracht gezogen. Es versteht sich jedoch von selbst, dass es drei, vier und mehr Komponenten geben kann. Ferner kann man diese Gesetzmässigkeit, die wir aus der Natur ableiten, auf die Dinge in der Natur übertragen und anwenden. Kehren wir zu unserem Beispiel vom winterlichen Zürich zurück und nehmen wir eine dritte Komponente des Grau an, also zum Weiss und zum Schwarz noch ein Blau! Dann haben wir tatsächlich dieses Blau im Blau der Tramwagen. Das wirkt wie Zauberei. Es versteht sich von selbst, dass dieses Blau im Sommer, in der farbigen Palette des Sommers, eine ganz andere Rolle spielt. Wir müssen uns nur daran erinnern, dass Blau eine Komponente des Grüns ist. Ein anderes Beispiel der Komponenten Weiss und Schwarz ist bei uns die Hochzeitskutsche im Winter. Die weissen Pferde und die weisse Braut. Der schwarze Bräutigam und der schwarze Kutscher. Dies alles auf Grau. Oder der graue Himmel, der weisse, fallende Schnee und die vorbeigehenden, dunkelgekleideten Leute mit dunkeln Regenschirmen. Zuletzt noch ein Beispiel im Frühjahr. Die Wiese ist zunächst nur grün, ohne eine einzige Blume. Wir können ihr ruhig zuschauen: wie durch Zauberei kommen die Komponenten des Grüns. Es kommen gelbe Blumen und es kommen blaue Blumen. Ist sie nicht prachtvoll, diese Gesetzmässigkeit? Aber Sie werden mich fragen: Was sagen Sie dazu, wenn eine rote Blume kommt? Es blühen doch auch rote Blumen. Wie sind sie zu erklären? Auf zweierlei Arten: hat das Grün der Wiese einen Stich ins Rötliche, so ist die rote Blume Mitkomponente des Grün, also im gleichen Rang wie Gelb und Blau. Ist das Grün der Wiese ein wirkliches Grün, ein ausgesprochenes Grün, dann ist die rote Blume ihre Komplementärfarbe. Sie ist Gegensatzfarbe. Diese Harmonie des Gegensatzes gehört aber einem anderen System an. Sie unterliegt gewissermassen einer anderen Gerichtsbarkeit.

Kehren wir zu unserem Grau zurück! Das klassische Beispiel einer souveränen und reichen Anwendung des Grau und seiner Komponenten sind die Wandbilder von Puvis de Chavannes im Pantheon in Paris. Nicht umsonst fügen sie sich so ausgezeichnet in das Grau des Steines ein. Man erzählt, dass er während der Arbeit oft mit einem grauen Stück Papier ins Pantheon kam, um sein Grau zu kontrollieren. Um das Farbige bei Puvis de Chavannes wirklich zu verstehen, muss man sich vergegenwärtigen, dass sein Grau als Grundton nicht ein Grau ist, das nur aus einer Mischung von Weiss und Schwarz entstand. Das wäre viel zu kalt, viel zu ärmlich und dürr. Sein Grau ist ein reiches, warmes, gut genährtes Grau, das durch eine Mischung von hellem Ocker, Rot, Weiss und ein wenig Blau entsteht. Die Komponenten seines Grau sind also Ocker, Rot, Weiss und Blau. Wie durch Zauberei sehen wir nun, dass seine Figuren die Träger der Komponenten sind. Ihre Gewänder bestehen tatsächlich aus Grau, Ocker, Graurot, Grauweiss und Graublau. Also auch hier dieselbe Gesetzmässigkeit.

Ein anderes Beispiel einer grosszügigen, reichen Anwendung des Grau und seiner Komponenten ist die Predelle der Grossen Krönung der Maria von Fra Angelico, die im Louvre hängt. Vergleicht man das Grau von Puvis de Chavannes mit dem Grau von Fra Angelico, so ist bei letzterem das Grau, das über den ganzen Grund des Bildes geht, schwerer und kälter. Vielleicht ist sein Grau so wie die Gänge seines Klosters in Florenz im Winter. Es entstand aus einer Mischung von Schwarz, Weiss, hellem Ocker und Rot. Und rührend ist es zu sehen, wie nun das Schwarz wirklich als Komponente kommt. Einige Figuren haben schwarze Gewänder! Wir sahen, wie Puvis de Chavannes seine Figuren, also die Komponenten seines Grau, behandelte. Nie erlaubt er sich ein leuchtendes Rot oder ein reines Blau. Die stärksten Farben bei ihm sind graurot, graublau und graugelb. Er musste und wollte auf den grauen Stein des Raumes Rücksicht nehmen. Fra Angelico war unabhängig. Seine Figuren, also seine Komponenten, stehen in ihrer vollen Leuchtkraft auf dem grauen Grund, aus dem sie geboren wurden .

Nun noch eine kurze Betrachtung über die Komplementärfarbe! Was man darüber in Büchern liest, ist ausserordentlich dilettantisch, oberflächlich und dünn. Man sagt uns, dass Rot und Grün Komplementärfarben sind. Dass sie gut zueinander passen. Wir hören aber nichts von der Quantität und vom Valeur, die sie haben müssen. Ja, man scheint absolut ahnungslos darüber zu sein, dass es ganz auf sie ankommt. Schade, dass Kandinsky in seinem Buch die Frage der Komplementärfarben nicht behandelt hat! Er hätte uns sicher ausgezeichnete Einblicke gewährt. Das Problem ist ausserordentlich wichtig und interessant. Aber das ganze Gebiet muss noch erforscht werden und alles ist ‹terra incognita›. Wenn ich aus der Natur ein Beispiel nennen soll, ein Beispiel wirklicher Harmonie zweier Komplementärfarben, so weiss ich kein besseres als den blühenden Geraniumstock. Das Rot der Blüte und das Grün seiner Blätter sind Komplementärfarben, wie sie in keinem Buch stehen. Auch hier sieht man sofort, dass es nicht das Rot und Grün der Schulbücher ist, sondern ein Reichtum von zwanzig Nuancen Rot und zwanzig Nuancen Grün. Es versteht sich jedoch von selbst, dass sie nicht da sind, um gezählt zu werden. Das wäre so grotesk, wie wenn eine Mutter die Liebkosungen, die sie ihrem Kinde schenkt, zählte. Überhaupt ist es eine schwierige Sache, über die Farbe zu sprechen. Farbengegensätze, Farbenübergänge, Farbenabstufungen soll man malen. Versucht man, sie mit Worten auszudrücken, so gleicht man einem, der das Automobilfahren nicht gut gelernt hat und beständig entweder zu weit nach rechts oder zu weit nach links fährt. Aber die Schriftgelehrten bilden hier natürlich eine Ausnahme.

Man kann einen Geraniumzweig malen und daraus ein sehr gutes Bild verfertigen, wie das Martin Lauterburg bewiesen hat, der bekanntlich sämtliche Geranien sequestriert, gepachtet und unterschlagen hat. Derselbe

Geraniumzweig kann für uns aber auch eine andere Bedeutung haben. Seine farbige Stimmung kann für uns ein Gleichnis sein, ein Sinnbild einer Proportion. Vielleicht war der Mantel des Pilatus so rot wie das Rot der Geraniumblüte. Der grüne Rasen, durch den er schritt, um zu Christus zu kommen, hat wahrscheinlich dasselbe Grün gehabt wie die Blätter des Geraniumzweiges. Wir sahen oben, dass Grün aus zwei Komponenten besteht, aus Gelb und Blau, die latent in ihm stecken. So war Christus, der vor Pilatus im Grünen stand, sicher in blaue Draperien gekleidet, und der Knecht, der ihn gefesselt hielt, in gelbe. Das ist der farbige Nexus.

Die Komplementärfarbe ist zu einer gegebenen Farbe das, was in der Woche der Sonntag bedeutet. Das Fest. Das, was auf dem Land das Schützenfest ist. Die Bataillionsmusik. In ihrer Anwesenheit wird immer mit flatternden Fahnen marschiert. Ihre Frage ist nur die: was kostet die Welt? Und wie, damit der Sonntag kommt, sechs arbeitsreiche, schwere Tage vorausgehen müssen, so muss die leuchtende Komplementärfarbe in der Quantität viel kleiner sein als der Grund, auf dem sie steht. Damit sie wirklich Clairon, Trompete und Pauke ist, muss sie im Valeur heller sein als der sie umgebende Grund. Die Rose ist heller als das Grün, auf dem sie steht. Die Tomate heller als ihr Grün. Das rote Kleid der Diana heller als der Wald. Der Goldfisch heller als das Wasser. Die blauen Augen des jungen Mädchens heller als sein Gesicht. Die gelbe Wolke heller als der violette Himmel. Wie wir soeben sagten, muss die Quantität der leuchtenden Komplementärfarbe kleiner sein als der sie umgebende Grund. Das Rot der Geraniumblüte ist in der Quantität kleiner als das Grün der Blätter. Die Schweizerfahne kleiner als die grüne Landschaft, in der sie flattert. Das Rot der Billardkugel kleiner als der grüne Billardtisch, auf dem sie steht. Die roten Punkte der Bachforelle kleiner als das Silbergrün des Fisches.

Vergleicht man die Harmonie, in der die Komplementärfarbe angewendet wird, mit einer Farbenharmonie, worin nur die Komponenten zum Ausdruck kommen, so ist die erste viel heftiger und aggressiver. Es gibt Individuen und Zeiten, die eine Harmonie mit Komplementärfarbe kaum ertragen. Sie ist ihnen zu laut. Oft ertragen sie auch eine Harmonie, worin nur die Komponenten einer gegebenen Farbe angewendet werden, nicht. Selbst das ist ihnen zu laut. Was ihnen vorschwebt, ist ein Camaleu. Also das einfache Spiel von verschiedenen Valeurs einer einzigen Farbe. Etwa ein helles Braun. Daneben ein helleres Braun. Dazu ein noch helleres Braun. Dem sagen sie Feinheit der Farbe.

Von der Natur kann man lernen, dass die Komplementärfarbe als leuchtende Farbe immer als Fleck, als Masse angebracht werden soll und nie als Linie. Die roten Äpfel, der Mohn, die rote Mütze des Schulmädchens wirken als Fleck. Versucht man die Komplementärfarbe als Linie anzuwenden, so wirkt sie dünn und spitzig und verliert die Fülle, die berauschende Wirkung, die sie sonst hat. Wahrscheinlich sind Sie erstaunt, dass ich als Gegensatzfarbe immer das Rot anführe, als ob es keine andere Komplementärfarbe gäbe. Gewiss gibt es noch andere. Denn theoretisch genommen hat jeder Ton, und sei er noch so gebrochen und zurückgedrängt, seine Komplementärfarbe. Einzig das absolute Grau macht eine Ausnahme. Dass bei uns das Rot eine so starke Wirkung erzielt, hängt mit unserer Landschaft zusammen, die, als Ganzes gesehen, grün ist. Das Blau des Sees, das Dunkelblau der Albiskette und das Blau des Himmels sind, wie wir sahen, eine der beiden Komponenten des Grüns. Sie heben es also nicht auf.

In der Sahara, in Touggourt, wo die Lehmbauten rot wirken und alles in eine warme, farbige Atmosphäre eingebettet liegt, ist Grün die Komplementärfarbe. Als ich dort war, kam eines Morgens durch die leere Hauptstrasse der Stadt ein kleiner Esel, der mit grünem Gemüse beladen war. Die Ladung war sehr klein, aber die Wirkung des Grüns ausserordentlich. Dort habe ich zum ersten Mal gesehen, was Grün ist. Die Innigkeit des Grüns war unbeschreiblich. Jetzt verstehen wir, warum die Fahne des Propheten grün ist. Warum das Paradies, wie es im Koran beschrieben wird, ein grüner Garten ist. Unser Paradies müsste logischerweise rot sein. Kehren wir zu unserem Beispiel der grünen Wiese im Vorfrühling zurück! Wir sehen, dass sie zuerst vollkommen grün ist, ohne eine einzige Blume. Dann kommen gelbe und blaue Blumen. Das sind die Komponenten des Grün. Was hier die Natur hervorbringt, ist das System der Anwendung zweier Komponenten einer Farbe. Am Tag, an dem eine rote Blume kommt, wird ein zweites System angewendet, das System der Komplementärfarbe. Daraus lernen wir, dass die Natur zwei Systeme übereinander legt. Dies berechtigt uns, ebenso vorzugehen.

Ein fast unübersehbarer Reichtum an Möglichkeiten entsteht daraus. Das, was man die reiche Orchestrierung der Farbe nennt. Aber wenn nun eine weisse Blume kommt? Es kommen doch auch weisse Blumen! Wie ist das Weiss zu verstehen? Weiss ist immer nur die Aufhellung einer Farbe. Ihr hellster Valeur. So wie Schwarz nur die Verdunkelung einer Farbe ist.

Ihr dunkelster Valeur. Stellt man sich ein Gelb vor, das sehr stark aufgehellt ist, so scheint es weiss. Weiss mit einem Stich ins Gelbe. Ebenso scheint ein Rot, das sehr stark aufgehellt ist, weiss. Weiss mit einem Stich ins Rötliche. Warum gibt es keine schwarzen Blumen? Farbentheoretisch gesehen, wäre auf der grünen Wiese eine schwarze Blume ebenso logisch und berechtigt wie eine weisse Blume. Sollte im Laufe der Jahrtausende eine Blume entstehen, die schwarz ist, so kann man mit vollkommener Sicherheit jetzt schon sagen, dass es ein Schwarz sein wird mit einem Stich ins Grüne. Also ein sehr dunkles Grün.

Schliesslich können wir uns fragen, wie erklärt es sich, wenn eine violette und eine orangefarbige Blume kommt? Wie soll das Violett und das Orange gedeutet werden? Violett und Orange sind, wie das Grün, sekundäre Farben. Violett, Orange und Grün sind unter sich gleich verwandt. Sobald also auf der grünen Wiese eine violette oder orangefarbige Blume erscheint, gelangt wiederum ein neues System zur Anwendung. Sekundäre Farben tauchen auf. Wir sahen bei der Wiese, wie die Natur vorgeht, um ihr Grün zu beleben. Zuerst kamen die Komponenten Blau und Gelb. Dann entstand die Gegensatzfarbe, das Rot. Dann die Aufhellung des Grün, das Weiss. Die Verdunkelung des Grün: das Schwarz (die schwarze Blume) kam nicht. Dann folgten die zwei sekundären Farben violett und orange. Mit welcher Grosszügigkeit und welcher Verschwendung geht also die Natur vor, um in ihrer Art zu komponieren!

Nun eine Transposition! Wie würde eine solche Farbenpracht aussehen, wenn die Wiese anstatt grün violett wäre? Dann würden die beiden Komponenten blau und rot sein. Die Gegensatzfarbe wäre gelb. Die Aufhellung des Violett weiss. Die beiden Sekundärfarben orange und grün. Wir hätten also Blumen, die grün wären. Alles das gäbe eine neue, noch nie gesehene und uns unbekannte Welt, die innerlich dieselbe Gesetzmässigkeit hätte wie unsere Natur. Denn sie würde ja von unserer Natur abgeleitet.

In der Malerei ist wohl Böcklin das grösste Beispiel für eine souveräne, grosszügige und freie Anwendung verschiedener Farbsysteme. Wie in der Natur, so sind auch bei ihm verschiedene Systeme übereinandergelegt. Es gehört schon ein sehr geübtes Auge dazu, um sie zu entwirren, zu entschleiern und zu sehen. Erst wenn man das kann, hat man ein Bild koloristisch wirklich verstanden. Zum sinnlichen Genuss, der im Wesen der Farbe liegt, gesellt sich dann noch der intellektuelle Genuss, die Freude am farbigen Aufbau, die Freude am Verstehen.

Neben Böcklin muss die Glasmalerei der Gotik genannt werden. Sie ist wohl das imposanteste farbige Wunder, das wir überhaupt besitzen. Man weiss, dass sie in Frankreich den Zweiklang Rot–Blau ausgebildet hat. In Deutschland besteht ihre Harmonie auf den Gegensatzfarben Rot und Grün.

In Nordafrika ist über dem Eingang zur Hufschmiede, über dem Eingang zur Ledergerberei und über der Türe der Schuhmacherwerkstatt eine Hand angebracht. Es ist die Hand der Tochter des Propheten, die Hand der Fâtima. Sie soll den bösen Blick abweisen und nichts Böses in das Haus herein lassen. Vielleicht ähnelt jede Farbharmonie, so einfach und schlicht sie sein mag, solch einer Hand, die das Unheil von uns abwendet.

AUS DEN BRIEFEN

Einleitung zu den Briefen

Briefe von Augusto Giacometti an Professor Arnoldo M. Zendralli

Arnoldo M. Zendralli gründete 1918 mit einigen Gleichgesinnten die ‹Pro Grigioni Italiano›, eine Vereinigung der vier Italienisch sprechenden Talschaften Graubündens, welche die kulturellen Bestrebungen der ‹valli› fördern, die Interessen und Anliegen der italienischen Minderheiten vertreten und ihnen Ansehen verschaffen sollten. Noch im gleichen Jahr wurde die Herausgabe des ‹Almanacco del Grigioni Italiano›, wie er damals hiess, beschlossen. Augusto Giacometti, der schon in Zürich wohnte, wurde um ein Cliché für eine Reproduktion eines seiner Werke gebeten. Damit begann ein Briefwechsel, der erst mit dem Tode des Künstlers 1947 enden sollte.

Arnoldo Marcelliano Zendralli (1887-1961) Dr., Dr. h. c., war Romanist an der Kantonsschule von Chur, Kulturinitiant und Organisator, Herausgeber und Mitarbeiter verschiedener Zeitschriften, Autor mehrerer Bücher, unter anderem ‹Augusto Giacometti› (1936) und ‹Il libro di Augusto Giacometti› (1943), woraus wir die Briefe hier in der Übersetzung vorlegen. Nebst Erwin Poeschel, dem anderen Biographen Giacomettis, war Zendralli wohl der engste Vertraute des Künstlers, mit dem er zudem in seiner Muttersprache sprechen und schreiben konnte. Giacometti sandte ihm sämtliche Dokumente seines Schaffens, Zeitungsausschnitte und Bücher, welche Zendralli in seinen Artikeln und Büchern über ihn benutzte. Zudem wurde der Briefwechsel oftmals intensiv, wenn sie zusammen über eine gemeinsame Arbeit kommunizieren mussten. Giacometti ging im wunderschönen Haus ‹Zum oberen Spaniöl›, ein von Salis–Haus aus der Renaissance, während Jahren zu Besuch, wenn er in Chur weilte. Der Briefwechsel handelt also auch von familiärer Anteilnahme Giacomettis, der selbst keine Familie hatte. Umgekehrt besuchte Zendralli Giacometti oft in Zürich in seinem Atelier an der Rämistrasse. Von der ungefähr 300 Briefe umfassenden Sammlung hat Zendralli vorliegende Zitate entnommen und thematisch gegliedert. Nach Durchsicht sämtlicher Briefe haben wir uns entschlossen, die Auswahl Zendrallis so zu belassen und mit seinen Kommentaren zu übersetzen, wo das möglich war. Die Briefe der letzten Lebensjahre Giacomettis wurden nur bis 1943 zitiert, also bis zum Erscheinen des zweiten Buches. Wir haben die letzte Karte abgebildet, deren

Text den ganzen Giacometti zeigt, seine Selbstdisziplin und seine Schick-
salsergebenheit. Nachdem das letzte Bild fertig gemalt ist, das Bild mit den
Amaryllis, das Atelier aufgeräumt, kann er in die Klinik Hirslanden gehen,
um sich ganz auszuruhen, wie er schreibt . . .

GIACOMETTI UND SEINE
ITALIENISCH-BÜNDNERISCHEN MITMENSCHEN

Ich bin manchmal wie ein Kind, das sich auf Weihnachten freut.

Man könnte sagen, dass Augusto Giacometti immer in Erwartung und angst-voller Unruhe des Neuen, oft noch Unvermuteten, das ihm dann auch Freude bringt, harrt. Und wie der sensible nachdenkliche Junge, wird er das, was ihm Freude gebracht hat, mit einem tief in der Seele verborgenen Gesang oder auch bewusst hüten und in ihm wird die Befriedigung fortdauern, während er neuen Er-wartungen und neuen Ängsten entgegengeht.

Fern seiner engeren Heimat, mit der er sich mit der Treue eines Berglers verbun-den fühlt, war er einer der ersten, der begeistert die Vereinigung Pro Grigioni Italiano, eine die Italienisch sprechende Talschaften verbindende Gemeinschaft, unter-stützte. Er freute sich über jeden Erfolg:

25.11.1921 ‹... Wissen Sie, dass die P.G.I. beginnt, ein gewisses Ansehen auch ausserhalb Graubündens zu haben?›

Und er freute sich, als ihm im Herbst die erste Publikation der Vereinigung (sie erschien zum erstenmal 1919), der 'Almanacco', ins Haus gebracht wurde:

5.11.1921 ‹... Für uns andere, die wir nicht im Tale sind, ist es ein Gruss unserer Heimat und unserer Leute.›

12.1.1923 ‹... Der Almanacco ist immer etwas ganz Spezielles, das man erwartet, wie man als Kind Weihnachten erwartete.›

8.12.1928 ‹... Es ist immer ein Gruss unserer Heimat, der uns mit dem Winteranfang erreicht.›

Am 2.11.1930 von Paris zurückkehrend schreibt er:

‹Schon in Paris sagte ich mir, dass bald Ende Oktober ist und der Al-manacco in Bälde kommen wird. Und wie ich in Zürich ankam, war er schon im Hause... Er ist schön und interessant wie immer, und für uns, die wir nicht im Tale wohnen, bedeutet er doppelt so viel und hat doppelten Wert. Der Almanacco bringt immer wieder Artikel, die unsere Jugendzeit aufleben lassen, als wir noch zu Hause waren. Damals hatte man einen Kalender, der von der Buchdruckerei Ogna in Chiavenna gedruckt wurde. Er hiess: Calendario Universale. Die obere linke Ecke war gelocht und hatte eine kleine Schnur, damit man den Kalender aufhängen konnte.›

Und auch 1931:

16.10.1931 ‹Ich stelle mir vor, wie unsere Leute in den Talschaften die Artikel lesen während der Winterzeit. Ich weiss nicht, ob es noch so ist, aber als ich jung war, da verschlang man den Calendario Universale. Man las ihn mindestens zehn mal. Und am Abend, nach dem Essen, war er immer auf dem Tisch.›

Es war auch ein bisschen sein Kalender. Denn seit der Gründung schenkte er Jahr für Jahr eine Illustration. Aber 1925 musste er uns zusätzlich ein farbiges Titelblatt geben. Man bat ihn darum und legte ihm nahe, die Talschaftswappen dazu zu benutzen:

7.2.1925 ‹Ja, ich mache gerne ein neues Titelblatt für den Almanacco. Aber wäre es nicht besser, man würde die Wappen, die Wappen der vier Talschaften weglassen? Sie lächeln? Finden Sie nicht, dass die Wappen für uns andere, die wir glücklicher- oder unglücklicherweise 1925 leben, etwas Historisches, Vergangenes, Abgeschlossenes haben, das man im Grunde nicht goutiert und nicht kapiert? Wäre es nicht besser, unseren Almanacco mit einer Blume von unseren Wiesen oder mit einem Ästchen von einem unserer Bäume zu dekorieren? Mit etwas von unserer Natur oder von unseren Dörfern dort unten an den Grenzen zu Italien? Was sagen uns die Wappen? Nichts. Sie lassen uns höchstens an die Schule denken, wo man Geschichte lernen musste. Ist es nicht so?›

Es ist klar, das Titelblatt zeigte 'il fiore dei nostri prati' und einen Strahl des 'cielo azzurro dei nostri paesi laggiù al confine d'Italia', Titelblatt von 1927–1930. 1931 wandte man sich an ihn, um einen künstlerischen Mitgliederausweis zu erhalten, mit den Wappen der Talschaften:

13.7.1931 ‹Endlich erhalten Sie den Ausweis. Er ist sehr einfach, aber in diesen Dingen gilt: je einfacher desto besser. Die Wappen sind diejenigen, die E. R. Picenoni koloriert hat.›

DAS SIND DIE SCHÖNEN DINGE IM LEBEN . . .

Als er von unserem Studium von der grossen Aktivität der Bündner Baumeister erfährt (Zendralli, A. M.: Graubündner Baumeister, Zürich 1930), bemerkt er:

23.5.1928 ‹Was für eine Faszination hat doch die Idee, dass einer unserer Leute vielleicht am Mailänder Dom mitgearbeitet hat. Das sind die schönen Dinge im Leben.›

Und als er in einem andern Aufsatz von einem Misoxer Glockengiesser liest:

14.7.1929 ‹Wie sympathisch ist doch dieser Giesser Giovanni Domenico Giboni und wie schön war diese Kunst. Wieviel Poesie. Schön auch, dass die Frau von Giboni 'die Giesserin' genannt wurde... Sollte man nicht alle

Inschriften auf den Glocken unserer Täler sammeln? Ich erinnere mich an den Eindruck, den ich hatte, als wir, noch Kinder, auf den Kirchturm von San Pietro in Stampa stiegen, um die Glocken aus der Nähe zu sehen und die Inschriften zu lesen.›

Im Jahre 1927 bereitete das Bergell die Theatervorstellung ‹Stria› (Hexe) vor, die Bergeller Tragikomödie von Giovanni Andrea Maurizio.

30.10.1927 ‹Die ‘Stria’ hatte für uns einen ausserordentlichen Charme. Man möchte, dass sie nie stirbt.›

Er fühlte sich seinem Heimattal immer verbunden und vor allem seinem Dorfe Stampa:

22.5.1935 ‹...Vorgestern war Gianotti *(ehemals Lehrer an der Bündner Kantonsschule und ein grosser Freund von Augusto Giacometti)* hier:...Er erzählte mir interessante Dinge von Stampa, aus der Zeit, als er noch ein Knabe war.›

Einige Tage später, befreit von einer Widerwärtigkeit, sagte er mit einem Achselzucken:

31.5.1935 ‹Ich fühle mich 20 Jahre jünger und es kommt mir in den Sinn, was man als Kinder in Stampa sang: Wir sind Schweizer, es lebe die Freiheit.›

AUSSERORDENTLICH SYMPATHISCH

Die Maler seiner italienisch-bündnerischen Heimat kamen einer nach dem andern bei ihm vorbei: Gottardo Segantini ist ihm vertraut; Giuseppe Scartazzini war Interpret und treuer Mitarbeiter seiner Fresken im Amtshaus I in Zürich; Giacomo Zanolari und Oscar Nussio gehen ihn im gleichen November des Jahres 1930 besuchen. Nussio hatten wir vorangemeldet:

2.11.1930 ‹Ja, Nussio soll kommen. Es wird mich freuen, seine Bekanntschaft zu machen. Ich habe noch nichts gesehen von ihm, aber ich habe seinen Namen da und dort gelesen. So wie man da und dort die ersten Frühlingsblumen sieht.›

Dann, einige Tage später:

9.11.1930 ‹Nussio ist noch nicht gekommen. Aber es kam Zanolari. Dann kam auch Segantini. Unglücklicherweise war ich nicht zu Hause.›

20.11.1930 ‹Vorgestern hatte ich Besuch der beiden Brüder Nussio. Sehr sympathisch. Der Maler kam noch einmal, um mir einige Zeichnungen zu zeigen, die er bei sich hatte; sowie einige Photographien seiner Arbeiten.

Der Musiker *(Otmar Nussio)* kannte mich aus dem 'Jelmoli' *(Gemeint ist das Restaurant, das sich im gleichnamigen Warenhaus befindet).* Er geht auch jeden Tag dort essen.›

Der Porträtist Gustavo de Meng ist in verwandtschaftlicher Beziehung mit ihm. Wir insistierten, dass er sich von seinem Verwandten malen lasse:

6.7.1932 ‹Nachdem Sie soviele andere als Modelle hatten, sitzen Sie einmal, Herr Maler, und Sie werden ein sehr kostbares Modell sein›, *sagte er, aber er fuhr fort:* ‹Und Sie werden sehen, dass das Modellsitzen schrecklich langweilig ist.› *Und weiter sagte er von de Meng:* ‹Ich weiss, dass meine Mutter ihn sehr gut mochte und sie fragte mich oft, was er mache. Also, man wird sehen, vielleicht ja, vielleicht nein.›

Und etwas später:

11.10.1932 ‹Vorgestern traf ich den Verwandten de Meng... Eines Tages wird man dann dieses famose Portrait machen.›

In Paris sieht er Lardelli:

23.3.1934 ‹Anfangs Februar war ich in Paris zur Eröffnung der Ausstellung der Schweizer Kunst. In den Sälen der Ausstellung traf ich den jungen Maler Lardelli... Er hatte sein Studio in der berühmten 'cité universitaire', im Schweizer Pavillon von Le Corbusier.›

Als letzter präsentierte sich Ponziano Togni:

26.4.1935 ‹Wissen Sie, dass ich in Mailand dem Maler Togni begegnet bin. Ein ausserordentlich sympathischer Junge.›

IST DAS NICHT SCHÖN – SCHADE

Im Jahre 1931 wurde von neuem die Frage einer italienisch-schweizerischen Universität diskutiert. Francesco Chiesa intervenierte in der Neuen Zürcher Zeitung:

14.5.1931 ‹Wie haben Sie den Artikel von Francesco Chiesa in der NZZ gefunden? Es ist auch meine Idee. Aber das Interessanteste ist das, was Sorel sagt, dass es Ideen gibt, die nie realisiert werden sollten. Wenn sie aber doch realisiert würden, wären sie doch nur mickerig. Ist das nicht schön?›

Und als wir dem widersprachen:

3.6.1931 ‹Sind wir uns nicht einig über die Frage der Tessiner Universität? Das will nichts sagen. Die Frage ist rein akademisch. Schade, dass Sie die Antwort nicht der NZZ geschickt haben. Wollen Sie es nicht tun? Das wäre sehr interessant. Die Diskussion ist noch nicht geschlossen.›

Im Herbst 1934 ist er an einem Vortrag von Giuseppe Zoppi an der Universität in Zürich:

26.6.1934 ‹Vor einigen Wochen war ich an einem Abend von Zoppi an der Universität. Vom Grigioni Italiano sagte er nur wenige Worte. Schade...›

Augusto Giacometti liest viel: Vor kurzem hat er den Chiesa entdeckt:

5.6.1935 ‹Wissen Sie, was ich in den letzten Wochen gelesen habe? 'Tempo di marzo'. Es ist sehr unterhaltend und die Personen sind wunderschön. Jener Onkel Roma und jene Tante Lucia, und der Onkel aus Amerika. Oft musste ich von ganzem Herzen lachen. Ich wusste nicht, dass Francesco so ist. Er ist ganz anders als sein Bruder, der Maler. Manchmal geht er mir auf die Nerven mit seinem 'Burschikosentum', das sehr wahrscheinlich nur eine Manier ist. Schade, dass er das hat. Wenn er sagt: 'Die Sonne sprang aus den Wolken'. Oder wenn er von sich und seinen Freunden erzählt, dass sie Bücher auf den Boden warfen. Ich wette, dass er nie ein Buch auf den Boden geworfen hat.›

VILLA PLANTA

Von Zürich aus verfolgte er das künstlerische Leben seines 'Bündnerlandes'. 1921, nachdem er erfahren hatte, dass wir zur Wiederbelebung der Pro Arte einige Vorschläge gemacht hatten, meinte er:

1.7.1921 ‹Wissen Sie, dass wir immer noch hoffen, die Lokale im Erdgeschoss freizumachen, um dort monatliche Ausstellungen aktueller Schweizer Kunst zu organisieren. So, dass Chur sein kleines Kunstmuseum hätte, mit permanenten Ausstellungen, wie St. Gallen, Winterthur und Schaffhausen, ohne von Zürich, Genf und Basel zu sprechen. Die Position der Villa Planta, im Zentrum der Stadt und in der Nähe des Bahnhofes ist für diesen Zweck ideal und man kann nicht verstehen, warum man in der Villa auch noch eine naturhistorische Sammlung integriert hat, die in erster Linie den Schülern der Kantonsschule dient; sie muss ihren Platz in der Kantonsschule selbst finden oder in deren Nähe.›

1928 begegnet er in Chur demjenigen, der der neuen Kunstgalerie vorsteht:

17.9.1928 ‹Sie wollen einige Kartons für die Mauern über der Treppe.›

Und sie bekamen sie: drei Kartons der Fresken des Amtshauses, die jetzt die Wände der Vorhalle schmücken.

Anlässlich der Ausstellung des Nachlasses von Giovanni Giacometti, im Mai

1934, *gab die Pro Arte auf Anregung der P.G.I. dem Hauptsaal der Villa Planta den Namen der beiden Giacometti. Zur Eröffnung der Austellung und zur Ein-weihung des Saales lud man auch Augusto Giacometti ein:*

22.5.1934 ‹Herr Dr. Haemmerli *(Präsident der Pro Arte Graubünden)* aus Chur schrieb mir, dass es einige kleine Ansprachen gebe bei der Eröffnung der Ausstellung von Giovanni und lud mich ein, zu kommen. Aber ich war im Bett. Dann schrieb er mir vom Vorschlag unserer P.G.I. und vom Saale, der uns im Museum gewidmet werde.›

1935, *nach der Ausstellung möchte die Villa Planta ein Pastell, aber sie verfügt nur über wenig Geld:*

2.3.1935 ‹Ich freue mich, dass die Villa Planta ein Pastell kaufen will. Ja, sagen Sie Dr. Jörger (Vizepräsident der Pro Arte), dass, wenn es nicht die … Franken seien, so mache es nichts. Man nimmt das, was da ist und basta.›

REISEN

Glücklich die unruhige Seele. – Dann, ciao, bleib gesund.

Augusto Giacometti ist ein ausdauernder, methodischer Arbeiter. Er kennt die leichten Vergnügen nicht, er begehrt auch nicht die seichten Konversationen, noch fühlt er sich glücklich in Gruppen. Er arbeitet. Aber wenn er eine seiner An-strengungen mit Erfolg beendet hat, geht er leichten Schrittes und leichten Herzens unter die Leute, spaziert in der Menge, noch voll auf seine lichte, innere Vision konzentriert. Wenn er dann die Mühen einer ganzen aktiven Periode hinter sich hat, legt er einen seiner Fahrpläne bereit, füllt zwei riesige Koffer, schliesst sorgfältig sein Studio an der Rämistrasse und verreist wie der Schüler, der in die Ferien fährt, mit dem Gefühl absoluter Freiheit und Unabhängigkeit. Jene Freiheit und jene Unabhängigkeit, die ihm sogar gewähren, etwas Unerwartetes zu tun, am Tisch die Zeitung zu öffnen und nach der Vorspeise die Zigarette anzuzünden.

Seine Weihnachtsferien, die zwei Wochen über Weihnachten und Neujahr, ver-bringt er seit Jahren regelmässig in Paris, wo Grasset war und wo der Louvre mit seinen Primitiven steht und in den Strassen das grosse Leben ist; Frühling und Herbst fährt er gegen Süden, bis nach Afrika, wo alles Sonne und Licht ist.

29.3.1927 ‹An Weihnachten war ich in Paris.›

4.1.1927 ‹In Gedanken bin ich noch in Paris. Wie gut tut doch diese Grösse und Fülle von Leben.›

8.12.1928 ‹Ich habe meine beiden Porträts beendet, das von Professor von Meyenburg und das mit der Dame in Blau, und am Mittwoch fahre ich nach Paris.›

11.12.1929 ‹Ich gehe nach Paris und fahre schon morgen... Ich bin begierig, den Louvre zu sehen.›

28.12.1929 ‹Gestern Abend, nach 3 Uhr, war ich auf den Champs Elysée. Wie schön war doch diese enorme Allee, in der Stunde, in der alle Autos kursieren.›

11.12.1930 ‹Ich werde hier *(in Zürich)* bleiben bis am 20. ... Dann werde ich sofort nach Paris reisen. Selig die unruhige Seele.›

5.12.1932 ‹Gegen Ende des Monats werde ich erneut nach Paris reisen. Ich freue mich, den Louvre, Delacroix, Prudhon und die italienischen Primitiven zu sehen. Eines Tages werde ich nach Chartres zurückkehren, um die Fenster zu sehen.›

7.1.1934 ‹Es wäre schön gewesen in der französischen Hauptstadt, und es war in den ersten Tagen schön. Aber dann, ein schreckliches Zahnweh. Es dauerte Tage und Tage. Ich machte nichts anderes, als im Hotel zu bleiben, im Zimmer, mit der Wange auf der Heizung, ein Aspirin im Munde und zu warten. In Zürich angekommen, liess ich mir sofort diesen Hundsfott von einem Zahn, diesen hundsföttischen Zahn ziehen, jetzt ist alles in Ordnung und alles geht gut.›

Einzige Ausnahme Ende 1934:

21.12.1934 ‹Diesmal wählte ich den Süden. Bisher war ich fast immer im Nationalmuseum *(in Neapel)*, das sehr interessant ist. Morgen werde ich einen Ausflug nach Herkolanum machen, um die neuen Ausgrabungen zu sehen.›

In diesem Winter ist er nach Paris zurückgegangen:

15.12.1935 ‹Wegen des Zahnarztes muss ich bis am Mittwoch in Zürich bleiben. Dann werde ich verreisen und am Abend spät werde ich in Paris sein. Ich freue mich riesig.›

Nach der Entspannung packte ihn wieder die Lust zu arbeiten und daheim zu sein:

18.1.1931 ‹Am Mittwoch sind es schon vierzehn Tage, dass ich von neuem im Vaterland bin. Zürich ist eine kleine Stadt, sympathisch und ruhig, mit reiner Luft und einem See, der fast immer grau ist. Aber es geht einem gut und man arbeitet.›

Für Giacometti war der Süden immer Italien, bis 1929. Aber in jenem Jahre entdeckte er auch Marseille:

13.10.1929 ‹... Zum erstenmal in Marseille. Es ist eine heidnische Stadt, aber sehr interessant... Ich bin um 6 Uhr aufgestanden und erwarte die Sonne.›

Marseille ist zum Meer hin ganz offen, und jenseits des Mittelmeeres ist auch noch französiche Erde. Der Maler schaut sich das Meer an und erliegt der Sehnsucht nach Wüste. Zwei Jahre später entscheidet er sich und riskiert die Überfahrt:

26.3.1931 ‹Ostern nähert sich mit grosen Schritten. Ich bin mehr als zufrieden, dass dieser (invernaccio ‘cane’, wie die Florentiner sagen) miese Wind vorbei ist. Angina, leb wohl, Fieber, Chinin, Husten und Katarrh lebt wohl. In diesen Tagen beendige ich den Karton in Originalgrösse für ein Fenster im Bundeshaus in Bern. Dann, nächste Woche, verreise ich nach Tunesien.›

18.4.1931 ‹Ich kam glücklich in Tunesien an, ein bisschen seekrank. Aber nichts Ernstes. Was für eine Sonne hier und ein ausserordentliches Licht. Die Pastelle, die ich mit mir nahm, sind alle etwas dunkel im Ton. Ein anderes Mal muss ich eine andere Skala mitnehmen.›

Und nach der Rückkehr:

3.6.1931 ‹Meine Pastelle von Tunis sind nun unter Glas. Wenn Sie eines Tages zu mir kommen, werden wir eine Art Schau machen.›

In den folgenden Jahren ruft ihn Afrika erneut. Und diesmal dringt er tiefer ein.

12.4.1932 ‹Seit einigen Tagen in Biskra. Die Reise von Algier nach Constantine und Biskra ist wunderschön. Es ist heiss. Es ist schon so warm wie Mailand im Sommer. Ich habe die Pastelle mitgenommen.›

Scherzend sagten wir zu ihm, dem schönen Mannsbild, ob er schon an die Gefahren des menschenfressenden Afrikas gedacht habe:

21.5.1932 ‹Ja, ja, die Menschenfresser hatten 72 km von Toggourt entfernt schon ein grosses Feuer angezündet, um wunderbare Kaldaunen *(Kutteln)* ‘à la mode de Cæn’ zu machen, aber dann, im letzten Moment, gelang mir die Flucht. Sie verfolgten mich bis an die Grenzen von Tripolitanien, dann, nachdem sie die ersten italienischen ‘Carabinieri’ gesehen hatten, verschwanden sie. Es war ein herrlicher Ausflug... Es war wirklich das, was die Deutschen ein Erlebnis nennen.›

Und von neuem in Zürich:

2.6.1932 ‹In der Stille sehe ich immer die Landschaften und die Visionen von dort unten. Toggourt, Biskra und Algier.›

Im Mai 1933, nach Beendigung der Fenster im Grossmünster, schreibt er:

3.5.1933 ‹Morgen werden die Brücken hochgezogen und dann: ciao, bleib gesund.›

Diesmal jedoch bleibt er in Marseille:

3.6.1933 ‹Ich habe 26 Pastelle nach Hause gebracht. Ich hatte mir keine Korrespondenz nach Marseille schicken lassen. Alles blieb hier, und so hatte ich den Eindruck einer totalen Unabhängigkeit und Freiheit. Vielleicht ist es das, was gut tut. Aber wahrscheinlich spielen viele Umstände an diesem Gefühl von ‘Jungbrunnen’, wie die Deutschen sagen, mit. Am Abend ging ich um 9 Uhr zu Bett. Wie die Hühner. Vielleicht tut auch dies gut.›

24.6.1933 ‹Dort unten in Marseille hat man immer Sonne, schönes Wetter und schön warm. Der Mistral jedoch ist schrecklich. Er kann den Menschen verrückt machen. Und er blies ununterbrochen fünf oder sechs Tage. Ich blieb im Zimmer eingesperrt und malte ‘Hotelzimmer’. Dasjenige von Marseille war von einem herrlichen Rot.›

Im Mai des folgenden Jahres, 1934:

9.5.1934 ‹Samstag oder Sonntag verreise ich nach Marseille.›

Wo ihn eine Frohbotschaft erreichen wird:

1.6.1934 ‹Eine gute Nachricht. Die Berner Kunstgalerie kaufte an der Ausstellung in Turnus den ‘Sidi-Bou-Said’ *(eines der tunesischen Erntebilder)*.

Aus einem physischen Bedürfnis erwachte in ihm die Sehnsucht nach Sonne und Wärme. Das rauhe Zürcher Klima brachte ihm Winter für Winter die üblichen Krankheiten: Erkältungen, Husten, Grippe, die wie ein Albdruck auf ihm lasteten. 1927 kehrte er aus Paris zurück:

29.4.1927 ‹... Dann vier Wochen zu Bett mit Grippe. Jetzt geht es wieder ziemlich gut. Im Augenblick male ich Orchideen auf grauem Grund.›

1929 kehrt er nach Marseille zurück:

19.1.1929 ‹In Marseille machte ich einige Pastelle, die mich hier in Zürich freuen. Man sollte von dort unten ein wenig jener Sonne und jener Schönheit mitnehmen können...›

Und 1930:

18.5.1930 ‹Der erste italienische Zöllner, den ich in Chiasso sah und der auf dem Bahnsteig auf und ab spazierte, liess mich Halsweh, Angina und Drüsen vergessen. So gross war die Freude, nach Italien zu kommen.›

– *1931:*

24.2.1931 ‹Dieses Jahr weder Angina noch Grippe. ‘Unberufen’ sagen die Österreicher. Aber ist einmal die Hälfte des Monats Mai vorbei, kommt sie nicht mehr. Die Verflixte.›

– *1932:*

5.7.1932 ‹Was macht die Gesundheit? Bis anhin keine Erkältung, keine Angina, kein Halsweh, nichts... Man muss dreimal unter dem Tisch klopfen, sonst beginnt das Unheil.›

— 1933:

8.2.1933 ‹Ich hatte vor ein paar Tagen einen Grippenanfall. Ich blieb einen Tag hier im Studio neben dem Heizkörper. So verging der Anfall.›

— 1934:

23.3.1934 ‹Dieses Jahr hatte ich einen ausgezeichneten Winter, ohne Krankheiten, ohne Erkältungen, ohne Angina, so dass ich einen Sprung nach Paris machen konnte, um die Ausstellung, die ich im Mai mit Morgenthaler in Glarus haben werde, vorzubereiten.›

Aber man soll den Tag nicht vor dem Abend loben:

30.4.1934 ‹Die Erkältung ist gekommen, diesmal sehr spät, und ich war acht Tage im Bett... Jetzt bin ich schwach. Das wird vorbeigehen.›

Und um sie besser zu überwinden, wird er nach Marseille gehen:

1.6.1934 ‹Die Sonne des Mittelmeeres hat gut getan. Man könnte den ganzen Sommer hier verbringen.›

Man könnte sagen, dass der Gedanke 'Wärme' ihn bedrängt:

29.6.1935 ‹Wie man sich fühlt in dieser guten Wärme? Mir geht es gut und ich habe viel gearbeitet in diesen Tagen.›

Manchmal könnte man auch denken, dass er einen Vorrat davon anlegen wolle, wie dieses Jahr, als er mitten im August nach Venedig ging:

4.8.1935 ‹Am Dienstag muss ich nach Luzern für eine Jury. Dann verreise ich nach Venedig. Vielleicht bleibe ich zwei Tage in Mailand. Ich möchte die Brera sehen. In völliger Ruhe.›

Und von Venedig schreibt er:

20.8.1935 ‹Schade, dass Sie am Sonntagabend nicht hier waren, um auf der Piazza das grosse Konzert zu hören. Eine grandiose Sache.›

Dann geht Giacometti einmal nach London.

3.7.1928 ‹Die Stadt ist fabelhaft... Aber mein Englisch, das ich bei Tarnuzzer in Chur gelernt hatte, habe ich fast vergessen...›

Deshalb, um sich für eine andere Gelegenheit zu wappnen, in Zürich zurückgekehrt:

17.9.1928 ‹...Wissen Sie, dass ich jetzt zweimal pro Woche Englischlektionen an der Berlitzerschule nehme?›

Wenig später geht er nach Deutschland, um seine Berliner Ausstellung vorzubereiten:

17.10.1928 ‹Ich war in der 'tedescheria'. Einige Tage in Stuttgart, Nürnberg und Köln. Im Kölner Dom machte ich von einigen antiken Fenstern drei kleine Pastelle, die wunderschön sind... Ich bin ganz Ihrer Meinung mit dem, was Sie über die Gründlichkeit deutscher Professoren gesagt haben. Aber was wollen Sie, sie sind so, und wissen immer mehr als der liebe Gott. Ich habe jetzt eine Ausstellung in Berlin. Die erste Ausstellung in Deutschland.›

1927 *war er zum erstenmal in Deutschland, um dann bis Norwegen zu fahren:*
30.6.1927 ‹Ich war jetzt zum erstenmal in Berlin, da habe ich einen kleinen Ausflug bis hier hinauf gemacht. Morgen werde ich in Dänemark sein.›

Und nach seiner Rückkehr:
22.8.1927 ‹Von Deutschland im allgemeinen hatte ich einen sehr vorteilhaften Eindruck. Ich kannte nichts. Aber nächstes Mal werde ich nach Italien zurückkehren.›

1935 *macht er einen Abstecher nach Basel, um die Ausstellung von Giovanni Segantini zu sehen:*
2.4.1934 ‹Gestern war ich in Basel, um die Ausstellung von Giovanni Segantini zu sehen, und ich habe mich einen Augenblick mit Gottardo unterhalten, der dort ist. Die Ausstellung ist sehr schön und reich und regt zum Denken an.›

SEINE TOTEN

Langsam, langsam schliesst sich der Kreis.

1928 *verlor er seine Mutter:*
29.1.1928 ‹Was für eine Leere fühlt man um sich, wenn man keine Mutter mehr hat. Und wie alles wert- und sinnlos scheint... Wir Männer sind immer − auch als Vierzig- oder Fünfzigjährige − die Kinder der Mutter.›

Der Gedanke des leeren Vaterhauses verfolgt ihn:
5.7.1934 ‹Ich wollte Ihnen sagen, dass ich zu Hause in Stampa war. Aber Sie werden es schon wissen. Es ist das erste Mal, dass ich nach Hause zurückkehre nach dem Tode meiner Mutter. Und während meiner Reise hinauf, hatte ich ein merkwürdiges Gefühl von Spannung und Angst für den Augenblick, in dem ich die 'stüa' *(Stube)* betreten musste. Aber da waren Vettern und Basen mit ihren Kindern, die mich am Postauto ab-

holten. Man plauderte, man lachte und erzählte sich vieles, und so ging alles viel besser, als ich befürchtet hatte.›

Ebenfalls 1928 starb in Zürich H. Trog, der Kritiker der Neuen Zürcher Zeitung, der für ihn immer vollstes Verständnis hatte:

16.7.1928 ‹Der Tod von Trog lässt in Zürich eine unersetzliche Leere und eine grosse Fassungslosigkeit zurück. Ja, das war ein Mann. Ich male Rosen und nochmals Rosen.›

1933 erinnert er sich, während er in Marseille ist, an seinen verstorbenen Vetter:

3.6.1933 ‹Ja, unser Giovanni ist nicht mehr... Man spürt nur noch eine grosse Leere. Langsam, langsam schliesst sich der Kreis. Aber wissen Sie, dass unsere Beziehungen die merkwürdigsten waren, die man sich vorstellen kann. Während eines langen Lebens hatte weder ich von ihm, noch er von mir je einen Brief, eine Karte oder einen Gruss erhalten, nichts. Und es musste so sein. Es war keine Gleichgültigkeit. Vielleicht werden wir eines Tages darüber sprechen. Jetzt ruht er bei San Giorgio, wo auch mein Vater ruht...›

AKTIVITÄTEN

Ich bin am Arbeiten. – Alles ging gut.

Von Zeit zu Zeit erinnert er sich voller Freude seiner Arbeit – mit Vorliebe dann, wenn die Anstrengung vollbracht ist:

19.11.1922 ‹Zur Zeit zeichne ich die Fenster der Kirche von Winterthur.›

5.6.1926 ‹Ich schicke Ihnen hier die Illustrationen für den Almanacco. Es ist eines der Fresken für das Amtshaus. Es befindet sich gegenüber dem 'Astronomo'. Die Fresken sind noch unsichtbar, wie die Sonne bei der totalen Sonnenfinsternis.›

1.6.1928 ‹Zur Zeit male ich das Portrait einer 'Dame in Blau'. Die Leinwand gibt die ganze Figur wider, sitzend, in natürlicher Grösse. Ein himmelblaues Kleid auf dunklem Grund. Wir werden sehen.›

19.11.1929 ‹Vorgestern bekam ich den Auftrag für ein Projekt in Farbe für das grosse Kirchenfenster im Fraumünster in Zürich. Es ist zehn Meter hoch und drei Meter breit. Man kann etwas Schönes machen.›

2.12.1930 ‹Ich werde bis zum 20. hierbleiben, dem Tag, an dem man mein Fenster, das ich nun beendet habe, in der Kirche von Frauenfeld einsetzten wird... Meine Ausstellung bei Aktuaryus schliesst am Sonntagabend. Es ging sehr gut.›

18.5.1930 ‹Mein Studio ist drunter und drüber. Ich bekam von der Kunstgesellschaft der Stadt Luzern eine Einladung, im Stadtmuseum eine Ausstellung zu machen. Die Ausstellung wird am Sonntag eröffnet.›

24.6.1930 ‹Heute nachmittag kommen in zwei grossen gelben Camions die Bilder von Luzern. Das heisst: viel Arbeit.›

26.6.1930 ‹Die Leinwände von Luzern sind angekommen. Es ging alles gut. Ich habe dort so viel verdient, dass ich in Peru eine Eisenbahnlinie kaufen kann.›

18.1.1931 ‹Ich bin froh, dass ich im Moment keine Ausstellung und keine Ablenkung habe, und so arbeite ich ruhig an einer Skizze 1:100 für das Wandbild im Saal der Börse.›

14.5.1931 ‹Ich glaube, mit der Ausführung der Malerei in der Börse beginnen zu können. Aber die Vorbereitung der Mauer ist noch nicht abgeschlossen. Man hat mir versprochen, dass alles bis Mitte Juni bereit sein werde. Warten wir es ab...›

13.7.1931 ‹Endlich kann ich mit meiner Malerei in der Börse beginnen. Sie mussten den ganzen Verputz wegnehmen und einen neuen machen, mit Marmorsand und Kalk. Jetzt ist er wunderschön, aber noch nicht trocken. Ich male direkt auf die Mauer. Für die Ei-Tempera habe ich ein Rezept, das von Böcklin kommt. Böcklin gab dieses Rezept an Albert Welti weiter und Welti gab es Balmer. Und Balmer gab es mir. Damals war ich noch in Florenz.›

1931 *kaufte der König von Italien die 'Rose bianche':*

2.6.1932 ‹Das Bild ging dann an die 'Galleria moderna' in Venedig.›

9.2.1933 ‹Gestern habe ich das Projekt in Farbe für ein zweites Fenster in Zuoz beendet. Die Arbeit auf dem Glas wird im Sommer ausgeführt werden. Und im Herbst wird die Sache dort an ihrem Orte sein.›

5.6.1931 ‹Langsam, langsam beginne ich mit den Kartons für das Grossmünsterfenster in Ausführungsgrösse.›

1.5.1933 ‹Man ist daran, die Fenster im Grossmünster einzusetzen. Der dritte Teil ist schon an seinem Platz. Es arbeitet dort ein italienischer Maurer, der ganz begeistert ist. Er sagte mir: 'Sie sind wunderschön'. Mir gefällt ein Kopf ganz oben im Mittelfenster. Und ich bin ganz neugierig, die Mariafigur zu sehen, die ganz unten in Dunkelblau steht.›

3.5.1933 ‹Morgen wird die 'Übergabe der drei Grossmünsterfenster an die Gemeinde' stattfinden. Heute wurde die Arbeit beendet.›

10.5.1933 ‹Die Fenster des Grossmünsters sind also an Ort und Stelle.›

8.6.1933 ‹Ich habe mein Projekt *(für die ETH)* beendet. Man hat bis am 20. Dezember Zeit, die Zeichnungen einzureichen.›

7.1.1934 ‹Hier in Zürich eine gute Neuigkeit. Ich habe den Wettbewerb für das Fresko am Politechnikum gewonnen. Ich freue mich sehr. Als Thema nahm ich 'Iktinus', den Architekten des Parthenon. Die anderen am Wettbewerb eingeladenen waren Pellegrini – Basel, Blanchet – Genf, Hügin – Zürich, Clément – Lausanne, Barraud – Genf, Baumberger – Zürich...›

Im Juli 1934 begibt er sich ins Bergell:

5.7.1934 ‹Wie schön war es in Stampa. Alle Wiesen blühten, mit Schmetterlingen, Insekten und der blühenden 'rosaspina' –, und dort mache ich Bleistiftstudien für meinen 'Iktinus': Ich habe die Ziegen meiner Kusine Savina *(Savina Zanini)* gezeichnet. Die Rückkehr dann über Chiavenna, Colico, Como. – Jetzt beende ich den Karton für den Iktinos in definitiver Grösse. Kurz nach Mitte des Monats werde ich das Fresko beginnen.›

10.7.1934 ‹Kommen Sie mich besuchen... am Polytechnikum. Am Montagmorgen kann ich anfangen zu malen. Man bereitet jetzt die Mauer vor. Der Maurer arbeitet schon seit geraumer Zeit. Ich gehe fast jeden Tag hinauf, um zu sehen, wie die Dinge liegen.›

19.10.1934 ‹Mein Gemälde ist nun sichtbar. Es scheint, das Rohn (Herr Prof. Dr. Rohn, Präsident des Studienrates des Polytechnikums) zufrieden ist. Jetzt werde ich ein kleines Projekt für die zwei Seitenwände machen.›

Schon im März des folgenden Jahres kann Giacometti mit der Ausführung der Seitenfresken beginnen:

9.3.1935 ‹Am Polytechnikum werden von neuem die Brücken für die zwei Fresken gerüstet. Ich habe den gleichen Maurer. Er ist der einzige in Zürich, der es versteht, den Verputz vorzubereiten. Es ist jedoch eine Hundekälte hier. Heute morgen hatten wir elf Grad. Hier bräuchte es Afrika.›

18.3.1935 ‹Ich habe den ganzen Tag am Polytechnikum gearbeitet. Ich habe den oberen Teil eines Baumes und zwei weisse Tauben gemalt.›

27.3.1935 ‹Ich habe die zwei Wände am Polytechnikum beendet. Es ging alles gut. Jetzt habe ich die Gemälde für sechs Wochen eingeschlossen.›

22.5.1935 ‹Ich war am Polytechnikum. Das Fresko ist enthüllt. Jetzt werden die zwei Türen angemalt im gleichen Grau wie die zwei Arkaden.›

29.6.1935 ‹Gestern war ich hier mit dem Maler Babberger. Wir gingen dann zum Polytechnikum hinauf, um das Fresko zu sehen.›

22.4.1934 ‹... Erinnern Sie sich an mein Bild, in Grautönen, mit den 'Donne alla fontana'? Ich habe es jetzt nach Paris geschickt an den Salon der Tuillerien.›

26.4.1934 ‹... Jetzt arbeite ich am Fensterprojekt für unsere kleine Kirche in Stampa. Es wird während des Winters ausgeführt. Im Frühling wird es dann seine Reise ins Bergell antreten.›

3.6.1935 ‹Mein Fenster für San Giorgio wurde in diesen Tagen nach Stampa verschickt. Ich weiss nicht, ob ich hinaufgehen kann, um die Arbeit an Ort zu sehen. Wir werden sehen.›

25.7.1935 ‹Ich habe in diesen Tagen eine recht grosse Leinwand beendet. 'Der Raub der Europa'.›

Im letzten Juli sandten wir ihm eine kleine Holzfigur, sehr wahrscheinlich vom Anfang des 17. Jahrhunderts:

4.8.1935 ‹Ist es ein Engel, von dem Sie mir hier im Studio erzählt hatten? Und ist er für mich? Ich bin glücklich und sehr bewegt. Es ist ein Familienstück, etwas, was immer in Ihrem Hause war. Er ist wunderschön. Es ist eine frische, robuste Kunst, die nicht soviele Probleme hat wie unsere Kunst. Ich stelle mir vor, dass er eines Tages in einem meiner Stilleben erscheinen wird. Diese Rot- und diese Blautöne sind wunderschön.›

15.9.1935 ‹Wissen Sie, dass ich in Venedig die Absicht hatte, noch einige Erinnerungen von Florenz zu schreiben, aber dann habe ich viel gearbeitet. Ich habe 23 Pastelle gemacht — aber ich habe nichts geschrieben.›

28.11.1935 ‹Wissen Sie, dass ich drei Fenster für den Chor der Kirche in Adelboden machen muss. Ich freue mich sehr. Ich habe volle Freiheit in der Wahl des Themas. Ich musste letzthin hinaufgehen. Da lag schon Schnee.›

ES WÄRE SCHÖN, WENN...

Augusto Giacometti, verständnisvoll, immer bestrebt das Schöne und also auch das
Gute in allem und allen zu suchen, nimmt mit grosser Gleichmütigkeit jede Kri-
tik, aber mit tiefer Freude jedes Lob an. 1922 *schickten wir ihm die Besprechung*
seiner Ausstellung in Chur:

15.10.1922 ‹Das, was Sie sagen, ist für mich sehr interessant und lehr-
reich. Dante, der alle Elemente des irdischen Lebens verbannt, ausser Licht
und Ton, lässt mich denken, dass auch Ihr Vorgehen im Grunde eine
Abstraktion ist. Auch der Pessimismus von Schopenhauer ist im Grunde
eine Abstraktion, aber von ganz anderem Charakter. 'Und Ihre Ausstellung
ist ein Gesang seines Paradieses'. Ja, sicher, und es muss so sein.› – *Und er*
erinnert sich an Zolas Worte: ‹Kunst ist gesehene Natur eines Wesens. Man
könnte also sagen, dass Ihre Arbeit über meine Werke Giacometti gesehen
durch das Temperament oder Wesen Arnoldo M. Zendrallis sei. Es wäre
schön, wenn es einmal gelänge, Ihre Arbeit für eine italienische Zeitschrift
zusammenzubringen.›

18.3.1935 ‹Man müsste einmal alles zusammenstellen, was Sie über meine Arbeit schrieben. Von den Anfängen bis jetzt.›

AUSSTELLUNGEN

2.11.1930 ‹Sobald meine Gemälde aus Paris zurück sind, werde ich bei
Aktuaryus *(in Zürich)* eine Ausstellung haben, die am 16. November eröffnet wird.›

20.11.1930 ‹Meine Ausstellung bei Aktuaryus ist nun eröffnet. Am
Sonntagmorgen wird dort eine kleine Matinée sein. Poeschel wird einige
Worte sagen.›

11.12.1930 ‹Meine Ausstellung bei Aktuaryus schliesst am Sonntagabend.
Es ging sehr gut.›

26.3.1931 ‹In diesen Tagen bekam ich eine Einladung des 'Circolo
Ticinese di Coltura' von Lugano betreffend einer kleinen Ausstellung am
Sitz des Circolo im Palazzo Riva. Ich habe 25 Bilder geschickt, vor allem
Pastelle. Die Ausstellung wird am Samstagabend eröffnet.›

5.12.1932 ‹Meine Ausstellung bei Aktuaryus schloss am vergangenen
Donnerstag. Sie ging sehr gut. Für mich war es sehr interessant und in-
struktiv, die Arbeiten in einer anderen Umgebung und in einem anderen

Licht zu sehen. Dann ist man ein anderer und hat Distanz zu sich selbst. Und das tut immer gut.›

8.2.1933 ‹Ich bin an den Vorbereitungen meiner Ausstellung in Paris. Motta und Musy haben die Schirmherrschaft übernommen. Ebenso der französische Kulturminister de Monzie.›

7.3.1933 ‹Also, übermorgen Abreise nach Paris. Die Gemälde sind schon alle dort. Ungefähr sechzig... Anlässlich meiner Ausstellung wird ein neuer Band über meine Werke publiziert. Er ist von Waldemar George geschrieben. Es ist eine wunderschöne Sache.›

5.4.1933 ‹Es war schön in Paris. Die Vernissage war direkt ein Fest.›

2.10.1933 ‹Heute sind sie gekommen, um die Gemälde für Locarno zu holen. Wir haben nur 24 Bilder (grosse und kleine) und 5 Zeichnungen. Die Fenster sind gut vertreten mit den Farbentwürfen für das Grossmünster und Frauenfeld.›

9.10.1933 ‹Das kleine Fest in Locarno war wunderschön. Schön die Worte von Zoppi, und die Ausstellung gut organisiert.›

Und da am Samstag ein Vortrag von uns hätte stattfinden sollen:
‹Also am Samstag. Dort unten haben sie die Absicht, auch die beiden Chiesa einzuladen. Das wäre schön. Aber ich weiss nicht, ob sie es machen werden.›

29.11.1933 ‹... Dann werde ich im Frühling eine Ausstellung in Glarus haben, zusammen mit Morgenthaler. Sie möchten dort während der Ausstellung eine Wiederholung des Vortrages *(Die Farbe und ich).*›

9.5.1934 ‹Am Samstag war ich in Glarus an der Eröffnung der Ausstellung. Ich habe mit Morgenthaler und dem Bildhauer Geiser ausgestellt. Zusammen haben wir achtzig Bilder... Ich bin dann auch am Sonntag geblieben, um die Landsgemeinde zu sehen. Es war sehr interessant. Etwas anderes als in Zürich! Ein anderer Patriotismus.›

1935 hat er eine Ausstellung in Chur:

31.1.1935 ‹Ich werde dann nach Chur kommen, um die Bilder aufzuhängen.›

20.2.1935: *Er kam und hatte sich zu diesem Anlass einen Fahrplan vorbereitet, der ihn zu einem eiligen Mittagessen zwang, um zur Zeit am Bahnhof zu sein: Aber der Zug war nur in seinem Fahrplan. Der Maler de Meng, der ihn begleitete, studierte den offiziellen Fahrplan und riet ihm zu einem neuen 'diretto'. Aber* ‹nicht einmal der Zug, den mir de Meng angegeben hatte, ging nach Zürich, und so blieb ich in Chur bis gegen 4 Uhr.›

Zu Beginn des Jahres 1935 *ist eine Ausstellung in Mailand in Aussicht:*

31.1.1935 ‹Sie werden eine bisschen als Pate fungieren müssen... Und die Lorbeeren werden dann geteilt. Sofern die Lorbeeren vier Kilogramm ausmachen, werden es zwei Kilogramm pro Person sein.›

Drei Tage später kam die Nachricht, dass man die Ausstellung in der dritten Märzwoche organisieren möchte:

3.2.1935 ‹Aber wie machen wir das? Es wird uns nichts anderes übrig bleiben, als die Dauer der Churer Ausstellung zu kürzen. Auf drei Wochen reduzieren. Was sagen Sie dazu? Für heute 'addio', ich muss zu Professor Zollinger zum Nachtessen.›

In der Zwischenzeit bereitete er sich vor:

20.2.1935 ‹Ich erwarte nun mit wahrer Ungeduld von Nicodemi *(Prof. Dr. Giorgio Nicodemi, Oberintendant des Museo Scorzesco)* die Masse des Saales.›

Aber die Masse kommen nicht.

28.2.1935 ‹Wissen Sie, wo ich gestern war? In Mailand. Ich habe mit Nicodemi gesprochen, der ein sehr sympathischer Mensch ist und mich herzlich und als ob ich schon seit Jahren in Mailand leben würde, empfangen hat. Er sagte mir, dass man die Ausstellung einen Monat lang haben könne, wenn man es wolle... Ich habe den Saal, der sehr gross ist, gesehen.›

Zurückgekehrt, macht er seine Überlegungen:

2.3.1935 ‹Wissen Sie, nach Mailand muss ich alle Gemälde, die in Chur sind, verschicken, grosse und kleine. Für die drei Sachen, die Eigentum der 'Pro Arte' sind, mache ich eine Ausnahme. Ich werde auch die 'Annunziazione ai Pastori', 'Bistone' und andere schicken.›

Dann beginnen die Schwierigkeiten. Die Zeit vergeht:

15.3.1935 ‹Ich habe keine Nachrichten aus Mailand, und so nehme ich an, dass die Ausstellung nächste Woche ist.›

18.3.1935 ‹In Mailand totale Funkstille. Ich weiss nicht einmal, ob die Sendungen angekommen sind›.

Verärgert rennt er ans Telephon, aber er erreicht niemanden, der ihm eine ausreichende Auskunft geben kann:

27.3.1935 ‹Aus Mailand nichts... Arme Maler, das wenige Geld, dass sie haben, müssen sie ins Telephonieren investieren.›

Endlich erreicht ihn die Nachricht:

28.3.1935 ‹Am 12. April am Mittag wird die Eröffnung sein. Am 9. April werde ich in Genf sein in einer Jury für Bilder für den Völkerbundspalast. Von Genf gehe ich dann direkt nach Mailand.›

2.4.1935 ‹Am Abend des 11. werde ich in Mailand sein. Am 12., im Laufe des Morgens, werde ich ins Castello gehen, um zu sehen, ob sie einige abstrakte Bilder umgekehrt aufgehängt haben...›

6.4.1935 ‹Ich werde am Donnerstagabend um 20.20 Uhr in Mailand ankommen und werde ins Hotel Touring, das gut sein soll, gehen... Wenn den Mailändern nur nicht in den Sinn kommt, Programm zu wechseln.›

Und die Mailänder wechseln tatsächlich Programm, das heisst, sie verschieben. So wartet Giacometti weiter:

14.5.1935 ‹Aus Mailand nichts.›

Aber diesmal ist das Warten weniger lang:

4.6.1935 ‹Die Bilder hängen alle... Der Entwurf für den Katalog ist gedruckt... Ich bin von neuem im Touring. Zum Mittagessen im gleichen Restaurant und am gleichen Tisch, wo wir auch waren.›

Dann endlich:

11.6.1935 ‹Also am Samstag um 11 Uhr.›

Es war eine absolut befriedigende Eröffnung:

17.6.1935 ‹Es war ein wunderschönes Fest... Auch Pietro Chiesa kam, dann kam Dr. Guido Baldini von Maloja. Der Saal präsentiert sich jetzt ganz anders, als damals, wie wir ihn sahen.›

29.6.1935 ‹Die Ausstellung wird Montagabend geschlossen und am Dienstagmorgen wird man mit dem Einpacken beginnen. Ich werde hingehen... Ich habe mich gefreut, dass der Maler Carrà seinen Artikel in der ‹Ambrosiana› geschrieben hat, Carrà ist ein sehr wertvoller Maler und sehr bekannt.›

15.7.1935 ‹Ich habe einige schöne ‹dopochiusura›-Tage in Mailand verbracht... Unser famoser ‹caporale› *(es handelt sich um die rechte Hand von Prof. Nicodemi, der, da er mit den Vorbereitungen des Saales für die Ausstellung beschäftigt war, scherzend sagte: Bereit auf Befehl, bereit zum Gehorsam, wie ein braver ‹caporale›)* sagte mir, dass ich mich mehr hätte für die Verkäufe interessieren müssen. Viele Leute hätten mich sprechen und die Preise wissen wollen... Ich begegnete dem Maler Agnelli von Lugano. Man schaute sich zusammen die Bilder an.›

‹Ich weiss nicht, ob ich es schon gesagt habe, dass die Leinwände in tadellosem Zustand aus Mailand angekommen sind. Es ist nichts passiert. Nicht einmal den grossen Fenstern.›

Nach der Ausstellung in Mailand ging Giacometti nach Genf:

13.7.1935 ‹Ich war dann in Genf in der Jury .für die Gemälde, die die Schweiz dem Völkerbundspalast schenkt.›

dann nach Paris:

15.6.1935 ‹Ich bin hier, um die Ausstellung italienischer Kunst zu sehen. Sie ist grossartig und sehr schön. Wenn Sie den Saal sehen könnten mit den Primitiven...›

‹Wie schön waren die Maisfelder beim Durchqueren Frankreichs. Wie schön ist das Leben. Und dann Paris. Paris im Sommer. Und dann alle diese Bilder, die ich so gut kannte von Florenz und die nun im Petit palais ausgestellt sind, mitten in einer eleganten Menge, die von allen Teilen der Welt gekommen ist, um diese Wunderdinge zu sehen. Dinge, die dort ruhig sind, als hätten sie etwas Angst vor all diesen eleganten, intelligenten und so schön angezogenen Menschen. Sie, die Dinge, sind von jener Einfachheit und von einer unsagbaren Ruhe. – Durch eine Türe sah man die dunkelblauen Himmel, die Himmel Italiens von Cima da Conegliano. Dann zwei kleine Benozzo Gozzoli, Pontoreno, einen grossen Perugino mit einer ausserordentlichen Komposition, Signorelli, dann zwei grosse Fresken von Andrea del Castagno. Der Louvre hat eine grosse Krönung von Angelico gegeben.›

30.10.1935 ‹... Das Kunsthaus *(von Zürich)* hat mich nach neuen Pastell-arbeiten gefragt, um sie jetzt dort auszustellen. Ich habe vierundzwanzig davon geschickt... Im Kunsthaus habe ich das Bild 'Natura morta', mit meinen Manschetten darauf, verkauft.›

7.11.1937 ‹... Bald werde ich, zum Anlass meines sechzigsten Geburts-tages, hier im Kunsthaus eine Ausstellung meiner Werke haben. Ich werde zu diesem Zweck den grossen Saal und einige mittlere Säle erhalten. Die Ausstellung wird vom 18. November bis zum 12. Dezember dauern. Ich bin jetzt alles am Ausmessen und Anstreichen.›

27.11.1938 ‹Ich habe gegenwärtig eine kleine Ausstellung in der Buch-handlung Bodmer an der Stadelhoferstrasse. Einige Ölbilder, Blumen, dann einige Pastelle, die ich im Sommer im Zoologischen Garten gemacht habe. Die Aktuaryus *(Kunstgalerie Aktuaryus an der Pelikanstrasse in Zürich)* wollte drei Arbeiten für ihre Weihnachtsausstellung. Dann habe ich Neupert zwei Gemälde geschickt *(Kunstgalerie Neupert an der Bahnhofstrasse in Zürich)*. Das alles bringt das Leben in der Stadt mit sich. In Stampa wäre es ruhiger.›

13.7.1939 ‹... Im Moment bereite ich eine Ausstellung vor, die ich bei Neupert haben werde, und wenn alles gut geht, wird sie am 20. dieses Monats eröffnet. Dann gehen die Arbeiten nach Basel, in die Kunsthalle. Dort wird die Ausstellung am 12. August eröffnet. Ich habe den grossen Saal, drei kleine Säle und die grosse Treppe. In den anderen Sälen wird eine Ausstellung des verstorbenen Righini *(Sigismondo Righini, ein aus dem Tessin stammender Basler Maler)* und einiger junger Tessiner Künstler gezeigt, also ein wenig 'svizzera italiana'.›

9.8.1939 ‹Kommst Du am Samstag nach Basel? Die Eröffnung wird um drei Uhr sein... Der grosse Saal ist prächtig.›

8.9.1939 ‹... Meine Ausstellung in Basel ist jetzt zu Ende. In den letzten Tage hatte ich etwas Angst um die Leinwände dort *(es waren die ersten Kriegstage)*. Aber es ging alles gut. Jetzt habe ich sie hier.›

23.12.1941 ‹... Ich habe einen Saal ganz für mich *(an der Ausstellung der Schweizer Künstler im Kunsthaus)*. Die Kantonsregierung kaufte eines mei-ner Stilleben und die Stadt ein Selbstbildnis.›

11.5.1942 ‹Ich werde eine kleine Ausstellung im Kurbrunnen von Rheinfelden haben. Ich habe alles verschickt. Es sind dreiunddreissig Öl-bilder, grosse und kleine. Die Ausstellung wird am Sonntag eröffnet. Mit mir stellt auch der Bildhauer Probst einige Werke aus.›

WERKE

28.1.1936 ‹... Der eigentliche Name des Bildes 'Ogni vivente loda il Signore' wäre 'La notte'. Es ist aus dem Jahre 1903, gehört der Eidgenossenschaft und ist als Depositum im Kunsthaus. Im Katalog des Kunsthauses ist es mit dem Namen 'Die Nacht' notiert. Um Konfusionen zu vermeiden, habe ich dem Bild den Namen 'La notte' gegeben.›

4.2.1936 ‹Als ich heute durch die Bahnhofstrasse ging, sah ich bei Neupert eines meiner Aquarelle ausgestellt: Die Berge oberhalb von Chiavenna, von unserem Fenster in Stampa aus gesehen. Es wird ungefähr von 1910 sein. Ich bin in den Laden gegangen und habe es sofort gekauft.›

28.11.1935 ‹... Weisst Du, dass ich drei Fenster im Chor der Kirche von Adelboden machen muss. Ich freue mich sehr. Ich habe volle Freiheit in der Wahl des Themas.›

21.1.1936 ‹... Ich arbeite am Entwurf der Fenster von Adelboden. Morgen habe ich ein Modell für die Figuren, für die Falten der Kleider.›

4.2.1936 ‹... Ich habe den Entwurf in Farbe für die Fenster von Adelboden beendet. Ich werde bald hinaufgehen, um sie zu zeigen. Mir kommt derjenige in den Sinn, der sagte: Ich habe die ganze Schweiz bereist und dann auch den Kanton Bern, aber wenn dieser Winter kommt, werde ich mich verheiraten.›

27.3.1936 ‹... Lachst Du über den Riesenkerl, der mit dem Päckchen nach Adelboden gereist ist? Aber es ist wirklich so, abends um zehn Uhr war ich wieder in Zürich. Aber das Päckchen war ein Riesenpaket, gross und schwer wegen des Glases. In Anbetracht des zum Bersten vollen Postautos von Frutigen nach Adelboden musste ich das Riesenpaket auf den Knien halten. Aber die Landschaft war wunderschön, mit Schneeflecken, Tannen und einem Himmel aus einer anderen Welt.›

31.3.1936 ‹... Der Erfolg in Adelboden? Sehr gross. Bald werde ich mit den Kartons in Ausführungsgrösse beginnen. Wir haben die Fenstereinweihung auf Sonntag, den 2. August, festgelegt. Ich hatte fast die Absicht, sie nach Paris zu schicken für die grosse Ausstellung von 1937. Da ich jedoch der Kommission angehöre, werde ich das nicht tun dürfen. Schade.›

17.7.1936 ‹Meine Fenster für Adelboden, die für den 2. August hätten bereit sein sollen, werden bis dann noch nicht fertig sein. So wird es eben später. Sie geben mehr Arbeit als man glaubte. Ich war am Montag in

St.Gallen *(die Fenster Giacomettis wurden in einer Werkstatt in St. Gallen ausge-führt)*, um sie zu sehen. Sie werden prächtig.›

10.9.1936 ‹Gestern war ich in Adelboden, um die Fenster zu sehen, die schon an Ort sind und am letzten Sonntag eingeweiht wurden.›

3.6.1936 ‹... Du fragst mich nach dem Namen der Fenster? Sie heissen 'Gethsemane'.›

1.3.1938 ‹... Eben habe ich kleine Projekte für zwei neue ornamentale Fenster gemacht, die ich für Adelboden ausführen muss, rechts und links der drei Fenster, die schon dort oben sind.›

11.3.1936 ‹... Ich arbeite an einer ziemlich grossen Leinwand 'Epikur', der in seinem Garten in Athen am Schreiben ist. Epikur ist dunkelblau gekleidet. Der Garten ist sehr primitiv. Die Figur in natürlicher Grösse.›

23.3.1936 ‹Ich habe 'Epikur' beendet. Es heisst 'Der Garten des Epikur'. Ich werde es diesen Frühling an die nationale Kunstausstellung in Bern schicken, zusammen mit dem Projekt der drei Fenster im Grossmünster.›

27.4.1936 ‹... Weisst Du, dass ich eine Arbeit für den Kanton Zürich machen muss? Es handelt sich um ein Fresko im neuen Amtshaus *(eines der vielen Bürogebäude der Stadt Zürich)*. Es ist ein Fresko, das der Kanton der Stadt zum Geschenk macht. Das Amtshaus gehört der Stadt. Ich freue mich sehr.›

3.5.1936 ‹... Ich phantasiere und träume von meinem 'kantonalen' Fres-ko. Es ist etwas vom Schönsten, disponieren, wählen, vergrössern, hervor-heben, abschwächen, bereichern und vereinfachen zu können.›

15.6.1936 ‹... Ich habe mein Fresko im Amtshaus V beendet. Morgen muss ich es den kantonalen Autoritäten vorstellen.›

14.8.1936 ‹Ich habe den Karton für das Fresko im Amtshaus in voller Grösse beendet und am Montag werde ich mit dem Malen auf der Mauer beginnen. Ich werde dann zwei Wochen härtester Arbeit haben. Aber es ist schön. Ich habe alles gut vorbereitet. Der Maurer ist schon da und arbeitet. Er ist ein Italiener und heisst Campagnoli.›

10.9.1936 ‹Ich habe die Arbeit Donnerstagabend im Amtshaus beendet.›

23.10.1936 ‹... Vorgestern war die Einweihung des Amtshauses V. Es waren etwa 200 Personen eingeladen. Es wurden viel Speck, Luganiche und Wein konsumiert. Wenn man vom Ausland zurückkommt *(der Maler war in jenen Tagen von einer seiner Reisen aus Italien zurückgekommen)*, geniesst man ungeheuer unsere Art zu festen, zu diskutieren, zu lachen, zu essen und zu trinken. Ja, ja, es lebe die Schweiz. Wir sind bei uns zu Hause und hier befehlen wir.›

19.11.1936 ‹... Weisst Du, dass ich ein Projekt machen musste für ein Fenster in Thayngen? Nachdem das Projekt beendet war, kam der Herr Pfarrer, um sich die Sache anzusehen. Er fragte mich, ob er meine Arbeit nach Thayngen mitnehmen könne, um sie den Herren des evangelischen Kirchenrates zu zeigen. Zwei Tage später kam ein Telegramm von ihm, indem er mir sagte, dass er mich besuchen komme. Er hatte mein Projekt unter dem Arm. In Thayngen, bei ihnen zu Hause, hatten sie das Projekt aufrecht auf einen Tisch gestellt, an die Wand angelehnt. Das Fenster war offen. Man liess dann auch die Tür offen. Es kam ein Windstoss und das Pastell, das unter Glas war, fiel zu Boden und ging kaputt. Was sagst Du dazu? Unglaublich. Im Moment habe ich alles weggeräumt, aber ich werde später wieder beginnen.›

AUS PARIS

5.1.1938 ‹...Ich habe einige Pastelle gemacht, einige Abstraktionen, zwei Hotelzimmer und zwei Fensterausblicke, graues Paris.›

11.4.1938 ‹...Ich habe Blumen gemalt: Nelken auf grauem Grund. Dann Orchideen. Dann weisse Rosen.›

2.7.1938 ‹Ich male Blumen, Blumen. Es ist jetzt die richtige Zeit und man muss davon profitieren›

11.3.1939 ‹...Ich habe zweimal einen Teil meines Studios gemalt mit roten Stühlen und Teppichen. Ich mache weiter.›

10.4.1939 ‹...Ich bin daran, ein Stilleben zu malen. Es sind da mein Hut, ein dunkelblauer Schal, meine Manschetten und vielleicht die Uhr, wenn sie mir vor dem Malen nicht gestohlen wird. Man weiss nie.›

17.9.1939 ‹Ich habe ein neues Selbstportrait beendet.›

19.10.1939 ‹Schön, die Quaderni *(Band 2, X der Zeitschrift Quaderni Grigionitaliani, in der die zwei Jugendwerke Giacomettis reproduziert waren).* Die Reproduktionen der zwei Jugendwerke, die Du mir geschickt hast, sind sehr gut. Ja, eines ist das Vaterhaus, wie es damals war. Ich hatte mich auf die andere Seite der Maira gesetzt, um es zu malen. Die andere Reproduktion ist unsere Küche. Der Knabe, der das Feuer anzündet, ist mein Bruder.›

19.3.1940 ‹Hier habe ich für die Stadt kleine Projekte für drei Fenster in der Wasserkirche *(an der Limmat; die Kirche ist vorher renoviert worden)* machen müssen. Ich habe sie vorgestern beendet.›

23.5.1940 ‹Während der Arbeiten hier in der Wasserkirche hat man entdeckt, dass die Fenster früher eine andere Form hatten. Ich werde deshalb mein Projekt für die Fenster komplett ändern müssen. 'Chaiba dumm'.›

22.8.1940 ‹... Ich arbeite am neuen Projekt für die Fenster der Wasserkirche. Ich gleiche demjenigen, der die Quadratur des Kreises finden will. Aber ich werde sie finden.›

14.12.1940 ‹Ich habe endlich meine Projekte für die Wasserkirche beendet und ich habe sie gestern dem Hochbauamt gebracht. Nachdem, was ich heute morgen habe sagen hören, scheint es, dass sie gefallen. Aber man weiss nie.›

11.11.1941 ‹... Ich habe viel zu tun mit den Kartons in Ausführungsgrösse für die Wasserkirche. Die Fenster müssen bis am 15. Juli 1942 beendet sein.›

28.6.1942 ‹Nach der Rückkehr von der Biennale von Venedig, am 23. Juni, musste ich mich sofort nach St. Gallen begeben wegen meiner Fenster für die Wasserkirche. Die Fenster werden schön. Du wirst sehen.›

29.12.1940 ‹Wie Du siehst, bin ich noch hier *(in Zürich)*. Die winterliche Landschaft, die Dächer unter dem Schnee, von meinem Fenster aus gesehen, waren so schön, dass ich zwei kleine Pastelle gemacht habe.›

21.11.1941 ‹Ich habe jetzt eine Winterlandschaft – von meinem Fenster aus gesehen – beendet.›

28.9.1941 ‹Ich habe heute ein Bild mit Blumen beendet. Dann arbeite ich an einem Mädchenbildnis.›

23.12.1941 ‹Ich weiss nicht, ob ich Dir gesagt habe, dass ich ein Fenster für das Rathaus in Bern machen muss. Jetzt arbeite ich am Projekt. Ich arbeite den ganzen Morgen, Mittag, den ganzen Abend und in der Nacht.›

18.1.1942 ‹... Ich habe Grimm *(Nationalrat und Stadtrat von Bern)* und dem Kantonsarchitekten mein Projekt für das Fenster des Rathauses gezeigt. Es scheint zu gefallen.›

29.4.1942 ‹Ich habe Blumen gerüstet und habe begonnen, sie zu malen. So habe ich keinen freien Moment mehr gefunden. Die Stunden und die Tage vergehen. Ich male 'Japanische Kirschblüten'.›

11.5.1942 ‹Es scheint, dass man die Geschichte mit einem Fenster im Fraumünster wieder aufnehmen will. Ich hatte das Projekt schon vor einigen Jahren in Pastell gemacht. Jetzt geht es um das finanzielle Problem., das schwierig zu sein scheint. Man wird sehen.›

KUNST UND KÜNSTLER

8.1.1936 ‹...Wie hast Du den Aufsatz von Amiet *(Cuno Amiet, der be-*
rühmte Berner Maler) über Giovanni gefunden? Ein echter Amiet, ehrlich
und klar. Ich habe ihn sehr genossen. Ich sah Amiet, kurz bevor er anfing
zu schreiben. Und er hat mir gesagt: 'Aber weisst Du, ich bin kein Schriftsteller.' Vielleicht hat er ein bisschen zu viel von sich, Amiet, und zu wenig von Giovanni *(Giovanni Giacometti, ein Vetter von Augusto Giacometti. Mit*
Cuno Amiet, seinem grossen Freund, die wichtigsten Vertreter des schweizerischen
Impressionismus) geschrieben. Aber man kann es auch so machen.›

26.2.1936 ‹...Der Ausflug vom Montag nach Thalwil *(zu Giuseppe*
Zoppi, Professor an der ETH in Zürich. Er wohnte in Thalwil) war schön.
Patocchi *(ein Tessiner Holzschneider)* ist ein guter Künstler. Zoppi schenkte
mir eine der ersten Mappen von Patocchi.›

10.9.1936 ‹Als ich am Abend nach Hause kam, fand ich ein Telegramm
mit der Todesanzeige von Babberger *(August Babberger, Freund von A. G.*
und Direktor der Akademie in Karlsruhe), der nach einer Operation in Altdorf
starb. Armer Babberger. Am Montag war ich an der Beerdigung in Altdorf.
So ist das Leben.›

7.11.1937 ‹Du wirst gelesen haben, dass wir unsern Righini verloren
haben. Er hat viel für uns getan. Ich mochte ihn gut. Ich ging oft am
Sonntag nach dem Mittagessen zu ihm. Man schwatzte und trank eine
ganze Flasche weissen Chianti. Trink, sagte er, das tut gut. Und das Thema
war für ihn immer die Schweizerkunst.›

1.3.1938 ‹...Weisst Du, dass Ponziano Togni *(von San Vittore, in Chiavenna*
geboren, dann in Zürich) ein Stipendium erhalten hat?...Ich freue mich sehr
für Togni. Er hat nur ein Bild eingeschickt. Eine gute Sache, alle haben es
bewundert. Ich weiss schon, dass die Schwierigkeiten jetzt beginnen. Das
Bleiben auf dem richtigen Weg. Hoffen wir.›

14.12.1940 ‹...Ich habe der Stadt Ponziano Togni empfehlen können,
um einige kleine Fresken in der Wasserkirche abzulösen. So wird er ein
wenig bekannt und verdient etwas. Man muss ja leben können in diesen
Zeiten.›

21.2.1941 ‹Weisst Du, dass Togni noch ein Stipendium erhalten hat? Ich
freue mich für ihn.›

20.4.1941 ‹Am Mittwoch und am Donnerstag haben wir hier in Dübendorf die Jury für die Wandmalereien. Ich hoffe sehr für Togni, aber man weiss nie.›

3.6.1941 ‹Habe ich Dir schon gesagt, dass Togni den Wettbewerb in Dübendorf gewonnen hat; ich freue mich sehr. Ein bisschen 'italianità' bei uns hier tut gut.›

3.9.1938 ‹... Ja, es ist gut, dass Du die Einleitung des Buches, das Foglias *(Giuseppe Foglia, in Lugano. Die Einleitung ist dann nicht geschrieben worden)* Werk gewidmet ist, schreibst. Er verdient es. Es ist merkwürdig, dass auch ich sehr wenige seiner Werke kenne. Aber er ist Künstler, daran besteht kein Zweifel. Foglia mag man. Auch Righini hatte immer eine gewisse Sympathie für ihn. Ich war mit Foglia in einer Jury hier im Kunsthaus, aber schon vor einigen Jahren. Dann sah ich ihn an einem Essen, als die ganze Jury für die Bildhauerei, die Landesausstellung betreffend, versammelt war. Im Frühling in Basel war ich bemüht, dass die Eidgenossenschaft eines seiner Werke kaufte. Was dann auch geschah. Sicher, dass er mit seiner Art viel verdorben hat in Lugano. Man erzählt von unwahrscheinlichen Dingen. Aber er ist Künstler und basta. Schön, was du von ihm sagst: 'und jenes graue Auge ist ein bisschen trübe, wie das Wasser eines Gletschers.' Schön.›

13.10.1940 ‹... Im November wird man hier im Kunsthaus eine Ausstellung italienischer Kunst machen. Man hat mich gefragt, ob ich über die italienische Malerei sprechen wolle. Ich habe ja gesagt, aber morgen werde ich ins Kunsthaus gehen und nein sagen. Ich werde Pietro Chiesa empfehlen. Sie wünschen einen Maler. Ich bin sehr beschäftigt mit meinen Fenstern und möchte nicht gestört werden.›

18.11.1940 ‹Gestern und vorgestern hatten wir hier die Eröffnung der Ausstellung 'Italienische Maler und Bildhauer der Gegenwart' gefeiert. Bankett im Baur au Lac und Bankette im Baur en Ville. Eine Atmosphäre von Internationalität und Brüderlichkeit. Aus Rom kam S. E. Koch. Aus Bern kamen Etter und Celio. Ich hatte das Vergnügen, die Rede von Zoppi zu hören, der ein wenig Sonne und 'italianità' in den grauen Zürcher Himmel brachte.›

EIDGENÖSSISCHE KUNSTKOMMISSION

23.11.1936 ‹... Ich bin drei Tage in Bern gewesen. Die Geschichte der Stipendien, die Kunstausstellung in Bern und die Ausstellung in Venedig. Ponziano Togni hat dieses Jahr nicht teilgenommen am Wettbewerb. Er schrieb mir, dass er noch warten wolle. Das hat er gut gemacht.›

21.5.1936 ‹Ich war in Bern zur Eröffnung der 'Nazionale'. Es war ein wunderbares Fest. Eine Menge Leute und eine Menge Maler aus der ganzen Schweiz kamen angereist. Wir hatten dann eine Sitzung am Montag und Dienstag wegen der Ankäufe für die Eidgenossenschaft. Man hat ein kleines Fenster von Scartazzini *(Giuseppe Scartazzini, Bergeller Maler)* gekauft und verschiedene Werke von Tessiner Künstlern. – Am Dienstag muss ich nach Venedig fahren, um die Ausstellung des Schweizer Pavillons an der Biennale zu organisieren. Baud-Bovy *(Daniel Baud-Bovy, langjähriger Präsident der Eidgenössischen Kunstkommission)* und Dr. Vital kommen mit mir. Die Eröffnung sollte am 1. Juni sein.›

3.6.1936 *(aus Venedig)* ‹Vorgestern war also die Eröffnung der Biennale in Gegenwart S.M., dem König. Es war ein wunderbares Fest, nur das Wetter war nicht sehr schön und es drohte zu regnen. Ich hatte die Gelegenheit, Carrà kennenzulernen.› *(Carlo Carrà, berühmter italienischer Maler, Autor eines guten Artikels über Giacomettis Kunst).*

6.8.1936 ‹Gestern war ich in Bern. Ich bin in der Kommission für die Ausstellung in Paris 1937. Endlose Diskussionen mit den Vertretern des Werkbundes und des 'Œuvre'. Wortstreitigkeiten und Geschichten. So ist das Leben.›

6.12.1936 ‹... Für meinen Aufenthalt in Lugano hatte ich herrliches Wetter. Am Nachmittag kamen dann fast alle Maler, um die Kartons des ersten Preises bei der Post zu sehen. Es kamen Foglia, Patocchi, Beretta und Cleis *(alles Tessiner Maler)* ... Beim Schloss Trevano begegnete ich dann Agnelli *(Fausto degli Agnelli, Maler in Lugano)*, der eine schreckliche Schnauze machte. Er war ganz und gar nicht zufrieden. In Zürich erhielt ich dann einen Brief von Chiattone *(Bildhauer aus dem Tessin)*. Auch er ist nicht zufrieden. So ist die Welt.›

2.5.1937 ‹Diesmal geht es in die 'tedescheria' *(deutschsprachiges Gebiet)*. Ich kam am Freitagabend hier in Wien an. Es handelt sich um die Organisation der 'Ausstellung der Schweizer Kunst'. Am Freitag wird ein Empfang der Presse stattfinden und am Samstag wird die Eröffnung sein.›

4.6.1937 ‹Am Dienstag werde ich nach Wien zurückkehren für den zweiten Teil der Ausstellung. Sie wird am 12. Juni eröffnet.›

22.6.1937 ‹... Ich bin vorgestern zurückgekehrt. Ich hatte schöne Tage in Wien. Schönes Wetter, warm und wenig Arbeit. Sie haben mich in die Oper eingeladen und ich habe 'Orpheus' von Gluck gesehen. Eine ausserordentliche Sache. Zweimal eingeladen in Grinzing zum Heurigen.›

27.10.1937 *(Nachdem man ihm einen Orden angeboten hat, fügt er bei:)* ‹... Fast wäre ich so eine Art Österreichischer Gefreiter geworden.›

8.3.1938 ‹Morgen von neuem in Basel. Kommission für die 'tableaux scolaires'.›

11.4.1938 ‹... Ich war oft unterwegs, in Bern zum 70. Geburtstag von Amiet, in Lugano zur Einweihung zweier Fresken von Chiesa und dem Basrelief von Belloni' *(Bildhauer aus dem Tessin)* mit dem Vortrag unseres lieben Professor Nicodemi *(Direktor des Museums im Castello Sforzesco, Mailand. Organisator der Ausstellung von A.G., 1935)*, danach in Basel.›

21.5.1938 ‹... Am Mittwoch gehe ich nach Venedig, um unseren Teil an der Biennale vorzubereiten. Baud-Bovy und Dr. Vital kommen auch mit.›

2.7.1938 ‹Die Tage von Venedig sind schon weit weg. Aber es war schön. Diese ganze Biennale ist eine Welt für sich. Es sind fast immer die gleichen Abgeordneten, die aus den verschiedenen Ländern kommen. Also endloses Grüssen und Händeschütteln mit einer wahren Freude, noch zu leben, einander nach zwei Jahren zu begegnen unter dem schönen Himmel von Venedig, gesund und munter zu sein, davongekommen zu sein und wenigstens in der Kunst eine Art internationale Zusammenarbeit repräsentieren zu können. Und jeder fühlt, dass alles Symbol ist. Das Schweizer Pavillon hat einen neuen Nachbarn, Jugoslawien, das zum erstenmal ausstellt. Wir haben uns gegenseitig versprochen, in alle Ewigkeit gute Nachbarn und gute Freunde zu sein.›

10.8.1938 ‹Am Donnerstag und am Freitag war ich in Davos in der Jury für die Sgraffiti an der Post. Unser Ponziano Togni ist im dritten Rang und erhält Fr. 400.–. Langsam, langsam macht er seinen Weg. – Graubünden ist schön. Ich sah das Postauto abfahren von Davos über den Flüela nach Zernez. Heimweh. Ich hätte grosse Lust gehabt, das Bergell zu sehen. – Am 18. dieses Monats muss ich mich nach Bellinzona begeben. Jury für die Ausstellung sakraler Kunst.›

30.3.1939 ‹... Gestern war ich in Basel in einer Jury für ein Fresko an der Universität und für ein Fenster im Rathaus von Riehen. Am Nachtessen, das uns von der Regierung offeriert wurde, begegnete ich Maurizio von Vicosoprano, der Kantonsbaumeister von Basel-Stadt ist. Ich freute mich.›

10.4.1939 ‹Am letzten Mittwoch war ich in Genf. Der junge Künstler, der Goerg *(Goerg-Lauresch, Genfer Maler)* heisst und der den Wettbewerb für eine Malerei an der Universität gewonnen hat, hat einen Teil des Kartons in Ausführungsgrösse vorbereitet. Es wird eine wunderschöne Sache sein. Ich habe Goerg die Adresse meines Maurers gegeben, um das Fresko zu machen.›

17.9.1939 ‹Vorgestern war ich in Schaffhausen zur Einweihung der Malerei auf der Fassade des Hauses 'Zum Ritter'. Am Abend, beim Bankett, habe ich zwei Worte gesagt, aber wirklich nur zwei. Da Du ja vom Fach bist, schick' ich Dir hier die Sache. Amiet kam auch. Es war schön, aber am Abend (am Morgen) als man ins Hotel zurückkam, war es fast drei Uhr.›

20.11.1939 ‹Übermorgen muss ich nach Aarau in die Jury für die Fenster der Stadtkirche. Am Wettbewerb machte auch Scartazzini mit. Hoffen wir das Beste. Das Ganze hängt auch von den Arbeiten, die die andern gemacht haben, ab. Wir werden sehen.›

19.3.1940 ‹Am Montagabend gehe ich nach Lugano. Wir haben dort die Jury für die Dekorationen im Zivilstandsamtszimmer im Rathaus.›

5.5.1940 ‹Vorgestern haben wir in Genf Baud-Bovy gefeiert, der zum Doktor honoris causa geehrt wurde. Ich musste zwei Worte sprechen. Ich schicke sie Dir hier. Vielleicht interessieren sie Dich.›

5.5.1940 ‹Übermorgen muss ich nach Venedig gehen zur Vorbereitung des Schweizer Pavillons an der 'Biennale'. Ich werde circa zwölf Tage dort bleiben. Dr. Vital begleitet mich.›

23.5.1940 ‹... Wie schön war Venedig. Wir haben schöne Tage gehabt, aber auch Angst, da wir nicht wussten, wie es mit der Schweiz gehen wird, und auch nicht wussten, wann Italien in den Krieg eintreten würde. Wir waren in ständigem Kontakt mit unserem Konsul Dr. Rüegger in Rom. So hatte man eine gewisse Sicherheit. Und eines Abends, auf dem Markusplatz, hörte man den 'Lohengrin'. Von unbeschreiblicher Schönheit, es ist reiner deutscher Geist, deutsche Seele und deutsches Herz. Viele weinten. Der Bergeller (immer voll jugendlicher Hoffnung), der dort war, gab sich Mühe, gleichgültig zu sein. Ich weiss nicht, ob es ihm gelang. Ich glaube nicht.›

21.11.1941 ‹Am Montag abend muss ich nach Bern zurückkehren. Das Finanzdepartement will eine Erinnerungsmünze für die Erstaugustfeier 1941 in Schwyz schaffen. Man will einen Wettbewerb unter den Schweizer Bildhauern machen. Es handelt sich um die Festsetzung des Programms.›

3.6.1941 ‹... Am 6. Juni haben wir hier an der ETH einen Vortrag von Francesco Chiesa. Wirst Du kommen? Ich bin an dem Tag nicht hier, ich bin in Luzern. Am 9. werden wir in Lugano sein und zwei Tage später in Basel. Wenigstens bereist man die Schweiz und hilft ein wenig, die Finanzen der SBB zu restabilisieren. Das ist schon etwas.›

18.6.1941 ‹Am Samstag Mittag begegnete ich in Luzern Pietro Chiesa und Patocchi. Wir waren zusammen, um im Bahnhof einen 'boccone' zu essen, wie Manzoni sagte. Chiesa war etwas deprimiert. Er hat den Wettbewerb der Malereien im Zivilstandsamtssaal in Lugano nicht gewonnen. Die Gewinnerin ist Rosetta Leins *(Tessiner Malerin)*. Patocchi und ich waren in der Jury.›

25.7.1941 ‹... Ich war in Luzern für die Jury des zweiten Teiles der Nationalen Ausstellung. Wir haben 3'259 Werke begutachtet. Jetzt bin ich halb tot. In der Jury war auch Pietro Chiesa. Ich habe grosse Lust, drei Tage ununterbrochen zu schlafen.›

9.8.1941 ‹... Ich schicke Dir hier meine kleine Ansprache von Schwyz und die Ansprache für die Eröffnung der Nationalen Ausstellung in Luzern. Dann zwei Photographien von Schwyz. Jede Menge von Photographien.›

11.9.1941 ‹...Vorgestern haben wir hier an der ETH 400 Plakate für die 'Winterhilfe' beurteilt. Togni hat einen dritten Preis erhalten (Fr. 200.–). Ich freue mich für ihn. Es war ein Wettbewerb für die ganze Schweiz.›

20.11.1941 ‹... Aber weisst Du, dass alle diese Arbeiten in der Kommission sehr interessant sind. Alle diese Projekte und diese Wettbewerbe. Es ist ein Vergnügen. Man lernt viel und man sieht viel. Das was Schopenhauer sagt: Kenntnis des Hergangs der Dinge in der Welt. Die Verpflichtung, zusammenzukommen und Kontakte mit vielen verschiedenen Leuten zu haben, tut mir gut. Es korrigiert die andere Tendenz, die ich in mir habe als guter Bergeller, immer allein zu sein, das Maul hängen zu lassen und niemanden zu grüssen. Und dann weiss man nie, nach Kriegsende, ob die Schweiz irgendeinen Teil Afrikas erhält und ich nicht als Minister der Schönen Künste dorthin gehen muss. Dann muss man einen Wettbewerb organisieren können, Stipendien organisieren und über den Ablauf der Dinge Rapporte nach Bern schreiben können.›

23.12.1941 ‹... Ich sende Dir hier eine Rede, nur wenige Worte, die ich an der Einweihung von Bodmers Fresken hielt.›

19.6.1942 *(Aus Venedig)* ‹Es ist schon mehr als eine Woche, dass ich hier bin. Unser Saal an der Biennale ist jetzt fertig und alles ist in Ordnung. Sonntagmorgen um zehn Uhr ist die Eröffnung der Ausstellung. Von Bern ist Herr Du Pasquier gekommen. Aus Rom kommt von unserer Gesandtschaft Herr De Micheli.›

28.6.1942 ‹Seit Dienstagmorgen bin ich wieder im Vaterland. Man ist nicht mehr an die langen Reisen gewöhnt, und am Tage meiner Ankunft war ich müder denn je. In Venedig hatte ich die Ehre, S. M. den König durch den Schweizer Pavillon zu führen und die ausgestellten Werke zu erklären. Ich bin in die internationale Kommission der Biennale gewählt worden und so werde ich gegen Mitte September nach Venedig zurückkehren müssen.› *(Er kehrte aus gesundheitlichen Gründen nicht dorthin zurück. Von September bis Oktober musste er einige Wochen im Spital verbringen, in der Klinik Hirslanden in Zürich.)*

REISEN UND RÜCKKEHR

15.12.1935 ‹... Ich muss in Zürich bleiben bis am Mittwoch. Dann verreise ich, und am Abend werde ich in Paris sein. Ich freue mich riesig.›

16.12.1935 ‹Ich war den ganzen Morgen unterwegs. Ich muss den Pass erneuern lassen. Vom Passbüro schickten sie mich zum Stadthaus, damit ich mir dort eine Empfehlung geben lasse. Von dort kehrte ich zum Passbüro zurück. Die üblichen Geschichten. Aber es schneite grosse Flocken und es war schön.›

5.1.1936 *(Er begab sich nach Paris für die Festivitäten zum Jahresabschluss. Anfangs Januar war er wieder zurück.)* ‹Ich bin am Freitag abend angekommen. Nach Paris hat Zürich etwas Trauriges, Leeres und Melancholisches. Wenig Licht, wenig geistige Leichtigkeit, wenig Optimismus, wenig Lust, etwas zu unternehmen um weiterzukommen. Was sind wir doch für armselige Menschen. Hier denkt man nur an das Bankbüchlein und an die Tage im Alter.›

11.3.1936 ‹... Ohne es zu wollen beginnt man zu träumen vom Reisen und von Reisen.›

10.9.1936 ‹... Übermorgen verreise ich nach Italien.› *(Venedig und Florenz).*

22.12.1936 ‹... Heute reise ich nach Paris. Die zwei Koffer sind gemacht, diesmal kann ich mich nur kurz in Paris aufhalten. Ich bin in der Jury des Wettbewerbs für das neue Fünffrankenstück. Die Sitzung ist auf den 30. dieses Monats festgelegt. Schade.›

31.12.1936 *(Aus Paris)* ‹Die Sitzung in Bern wurde auf später verschoben. Heute von neuem im Louvre.›

3.1.1937 ‹... Ich habe eine wunderschöne Reise gemacht. Wie schön war der Himmel über Paris, als ich an der Gare de l'Est abfuhr und als ich in Pantin und Noysy le Sec ankam. Ein grosser, heiterer und ruhiger Himmel, wie ihn Puvis de Chavannes in seinen Fresken im Pantheon malte. Und der Zug fuhr mit grosser Geschwindigkeit. Der Zuge hatte zwei Wagen, die direkt nach Mailand fuhren. Ein Wagen ging nach Venedig. Ich war in einem Wagen, der nach Bukarest fuhr. Um zehn Uhr war ich in Zürich; einen Augenblick in der Kronenhalle.›

18.7.1937 ‹... Im August werde ich die Pariser Ausstellung besuchen.›

20.8.1937 *(Aus Paris)* ‹Das Weltfest ist sehr interessant.›

5.1.1938 ‹Ich hatte wunderschöne Tage in Paris. Es war kalt, bitterkalt, aber dann waren die Strassen trocken und man hatte Sonne. Und deshalb keine Erkältung, kein Zahnweh, nichts. Und die Bäume im Garten Luxembourg waren schön und in der Luft war trotz der grossen Kälte ein Versprechen von Frühling, von warmen Tagen, von Glück. Und kleine Esel, von Kindern geritten, gingen mit gesenkten Köpfen im Kreise rund um den grossen Brunnen, der ebenfalls gefroren war und der in der Mitte steht. Wegen der grossen Kälte sprach niemand und ich hatte den Eindruck, vollständig taub zu sein.›

ohne Datum *(Aus Strassburg)* ‹Ich bin hier für einige Tage. Es ist eine sympathische Stadt und etwas verschlafen. Eine Provinzstadt.›

27.6.1939 *(Aus Paris)* ‹Ich bin seit ungefähr zehn Tagen hier. Der Sommer ist schön in Paris. Ich habe einige Pastelle gemacht.›

13.7.1939 ‹Ich habe wunderschöne Tage gehabt in Paris. Die Stadt ist jetzt viel ruhiger als an Weihnachten. Wer kann, ist schon auf dem Lande. Ich haben einige Pastelle gemacht.›

22.12.1939 ‹Für diesmal kein Paris. Ich verreise morgen abend und gehe für einige Tage nach Genf. Dann einige Tage nach Bern.›

13.1.1940 ‹... Genf ist viel ruhiger als Zürich. Ich begegnete fast niemandem. Ich begegnete Herrn Bovy, Direktor der Kunstgewerbeschule. Ich begegnete dem Dekorationskünstler Pernet. Ich begegnete dem Direktor des Museums, und basta. Ich habe einige Pastelle gemacht, in der grössten Ruhe und mit sehr grosser Freude. Sicher, auch das Hotelzimmer. Dann einige Experimente: von einem allgemeinen Farbton ausgehend, langsam und vorsichtig die verborgenen Farben beifügen, die, wenn man es so sagen will, in diesem Tone ruhen. Es ist etwas, was ich noch nie gemacht habe, aber eine eigene Schönheit besitzt. – Dann habe ich ein interessantes Buch von Huizinga gelesen, 'Homo ludens, Versuch einer Bestimmung des Spielelementes der Kultur'. Dann ein Buch des Malers Maurice Barraud: 'Notes et croquis de voyage'. Barraud hat die gleiche Reise in Afrika gemacht wie ich. So interessierte es mich zu sehen, was er vom malerischen Standpunkt aus gesehen hat und wie er es gesehen hat. Das Buch gibt das Heimweh der grossen Reise dorthin wieder. Heimweh nach den weiten Himmeln und den grossen Distanzen.›

27.9.1940 *(Von Genf)* ‹Ich bin hier seit zwei Wochen und heute abend kehre ich nach Zürich zurück. Ich nahm die Pastelle mit mir und konnte einiges machen... Zwei Abende war ich mit Genfer Kollegen zusammen.›

ZERSTREUUNG UND ENTTÄUSCHUNGEN, LEKTÜREN UND BETRACHTUNGEN

18.1.1936 ‹... Ich habe nur wenige ruhige Stunden gehabt. Immer wieder Einladungen hier und dort. Geschichten, Affären und Diskussionen, das Leben in der Stadt. Auch Morgen, Mittagessen an einem Ort, Nachtessen am andern.›

25.1.1936 ‹Heute abend Beinwurstessen im Bündnerverein *(Jährliches Treffen des Bündnervereins mit Nachtessen; Spezialität: eine besondere Art von Wurst).* Wir gehen alle, Poeschel *(Erwin Poeschel, Kunsthistoriker in Zürich, Autor von zwei Monographien über Augusto Giacometti)*, Risch *(Martin Risch, Architekt in Zürich)* und Kumpane.

28.1.1936 ‹Das Fest vom Samstagabend war schön. Die Luganiche *(Hauswurst in der italienischsprachigen Schweiz)* gut, aber ein bisschen zu stark gekocht. Der Veltliner sehr gut. Es kommt mir in den Sinn, dass man bei den nächsten grossen Manövern das Veltlin zurückerobern könnte.›

5.4.1936 ‹... Ich freue mich zu lesen (gewisse Werke). Nicht jetzt, wo ich hier und dort eingeladen bin, fast jeden Abend. Das ist leider so im

Stadtleben. Und jeden Abend muss man mit sauberen Schuhen und einem neuen Kragen ausgehen. Und man muss immer mit der Uhr in der Hand da sein, um nicht zu früh und nicht zu spät anzukommen. Und das alles, Kragen, Schuhe, neue Manschetten und Tram, kostet ein Vermögen.›

17.7.1936 *(Übrigens, was den Artikel über Kinderbücher betrifft:)* ‹... Erinnerst Du Dich an die 'Strenna dei Fanculli'? Es kam in der Via dei Serragli heraus. Aber ich glaube, es war eine reformierte Publikation. Eines Tages ging ich mir diese Via Serragli anzusehen. Sie ist auf der andern Seite des Arno und ist eine Strasse wie alle andern.›

7.11.1937 ‹... Ich habe schon die ersten Übel gehört... Für uns bräuchte es Zentralafrika. Wir könnten Frankreich anfragen, ob es uns ein Plätzchen dort abgeben könnte, genug, um dort zu sein, zu schreiben und zu malen. Dies würde genügen.›

2.7.1938 ‹... Morgen habe ich Besuch im Studio. Es kommt die Kunsthistorische Vereinigung. Ich habe Böden und Teppiche putzen lassen. Ich weiss, die Damen schauen zuerst, ob alles sauber ist – dann schaun sie sich die Bilder an. Heute musste ich auf den Zehenspitzen gehen, um den Fussboden nicht zu ruinieren.›

10.8.1938 ‹... Das Leben will seine Veränderungen und seine Wechsel. Und das alles in einem Rhythmus und einer Harmonie, die wir nicht kennen.›

3.9.1938 ‹... Heute werde ich den Antongini *(Tom Antongini: Vita segreta di Gabriele d'Annunzio, Milano, Mondadori 1938)* bestellen. Ich lese im Moment: 'Réflexions et menus propos d'un peintre genèvois' von Töpfer. Es ist schön. Baud–Bovy gab es mir.›

15.9.1938 ‹Der Tom Antongini ist sehr interessant. Die unzähligen Zitate wecken in mir die grosse Lust, 'Fuoco' und 'La figlia die Jorio' und viele andere zu lesen.›

8.9.1939 ‹Was sagst Du von den Zeiten, die wir durchleben? Sie sind schrecklich. Wenn das so weitergeht, können wir nach Australien gehen und dort eine Farm eröffnen mit Kaninchen oder kleinen Elefanten, Schildkröten und Enten.›

19.10.1939 *(Folgendes betrifft eine Sammlung von Zeitungsausschnitten über die Werke von Augusto Giacometti)* ‹Ich wusste nicht, dass es eine Sammlung von Zeitungsausschnitten von all dem, was meine Arbeit betrifft, gibt. Innerlich bewegt, habe ich das Gefühl, hundert Jahre gelebt zu haben. Eine Menge von Ausstellungen, Kritiken und anderem. Wenn man sich die Ausschnitte ansieht, hat man das Gefühl, alles sei glatt gegangen. Aber es war nicht so. Erinnerst Du Dich an die Geschichte in Mailand? *(Gesinnungsumschwung an der Ausstellung in Mailand)*. Aber das Leben ist so und es muss wahrscheinlich auch so sein.

15.12.1940 ‹... Ich hatte Dir nicht sofort geantwortet, da ich eine Menge Dinge erledigen musste. Einen letzten Blick werfen auf die Projekte für die Wasserkirche. Sehen, ob man gewisse farbliche Effekte ändern oder erhöhen könnte oder wolle. Dann hatte ich die Studenten. Fünfundzwanzig Personen. Dann Sitzung im Kunsthaus wegen Ankäufen für die italienische Ausstellung. Dann Einladungen: nach Hause fahren, sich einen andern Kragen anziehen und andere Schuhe, das Tram nehmen und weg. Dann der sehr nervöse General, die Verdunkelung, die Kälte und der Krieg, der nie aufhört. Es ist das Leben in der Stadt. Aber im Grunde gefällt es mir.›

27.3.1941 ‹... Ich lese jetzt Soffici *(Ardengo Soffici: Lemmonio Boreo, Firenze, Vallecchi* 1911*)* und bin dort, wo er einen Freund findet, der Junge mit dem Dolch. Schön die Beschreibungen der florentinischen Dörfer und des Lebens von damals. Es ist das Leben vor dem Faschismus.›

6.10.1941 ‹... Hier beginnen die Nebel. Wir werden sie bis Ende März haben. Wollen wir nicht auswandern und zum Beispiel nach Dakar gehen? Dort würde ich malen und Du würdest die ‹Voce di Dakar› publizieren. Wir würden beide Geschäfte machen.›

11.9.1941 ‹... Wir haben im Kongresshaus eine ‹Tessinerwoche›. Ich hörte vorgestern Abend einen Vortrag von Professore Zoppi über das Werk von Francesco Chiesa. Er hat eine wunderschöne kleine Analyse gemacht. Dann bin ich ruhig nach Hause gegangen, mit echt freudigem Herzen.›

MENSCHEN UND SCHICKSALE
SEINER ENGEREN HEIMAT

15.6.1936 *(Am 4.6.1936 starb Emilio Gianotti, Lehrer an der Bündner Kantonsschule. Augusto Giacometti fühlte sich mit Gianotti sehr verbunden. Zum letztenmal sah er ihn einige Monate vor seinem Tod: 'Gestern war Emilio hier mit seiner Tochter. Man hat endlos gesprochen und ich hatte grosses Vergnügen, 'Bregagliotto' zu hören und zu sprechen.)* ‹... Armer Emilio. Er hinterlässt eine grosse Lücke bei uns. Ich hörte ihm gerne zu, wenn er vom Bergell erzählte und den Zeiten von einst. Er wusste eine Menge Einzelheiten und kleine Dinge, die so langsam, langsam niemand mehr weiss. Es ist eine ganze Zeitspanne, die unentwegt in einem Meer entschwindet. Und ich erinnere mich an Emilio, wenn er vom Lehrerseminar in die Ferien nach Stampa kam. Wir kleinen Kinder standen alle um ihn herum. Man schaute zu diesem schönen Mann hinauf, diesem Wissenschaftler, und man erwartete ein gutes Wort von ihm oder ein Lob. Man wusste, dass jeder von uns der brävere und der grössere 'bülo' sein wollte. Und er war so eine Art Richter, er, der von der Kantonsschule Chur kam. Schöne Zeiten.›

12.5.1937 ‹Ich habe den Appell für unsere 'Rätia' *(Kulturzeitschrift, deutschsprachig, von Arnoldo M. Zendralli mitbegründet)* erhalten. Ich freue mich sehr, dass wir nun eine eigene Zeitschrift haben, die nach aussen eine Idee unserer Arbeit, unserer Hoffnung, unserer Bestrebungen vermittelt.›

23.5.1937 ‹Ich habe das Projekt für das Titelbild der 'Rätia' gemacht und ich werde es Dir bald schicken.›

4.6.1937 ‹Endlich schicke ich Dir den Entwurf. Es ist die Kirche von San Pietro in Stampa. Ein anderer wird dann für ein anderes Jahr etwas anderes schaffen.›

19.1.1939 ‹Hier schicke ich Dir den kleinen Aufsatz für die 'Rätia'.›

18.7.1937 ‹... Ich habe mit Freude die Angelegenheit der 'rivendicazioni' *(es handelt sich um die 'rivendicazioni grigionitaliane', gesammelt im Bericht über die kulturellen und wirtschaftlichen Verhältnisse Italienischbündens. Rivendicazione: Anspruch, Forderung)* gelesen. Die Angelegenheit geht vorwärts und geht gut. Was sagen die 'valli' *(die vier italienischsprachigen Talschaften Graubündens)* dazu?›

24.1.1938 ‹...Wie steht es mit den 'rivendicazioni'. Es wäre gut, wenn man die Sache nach Bern schicken würde, zusammen mit den 'rivendicazioni' aus dem Tessin, nicht später.›

21.5.1938 ‹...Ich warte ungeduldig auf die 'rivendicazioni'. Nur sollten unsere 'rivendicazioni' zusammen mit denjenigen aus dem Tessin in Bern studiert werden und nicht später. Kommen wir später an, machen wir ein bisschen den armseligen Eindruck des Knaben, der spät kommt und der auch noch ein Stück Torte will. Schade, dass sich die zwei kantonalen Regierungen nicht einig geworden sind. Es ist eine psychologische Frage, die sehr zählt. Mehr als man glaubt. Alles ist Psychologie.›

1.11.1938 ‹Die 'rivendicazioni' sind bei mir angekommen. Es ist eine ausserordentliche Arbeit. Ich stellte mir eine Arbeit von circa zwanzig Seiten vor. Aber es ist ganz anders. Es ist ein Buch. Und gut gemacht, fein disponiert und macht einen ausgezeichneten Eindruck.›

27.11.1938 ‹... Und wie geht es mit den 'rivendicazioni'? Sicher wird man Erfolg haben. Ich glaube, man muss aufpassen, dass die Sache nicht einschläft. Bei uns besteht immer diese Gefahr.›

23.11.1937 ‹... Ich habe nochmals einen Teil unseres Jahrbuchs *(Alma-nacco)* 1935-1936 gelesen – eine Publikation ist nicht erschienen *(der Druck von 'la Stria' – Die Hexe – eine Tragikomödie von Giovanni Andrea Maurizio 1815-1885)*. Ich bin deshalb bereit, alle Spesen zu übernehmen für einen Neudruck der ganzen 'Stria'. Nun frage ich Dich, ob man die ganze An-gelegenheit unter die Fittiche der P.G.I *(Pro Grigioni Italiano, Vereinigung der Italienischbündner,* 1918 *in Chur gegründet)* stellen kann, oder ob das, aus Gründen die du besser kennst, nicht möglich ist. Wenn unsere P.G.I. diese Schutzherrschaft nicht übernehmen kann, mache ich es auf privater Basis. Du, der du vom Fache bist, wirst mir in vielen Fragen helfen. Kurz und gut, ich stelle mir einen vollständigen Neudruck so vor wie jener von 1875. Das heisst: gleiches Format, gleiches Papier, gleicher Druck, gleiche Seitenzahl. Alles ohne jegliche Änderung. Das kleine Buch muss den Charakter und den Duft von 1875 haben. Würde man etwas ändern, so wäre alles verdorben. An diesen Bedingungen halte ich fest.›

7.11.1937 ‹... Ich werde Ehrenmitglied der P.G.I.? Zuviel. Auf alle Fälle weisst Du, dass ich immer eine besondere Zuneigung für unsere P.G.I. hatte, schon seit deren Anfängen.›

1.3.1938 ‹Eben kam die 'Rätia' aus Mailand an, Scartazzini gewidmet *(Giovanni Andrea Scartazzini, wichtiger Danteforscher)*. Sie hat mir Eindruck gemacht. Schön, ein Mann, der sich ausschliesslich dem Studium Dantes gewidmet hatte. Ein einfacher Pfarrer aus Soglio. Schade, dass mir Gianotti nicht mehr von Scartazzini erzählt hatte. Er muss ihn gekannt haben. Man möchte wissen, was Scartazzini zum Beispiel anlässlich einer Taufe, einer Beerdigung oder einer Hochzeit in Soglio und in Bondo gesagt hat. Ob er Einladungen zu Hochzeiten angenommen hat. Ob er bei solchen Gelegenheiten gesprochen hat, oder ob er still blieb. Man sagt, er sei beissend gewesen. Man hatte Angst vor ihm. Es wäre auch interessant zu wissen, wie seine Beziehungen mit Maurizio von der 'Stria' waren. Wahrscheinlich sehr schlecht (nach bregagliotter Manier).›

22.12.1938 ‹... Sicher nehme ich teil an der Ausstellung in der Villa Planta.› *(Ausstellung der italienisch-bündnerischen Künstler, Mai 1939 in Chur).*

23.2.1939 ‹Der Katalog für unsere Manifestation im Monat Mai wird so wunderschön werden: Jedem Künstler eine Seite widmen. Beim Plakat wird man den Text auf das Unentbehrliche reduzieren müssen. Ich würde das Wort 'Ausstellung' weglassen und nur schreiben: 'Künstler aus Italienischbünden'. Nur ein Plakat und nur in schwarz, ohne Zeichnung, ohne Farbe. Mit einer gut sichtbaren Blockschrift. Das wird nicht teuer. Ja, es auch in die 'Valli' bringen. Dort kostet das Anmachen nichts. Auf dem Hauptplatz des Dorfes.›

10.5.1939 ‹Also, wir sind uns einig. In Chur haben wir unsere Manifestation, und ich zweifle nicht, dass es interessant und wirkungsvoll sein wird... Der Katalog ist sehr schön. Ganz anders als die andern Kataloge des Kunstvereins. Ja, ich komme gerne am 20. dieses Monats.›

19.5.1939 ‹Ich habe verstanden, direkt zur 'Traube' *(Hotel in Chur, wo das Treffen der P.G.I. stattfand).*›

11.3.1939 *(Was den Verkauf von fünfzehn Kopien 'unseres' Buches 'Augusto Giacometti' 1936 betrifft)* ‹Fünfzehn neue Seelen. Scheint Dir das wenig? Ich bin überzeugt, dass sehr viele nicht fünfzehn Seelen haben. Und dann, diese fünfzehn sind 'roba buona', wie die Händler sagten, die in Chiavenna auf dem Markt ihre Stoffe verkauften.›

10.5.1939 ‹Weisst Du, dass an der Landesausstellung neben romanischen Zeitungen unser 'Almanacco' ausgestellt ist, mit dem Titelblatt von de Meng *(Gustavo de Meng, Verwandter von A. G., Bergeller Maler, zuerst in Berlin, danach in Chur).* Dann das 'Annuario' *(1936/1937, herausgegeben von der P.G.I.).* Die Ausstellung ist herrlich. Sie ist schöner als jene in Paris.›

14.12.1940 *(Was die Landwirtschafts- und kunstgewerbliche Ausstellung von Italienischbünden betrifft, die von einer Gesellschaft, welche von der P.G.I. gegründet wurde, projektiert worden war):* ‹Die Idee, diese unsere Ausstellung in

Chur zu machen, ist wunderschön. Man wird die Normen der grossen Ausstellung vom letzten Jahr studieren müssen, und dann verkleinern... Aber auch hier: thematische Ausstellung. Man sollte eine Ausstellung nach modernsten Normen machen. Haben wir jemanden der unsrigen, der so etwas machen kann?... Gerne mache ich die kleine Zeichnung, von der Du mir schreibst. Das Thema ist prächtig *(Zeichnung für ein Wahrzeichen: kleiner Kastanienzweig mit vier Kastanienigeln).*›

21.2.1941 ‹Hier schicke ich Dir die vier Talschaften. Der Kastanienigel, der noch geschlossen ist, ist das Bergell, das sich dann noch öffnen wird. Der andere Igel, ein bisschen versteckt, ist das Calancatal.›

11.9.1941 ‹...Ich habe einige Billette unsere Lotterie genommen. Wenn ich den Esel *(in dieser Lotterie war unter anderem ein Esel zu gewinnen)* ge-winne, mache ich ihn unten am Hause fest, hier in der Rämistrasse. Ich werde ein bisschen Heu nehmen, und so wird auch er leben und auf die Jury pfeifen.›

11.11.1941 ‹... Am Samstag hatte ich die ganze Kommission des Mu-seums von Luzern hier. Sie hat die Absicht, ein Werk von mir zu kaufen, oder ein Pastell. Sehen wir, was sie dann machen werden.›

21.12.1942 ‹Glücklich derjenige, der in den Ferien ist. Aber am nächsten Freitag verreise auch ich, ich gehe nach Stampa. Wenigstens für einige Tage.›

4.8.1942 ‹Ich hatte schöne Tage in Stampa... Heute muss ich nach St. Gallen gehen wegen der Fenster *(der Wasserkirche).*›

21.9.1942 *(Aus der Klinik Hirslanden):* ‹... Weisst Du, dass ich nicht nach Venedig gehen konnte. Ich fühlte mich müde und zerschlagen und so telegraphierte ich, dass ich nicht kommen könne. Du wirst gelesen haben, dass der Bänninger den grossen Mussolinipreis bekommen hat. Eine schöne Sache für die Schweiz.›

30.9.1942 ‹... Die Trauben waren sehr gut. Beim Essen musste ich an meinen Bekannten in Florenz denken, an einen gewissen Tosi. Er war Professor am Gymnasium und er kam auch zum Mittag- und Nachtessen an die Fenice. Beim Aufzählen von den schönen Dingen, die man im Leben auf der Welt hat, sagte er: Zuerst kommt die Kunst, ja, die Kunst, dann die Trauben ... dann die Frauen und das Geld... Morgen sind es vier Wochen, dass ich hier bin. Aber ich habe mich noch keine Minute gelangweilt. Ich muss der Familie der Wiederkäuer angehören. Gestern war Amiet hier mit seiner Frau. Er machte mir Lust zu malen, schöne Dinge zu machen, leichte und duftige, zarte, kolorierte und durchsichtige. Dann hielt ich es im Bett fast nicht mehr aus. Er hat nun eine Ausstellung bei Neupert. Weisst Du, dass der Kunstsalon Wolfsberger eine Ausstellung von Bündner Malern machen will? Ich habe drei Arbeiten schicken lassen.›

18.10.1942 ‹Es geht mir gut und ich bin schon dreimal in der Stadt gewesen. Morgen gehe ich nach St. Gallen, der Fenster wegen. Am Abend werde ich hierher zurückkommen, der Kontrolle wegen.›

25.11.1942 ‹Wie Du siehst, bin ich noch in der schweizerischen Hauptstadt, um meine Nachkur zu machen... Am 1. Dzember haben wir die Jury hier für eine Briefmarke. Wir haben mehr als 1'500 Entwürfe.›

16.12.1942 ‹... Jetzt geht es mir gut und ich male. Ich arbeite an einer Landschaft von Stampa.›

31.12.1942 ‹Wir sind am letzten Tage des Jahres. Die Zeit vergeht... Zu andern Zeiten war ich in diesen Tagen in Paris. Es ist merkwürdig, daran zu denken. Jetzt bleibt man zuhause und ciao.›

21.1.1943 ‹Am Dienstag war ich in St. Gallen meiner Fenster wegen. Langsam, langsam geht die Arbeit voran. Sie werden schön. Die Einweihung der Wasserkirche ist am 28. dieses Monats. Die Fenster sind nicht fertig und werden dann später kommen. Am 27. wird man in Bern die Jury haben für das Denkmal von Motta.›

Letzter Brief aus der Feder von Augusto Giacometti:

25.5.1947 ‹... – Hör', ich bin mit Rohr *(dem Arzt)* einverstanden, werde Mitte Woche mein Bündel schnüren und werde für einige Zeit in die Klinik Hirslanden gehen. Es wird mir gut tun. Absolute Ruhe. Komplette Entspannung. Ich habe eine Leinwand mit 'Amaryllis' beendet, wunderschöne grosse rote Blumen (zumindest das Modell, das ich hatte). Alles Gute, Noldo. Brüderlich, Augusto Giacometti. Danke für die 'Quaderni'.›

BRIEFE AN ARNOLDO M. ZENDRALLI
DIE ANDREAS WALSER ERWÄHNEN

8.12.1928 ‹... – Ich habe meine zwei Porträts beendet, jenes des Professor von Meyenburg und das mit der Dame in Blau, und Mittwoch reise ich nach Paris. Ich werde dort bis nach Neujahr bleiben. Ich werde auch unseren Walser sehen...›

11.12.1929 ‹...Schade, dass wir uns an Weihnachten nicht sehen. Ich gehe nach Paris und reise schon morgen ab. Ich werde sofort nach Neujahr zurückkehren. Ich nehme meine Pastelle mit. Vielleicht werde ich etwas machen, 'vielleicht ja, vielleicht nein'. Vielleicht werde ich unseren Walser sehen...›

28.12.1929 ‹... Ich habe Walser nicht gesehen. Er war schon nach Chur abgereist...›

18.2.1930 ‹... – Anderntags habe ich einen Brief von unserem Walser aus Chur erhalten! Was sagst Du dazu? Unternehmungslustige Jugend. ...›

BRIEFE VON
AUGUSTO GIACOMETTI AN ANDREAS WALSER

22.8.1927 ‹Sehr geehrter Herr Walser, empfangen Sie meinen besten Dank für die Glückwünsche die ich von Ihnen erhalten habe. – Sie sind mir kein Unbekannter. Vor ungefähr einem Jahr habe ich Arbeiten von Ihnen gesehen, die mir Prof. Jenny zugesandt hatte. Dann weiss ich, dass Sie sich von Zeit zu Zeit bei Herrn Scheller im Amtshaus nach dem jeweiligen Fortschreiten der Arbeiten erkundigt haben. Dann habe ich Ihre Artikel gelesen im 'Rätier', im 'Winterthurer Tagblatt' und im 'Bund'. Wir werden uns also doch einmal kennenlernen müssen, obwohl dieses 'sich nie gesehen haben' eine besondere Schönheit hat. Wenn Sie einmal nach Zürich kommen, so kommen Sie zu mir hinauf. Ihnen alles Gute.
Mit bestem Gruss Ihr Augusto Giacometti.›

26.10.1927 ‹Sehr geehrter Herr Walser, Gerne erwarte ich Sie bei mir am 1. November. Sagen wir um 11½ Uhr. Mit bestem Gruss. Ihr ergebener Augusto Giacometti.›

13.9.1928 ‹Lieber Herr Walser, Herzlichen Dank für das, was sie in unserem 'Rätier' geschrieben haben. Ich war heute in Chur. Nur ganz schnell, um im neuen Kunsthaus das Treppenhaus anzusehen. Man möchte dort einen oder einige von meinen Kartons als Depositum haben. Dort habe ich die beiden Architekten, dann Prof. Jenny angetroffen. Ich wäre gerne einen Augenblick zu Ihnen hinauf gekommen. Aber die Zeit langte nicht mehr. – Bald wird der Tag Ihrer Abreise nach Paris da sein. Ich freue mich herzlich für Sie. Seien Sie kühn und stolz. Man kann nicht kühn genug sein. Mit bestem Gruss. Ihr Augusto Giacometti.›

29.11.1928 ‹Lieber Herr Walser, an Ihrem Stillschweigen habe ich mir gedacht, dass Sie fest bei der Arbeit sein werden. Ich habe mich nicht getäuscht. Ihr Lebenszeichen hat mich herzlich gefreut. Dass Sie ein Atelier haben und dass Sie liebe Menschen gefunden haben. Es ist als ob man das gerade in Paris am nötigsten hätte. Man würde sonst von der Unermesslichkeit der Stadt aufgelöst werden. Kommen Sie oft mit Ihren Freunden aus Chur zusammen *(ev. Leonhard Meisser, Paul Martig)*? Ich denke, dass ihr ‹eine Gruppe› bilden werdet. Das ist gut, indem dadurch unter euch eine scharfe Konkurrenz entsteht die sehr heilsam ist. Jeder von euch bekommt dadurch *für euch* einen Wert. Jeder ist der Vertreter eines bestimmten Wertes oder eines Weges oder einer Tugend. Die Auseinandersetzungen *unter euch* sind sehr wichtig. Man denkt nachher das ganze Leben an diese Auseinandersetzungen, die grundlegend waren. Wir sehen uns also, entweder hier bei Ihrer Heimreise, oder in Paris, oder hier bei Ihrer Rückreise nach Neujahr. Mit herzlichem Gruss. Ihr Augusto Giacometti.›

25.12.1928 ‹Lieber Herr Walser, ich war jetzt bei Ihnen. Auf Weihnachten hat Ihnen der Kohlenmann einen Sack Kohle gebracht. Er liegt vor Ihrer Ateliertüre. Auf Wiedersehen in Zürich. Viele Grüsse Ihr Augusto Giacometti. Hotel Corneille, Rue Corneille 5.›

3.7.1929 ‹Lieber Herr Walser, was machen Sie und wie geht es Ihnen? Bald ist der 14. Juli, und ich weiss, wie dann die Stimmung in Paris ist. Werden Sie dann heimkommen? Ich glaube man soll im Sommer nicht in Paris bleiben. Wenn Sie über Zürich kommen, dann besuchen Sie mich. – Vor 14 Tagen war ich in Italien, in Venedig und in Florenz. Venedig ist prachtvoll. Sie müssen dann schon einmal hingehen. – Ich habe den Auftrag erhalten, eine Ideenskizze zu machen für ein grosses Fenster im Fraumünster in Zürich. Ich freue mich darüber. Die Entwürfe für die Fenster im Grossmünster (die Sie kennen) sollen nächstens im Grossmünster ausgestellt werden. Für heute viele herzliche Grüsse. Ihr Augusto Giacometti.›

20.9.1929 ‹Lieber Herr Walser, herzlichen Dank für Ihre beiden Briefe.

Ich freue mich darüber, wenn Sie auf Ihrer Fahrt nach Paris bei mir vorbeikommen. Vielleicht bringen Sie einige Photos mit von Ihren Arbeiten. Es würde mich interessieren. Auch wenn man bei Photos die Farben nicht sieht. Ich bin in Zürich noch bis Anfangs Oktober. Mit herzlichem Gruss Ihr Augusto Giacometti.›

DIE FENSTER ZU ST. MARTIN

Artikel von Andreas Walser über die Glasfenster Augusto Giacomettis in der St. Martinskirche in Chur. Erschienen im 'Freien Rätier' am 10. September 1928.

Vor bald 10 Jahren malte Augusto Giacometti die 7 Meter hohen Fenster für die Südwand der St. Martinskirche in Chur. Und das eben renovierte Bauwerk erhielt seinen grössten Schmuck. – Doch ein Gedanke, eine Hoffnung blieb:

Drinnen im Chor, wo die Orgel steht, blieb etwas zurück aus jener unglücklichen Zeit für künstlerische Dinge, eine kleine Geschmacksverwirrung.

Das sind die drei Fenster dort hinter der Orgel. Aus privaten Spenden der Kirche übergeben, bildeten sie einst den künstlerischen Mittelpunkt. Damals, als die Gewölbe noch verborgen lagen, in Ihren schönsten Teilen unter schonungslosem Verputz, als vorn und von allen Seiten noch das Licht durch gewöhnliches Glas einbrach und die Orgel über dem Eingang stand.

Jetzt ist alles anders geworden. Letzte Fehler behoben – bis auf diesen einen Gedanken, die Fenster im Chor zu ersetzen, das ganze Werk einheitlich zu gestalten.

Die drei Fenster an der Südwand sind ein Wunder schlechthin. Immer neu – unvergänglich strahlt dort die Verkündigung vor dunkler Nacht, kommen die Könige in Gold gekleidet zu dem leuchtend ausgebreiteten Kind vor der Gottesmutter im Mittelfeld, wo Joseph steht und oben Engel herniedersteigen.

Solchem Schmucke gegenüber fällt alles ab, was nicht seinesgleichen und ebenso gross zu sein vermag.

Augusto Giacometti tat dort sein erstes Werk als Glasmaler. Tat ein Meisterwerk, und die Gläser, die er dort und seither schuf, sind die einzigen unserer Zeit, würdig jener Meisterschaft vergangener Jahrhunderte.

Man pilgert hin zu jenen alten Werken. Steht staunend vor dem blauen Leuchten in der Saint-Chapelle . . . Jetzt wie später Kommende tun werden zu den Farben dieses Lebenden.

Noch fehlt die letzte Vollendung in der St. Martinskirche. Und der Meister hat selbst daran gedacht, auch die Chorfenster zu schmücken. Die alten Scheiben sind ein Fabrikwerk, ein Massenprodukt, wie es damals viel zu oft geschah. Sie kommen aus München. Gefallen an solcher Arbeit, dergleichen Geschmack ändert sich – und vergeht, ewig bleibt nur, das ganz gross ist, das Einer schafft und darin sein Ganzes gibt.

Seit nun die Orgel dort drin steht, sind die Fenster verschnitten. Die Christus-Gestalt im Mittelstück ist noch sichtbar, die Apostel der Nebenfenster nicht mehr. Hell und kalt stehen diese Fenster dort, wo es dunkel sein sollte – warm und abschliessend. In dem Viel-zu-Hellen verhallen die Töne der Orgel, die rot davor steht.

Dumpfe Farben tun not dort: Rot und Braun etwa. Farben, die dem Spiel der Orgel entsprechen, dumpf und schwer. Aus ihnen und in ihnen könnten Gestalten sich formen. Im Mittelfenster vielleicht, wo sie von überall her sichtbar sind, an den Seiten aber umgeben von Farben allein.

Augusto Giacometti ist der Mann, der fähig ist, die restlose künstlerische Vollendung zu geben. Seinen Händen, seinem Genius sollte das Werk überlassen werden. Jetzt, wo er sein Herrlichstes schafft.

Droben in Davos sind im Frühling seine neusten Fenster eingemauert worden. Die kommen und sehen, verstummen vor jener Pracht. Jetzt arbeitet der Maler an Fenstern für Klosters.

Die Glasmaler des Mittelalters in ihren besten Stücken vermochten nicht mehr zu geben. In Augusto Giacometti lebt ihr grösster Nachfolger. Jahrhunderte vergingen – und können vergehen, bis wieder einer kommt, ihm und ihnen gleich.

Und die Kirche zu St. Martin kann nur jetzt und durch ihn ein vollendetes Kunstwerk werden.

Nachwort

Das Ornament ist der Natur hundertfach überlegen

Der zwanzigjährige Augusto Giacometti notiert 1897 auf der ersten Seite eines Skizzenbuches ein Zitat: ‹L'ornement est cent fois supérieur à la nature, la composition cent fois supérieure à l'étude.›[1] Das Ornament ist der Natur hundertfach überlegen, und die Komposition ist hundertmal höher zu bewerten als die Studie − so lautet ein Credo des vielseitigen Jugendstilkünstlers Eugène Grasset, der an der Pariser Ecole Normale d'Enseignement du Dessin unterrichtet. Der junge Bündner, seit wenigen Monaten in Paris, ist einer seiner Schüler. Grassets Unterricht sollte ihn in den folgenden Jahren entscheidend prägen. Mit anderen Worten: Das eingangs zitierte Bekenntnis des aus der Westschweiz stammenden Lehrers könnte als Motto durchaus auch über Augusto Giacomettis Œuvre stehen. Der Symbolismus, der Jugendstil, Hochkunst *und* Dekoration stehen an dessen Anfang. Regeln und Gesetze − oder vielleicht besser Ornament, Muster und Raster − sind darin wichtige Konstanten, denn, so Giacometti: ‹Das blosse 'Vor der Natur sitzen' und sie farbig mehr oder weniger gut wiederzugeben genügte mir eigentlich nie.›[2] Ein weiteres zentrales Element in diesem Werk ist die Farbe, die sich für den Künstler nicht zwingend mit einem gegenständlichen Motiv verbinden muss: ‹Immer war es mir, als ob es *ein Leben der Farbe an sich* geben müsse.›[3]

Fünfzig Jahre nach dem Tod Augusto Giacomettis − die letzten grösseren Museumsausstellungen liegen zehn und mehr als fünfzehn Jahre zurück − erscheint eine Sammlung seiner Schriften. Was gehört alles dazu? Über sein Leben berichtet der Künstler in einer einfachen und direkten Sprache, nicht ohne feine Ironie, in seiner ursprünglich in zwei Bänden publizierten Autobiographie, die Stationen seines Lebenswegs nachzeichnend. Der Vortrag *Die Farbe und Ich* führt uns deutlich vor Augen, dass sich Giacometti intensiv mit Farbtheorien auseinandersetzt und zu eigenen und eigenwilligen, märchenhaft-poetischen Schlüssen gelangt, die aber doch von einer gewissen Logik diktiert sind. Auf einem Stern mit einer orangefarbenen Atmosphäre müssten die Möven gelb und die Tauchenten rot sein, weil die Farbe Orange sich aus Rot und Gelb zusammensetzt, glaubt der Künstler. Derartige Überlegungen aus dem Munde eines vielleicht zu oft als Mystiker charakterisierten Malers scheinen mitunter Verunsicherung hervorgerufen zu haben. Giacometti erinnert sich: ‹Als ich das einmal einem Jüngling aus Dornach erzählte, sagte er mir, das sei 'luziferisch' und kam nicht wieder.›[4] Eine Ansprache Augusto Giacomettis aus Anlass einer Ausstellung von Cuno Amiet wirft indirekt die Frage nach dem nichtexistenten Verhältnis zwischen Augusto und Giovanni Giacometti auf.[5] Schliesslich erlauben uns eine Reihe von bisher unpublizierten Briefen und Zeichnungen aus Skizzenbücher, dem Künstler im Alltag und während der Arbeit sozusagen über die Schulter zu schauen.

Vor uns haben wir eine komplexe, facettenreiche Künstlerpersönlichkeit und ein verzweigtes, vielseitiges Lebenswerk. Im Zentrum des Interesses standen in der Vergangenheit oft nur einzelne Segmente dieses in einem halben Jahrhundert gewachsenen Œuvres. Zu berücksichtigen haben wir heute deshalb folgendes, gerade als Leser von Giacomettis Schriften: Es ist der reife, bürgerliche, der gesellschaftlich integrierte Künstler, der in den dreissiger Jahren über die Farbe spricht und in den vierziger Jahren sein Leben erzählt. Die Akzente hätte er in einer anderen Zeit – in einem anderen künstlerischen Umfeld, unter verschiedenen politischen Vorzeichen – vielleicht anders gesetzt.[6] Rufen wir deshalb zuerst die Stationen seiner Biographie noch einmal kurz in Erinnerung. Nach einer Ausbildung zum Zeichenlehrer an der Zürcher Kunstgewerbeschule geht Giacometti 1897 nach Paris, wo er sich für die italienische Malerei des Quattrocento begeistert, die er im Louvre studiert. Nach dem Abschluss der Studien zieht es ihn 1902 nach Florenz. Dort unterrichtet er ab 1908 Aktzeichnen in einer privaten Akademie. Im Mai 1915 tritt Italien in den Krieg ein. Giacometti kehrt in die Schweiz zurück und lässt sich in Zürich nieder. Der bald Vierzigjährige, der bereits auf einige Erfolge zurückblicken kann, wird nach und nach zum geschätzten und anerkannten Künstler. Als 'offizieller' Künstler und als wichtiger Kulturpolitiker – er ist Präsident der Eidgenössischen Kunstkommission – stirbt er 1947 in Zürich. Um 1960 wird sein Werk neu entdeckt. Der Schwerpunkt des Interesses konzentriert sich zunächst auf das abstrakte Œuvre und erfasst später andere Bereiche: Augusto Giacomettis Kontakte zur Avantgarde, sein Spätwerk und seine Auftragsarbeiten werden untersucht.[7]

Weil die Schriften Augusto Giacomettis eher den etablierten Künstler in den Mittelpunkt rücken, möchte ich im Folgenden Bereiche berühren, die dort nur kurz Erwähnung finden, die aber aus heutiger Sicht wichtig sind – die Zeit mit den Dadaisten in Zürich, die abstrakten Gemälde. Beginnen möchte ich jedoch mit einem Aspekt, der bis heute kaum Beachtung gefunden hat, nämlich mit Giacomettis Verhältnis zum italienischen Futurismus, denn bis zu einem gewissen Grad gilt er, sicher zu recht, als Vorläufer dieser Künstlergeneration.[8] Wie kommt er zu dieser Vorreiterrolle? Sein Pariser Aufenthalt hat sicher dazu beigetragen, denn auch die Futuristen halten sich oft in der französischen Kunstmetropole auf, ihr Gründungsmanifest vom 20. Februar 1909 wird in der Pariser Zeitung *Le Figaro* publiziert und... Florenz liegt in den ersten Jahren des Jahrhunderts, was neuere Entwicklungen in der Kunst betrifft, ziemlich abseits. Entscheidend ist sicher auch die Herkunft Augusto Giacomettis, seine Italianità. Im Unterschied zu fast allen Künstlern aus dem Norden, die nach Italien pilgern, ist er, der Bergeller, italienischer Muttersprache. Ein drittes Element kommt dazu. Der französische Neoimpressionismus und der lombardische Divisionismus – inklusive Giovanni Segantini – sind für die Futuristen von grundlegender Bedeutung und natürlich auch Giacometti sehr wohl bekannt.

Eine gemeinsame Basis für anregende Gespräche und intensive Debatten ist jedenfalls vorhanden. Augusto Giacometti verkehrt im florentiner *Caffè delle Giubbe Rosse* an der Piazza Vittorio Emanuele, wo auch die Italiener Giovanni Papini, Giuseppe Prezzolini und Ardengo Soffici anzutreffen sind, und ist ein regelmässiger Leser von *Lacerba*, einer vom Schriftsteller Papini und vom Künstler Soffici begründeten Zeitschrift.[9] *Lacerba* erscheint vom Januar 1913 bis im Mai 1915 zuerst alle vierzehn Tage, später wöchentlich, und spielt bald eine wichtige Rolle in der Propagierung des Futurismus. Auf die ungewöhnlichen theatralischen Auftritte der Dadaisten, die einige Jahre später in Zürich stattfinden sollten, war Giacometti nach den Jahren in Florenz zweifellos gut vorbereitet.[10] So berichtet *Lacerba* am 15. Dezember 1913 auf der Frontseite über die drei Tage zuvor veranstaltete grosse futuristische Soirée im Teatro Verdi in Florenz, an der auch Soffici und Papini mitwirkten. Augusto Giacometti hat bestimmt davon erfahren und sich mit seinen Künstlerkollegen über dieses wichtige Ereignis unterhalten. Vielleicht hat er gar die eine oder andere, zuweilen tumultuös verlaufende futuristische Veranstaltung besucht.

Gibt es weitere Berührungspunkte zwischen Augusto Giacometti und dem Futurismus? Ganz bestimmt, auch wenn sie manchmal nur auf längeren Umwegen zu erschliessen sind. Nehmen wir also, an eher unerwarte-

ter Stelle, eine Spur auf und verfolgen sie. In einer argentinischen Zeitung
in Buenos Aires erscheint 1927 ein Artikel über Giacometti.[11] Der Verfasser
des Artikels, Emilio Pettoruti, ist ein argentinischer Künstler italienischer
Abstammung. Ein Blick auf seine Biographie führt uns in die Toscana, ins
unmittelbare Umfeld Giacomettis, sowohl zeitlich als auch örtlich, denn
im Zusammenhang mit einer Ausstellung in einer florentiner Galerie
kommt Pettoruti 1913 in Kontakt mit den Futuristen, lernt die Gruppe
um *Lacerba* kennen, und wird selbst zum Futuristen.[12] Vermutlich trifft der
1852 geborene, damals 21jährige Argentinier in diesem Umkreis auch auf
Augusto Giacometti.

Weitere Parallelen zwischen Giacometti und den Futuristen offenbaren
sich in den Malereien wie auch im Vorgehen des Künstlers, in der künstlerischen Haltung also. Die ersten abstrakten Gemälde Giacomettis entstehen um oder kurz nach 1910. Einige davon teilen gewisse formale Ge-
meinsamkeiten mit futuristischen Bildern wie etwa Giacomo Ballas
Ragazza che corre sul balcone von 1912 – das quadratische Format der Leinwand zum Beispiel, oder die allein auf farbigen Tupfen basierende Komposition auf hellem Grund, und bis zu einem gewissen Grad auch die
Palette – ohne futuristisch zu sein.[13] Giacomettis ungegenständliche *Fantasie über eine Kartoffelblüte* von 1917 würden wir heute, von formalen Kri-
terien ausgehend, nicht als futuristisch bezeichnen.[14] Das eindrückliche
Gemälde entspricht jedoch den theoretischen Ansprüchen der von
Ardengo Soffici im Jahr 1920 entworfenen futuristischen Ästhetik bis ins
Detail, denn, so Soffici: ‹Der neue Künstler betrachtet die Natur als Ver-
suchsgelände, als Anregerin seiner Sensibilität, als Substanz, deren Zusammensetzung und deren Harmonien er bis zur Unendlichkeit verändern
kann, ohne sich überhaupt um eine scheinbare Ähnlichkeit zwischen
seinen Darstellungen und dem Phänomen, das sie hervorrief, zu küm-
mern.›[15] Was ist Giacometti für die Futuristen? Vorläufer, väterlicher Be-
gleiter oder gleichgesinnter Sympathisant? Oder alles zusammen?

In Florenz ist Augusto Giacometti älter als viele der Futuristen. In
Zürich angekommen, ist er älter als die Dadaisten, lässt sich deswegen
jedoch keineswegs davon abhalten, an den Aktivitäten dieser sehr hetero-
genen, kosmopolitischen Künstlergruppe teilzunehmen, wie der Elsässer
Hans Arp sich erinnert: ‹Der Graubündner Augusto Giacometti war 1916
schon ein gemachter Mann; trotzdem war er mit den Dadaisten befreundet und nahm häufig an ihren Demonstrationen teil. Er sah wie ein wohl-

habender Bär aus und trug auch, wohl aus Sympathie für die Bären seines Heimatkantons, eine Bärenmütze.›[16] Für den führenden Kopf der Gruppe, den aus Rumänien stammenden Tristan Tzara, war er ebenfalls zu alt, um wirklich Dadaist zu sein, aber: ‹Il a déclaré que dada était la seule joie de sa vie.›[17]

Wie müssen wir uns Giacomettis Anteil an Dada vorstellen? Er gehört, mit dem Schriftsteller Friedrich Glauser und der Künstlerin Sophie Taeuber, zu den aktivsten Schweizer Teilnehmern am dadaistischen Geschehen. Hans Arp beschreibt, wie er und Augusto Giacometti, den er als gesetzten Mann von bürgerlichem Habitus schildert, Reklame für Dada machten: ‹Wir zogen am Limmatquai von einer Wirtschaft zur anderen. Giacometti öffnete behutsam die Türe und artikulierte dann mit lauter und deutlicher Stimme: Vive Dada. Dann schloss er wieder die Türe mit gleicher Behutsamkeit. Den verblüfften Bürgern fiel die Wurst aus dem Mund.›[18] Am 9. April 1919 findet im Saal zur Kaufleuten in Zürich die achte Dada-Soirée statt. Das Programm verspricht Manifeste, Vorträge, Kompositionen, Tänze und simultanische Dichtungen in drei Teilen.[19] Ausser Programm tritt Augusto Giacometti auf, begleitet von der Westschweizer Künstlerin Alice Bailly: ‹Für jenen Abend hatten wir, Alice Bailly und ich, ohne Wissen der Dadaisten, ein etwa 15 Meter langes und etwa 30 Zentimeter breites Band aus Goldpapier angefertigt. Auf dieses Band wurden Bäume, Pelikane, Affen, Ziegen und Kühe, die aus farbigem Papier geschnitten waren, aufgeklebt. Mit diesem schwebenden goldenen Band sind wir, Alice Bailly und ich – wir waren beide schwarz gekleidet – durch den Zuschauerraum und auf die Bühne gegangen und haben dort den Hauptdarsteller [d.h. Tristan Tzara] mit diesem goldenen Band bekränzt.›[20] Auch Tzara schreibt in seiner zuerst im *Dada Almanach* von 1920 publizierten *Chronique Zurichoise*: ‹Dans l'orage amoniaque une écharpe est apportée à l'auteur par Alice Bailly et Augusto Giacometti.›[21] Hans Arp liess sich von dieser unvorgesehenen theatralischen Einlage offenbar beeindrucken, denn in seiner Erinnerung wird die Schleife länger und länger. Einmal lesen wir von einem zwanzig Meter langen Band, ein anderes Mal ist die Schleife eine ‹dreissig Meter lange Ehrengirlande in den Farben des Regenbogens, mit Lobsprüchen übersät.›[22] Arp scheint Augusto Giacometti und seine Arbeit sehr zu schätzen und schreibt ihm eine bahnbrechende Erfindung zu: ‹Giacometti war auch der erste, der versuchte ein mechanisches Bildwerk herzustellen. Er gestaltete ... eine

Wanduhr um, deren Pendel farbige Formen hin- und herschwang.)[23] In einem anderen Text Hans Arps stellt Giacometti die zum Kunstwerk umgebaute Uhr während eines recht chaotischen Dadakonzils gleich selbst vor: ‹Ich habe das Entstehungsdatum D.A.D.A. Domine Anno Domine Anno Neunzehnhundertundsiebzehn darauf geschrieben ... Mein bewegliches Kunstwerk gleicht einer viereckigen Wolke mit einem Pendel aus blauem Rauch.)[24] Als ihn der Rumäne Marcel Janco unterbricht, wehrt er sich: ‹Die Dadaisten sind mir wert und lieb, aber ich will, dass man mich ausreden lässt. Wir Bündner sind das so gewohnt.)[25] Leider blieb das im dadaistischen Treibhausklima erfundene, sehr zukunftsträchtige mechanisierte Mobile – William Rubin vom Museum of Modern Art in New York apostrophiert es in den sechziger Jahren als Ahne von Jean Tinguelys frühen Maschinen – ohne Folgen für das spätere Werk Giacomettis.[26]

Die Dadaisten zeigen sich auch an den abstrakten Arbeiten Augusto Giacomettis interessiert, was uns wieder Hans Arp bestätigt: ‹Giacometti malte in jener Epoche Sternblumen, kosmische Feuerbrände, Flammenbündel, lodernde Tiefen. Diese Malereien sind den unseren verwandt, da sie ebenfalls unmittelbare Gestaltung von Formen und Farben sind.)[27] Während kurzer Zeit entwickeln sich die abstrakte Kunst und der Dadaismus miteinander und nebeneinander. Das eine schliesst das andere nicht aus. Ein auch von Augusto Giacometti unterzeichnetes Manifest *Radikaler Künstler*, das für die abstrakte Kunst Partei ergreift, wird anfangs Mai 1919 in mehreren Schweizer Zeitungen publiziert.[28] Hinter dem Unternehmen stehen Marcel Janco und Hans Richter, zwei Dadaisten. Giacometti gehört auch der Redaktion von *Zürich* 1919 an, einer Zeitschrift, in der dieses von Hans Richter verfasste Manifest hätte erscheinen sollen. Die Zeitschrift liegt nur in korrigierten Fahnen vor und ging nie in Druck.[29] Zwei ungegenständliche Arbeiten Giacomettis sind in dadaistischen Zeitschriften abgebildet, eine in der Nummer 4-5 der Zeitschrift *Dada* vom Mai 1919, eine weitere in *Der Zeltweg* vom November 1919, der letzten gemeinsamen Dada-Publikation in Zürich.[30] In den vier Ausstellungen der von Marcel Janco und Fritz Baumann initiierten Künstlergruppe *Das Neue Leben* zeigen, zwischen November 1918 und Mai 1920, Schweizer und Dadaisten ihre Arbeiten – dreimal ist Augusto Giacometti mit mehreren Werken vertreten.[31] Im Herbst 1920 beginnt der Exodus der Dadaisten aus der Schweiz, die Wege trennen sich.

Augusto Giacometti verliert die ungegenständliche Kunst jedoch nicht aus den Augen. Über seine Ausstellung im Kunstsalon Wolfsberg in Zürich im Februar und März 1921 schreibt Erwin Poeschel: ‹Im Mittelpunkt standen die grossen abstrakten Kompositionen. Es waren farbige Visionen von solcher Intensität, dass erst damals viele erkannten, welcher Künstler unter ihnen herangereift war.›[32] Im Katalogtext spricht Fritz Medicus ein wichtiges Thema an: ‹Indem Giacometti die farbige Essenz der Dinge sucht, sucht er etwas in den Dingen, das allgemeiner ist als sie und das in der dinghaften Form nur eine gefesselte, gepresste Existenz gewinnt. So ist es zu verstehen, dass auf denjenigen Bildern Giacomettis, die ihre Gegenstände aus der gestalteten Welt genommen haben, fast immer trotz der leuchtenden glutvollen Farben ein Hauch von Schwermut liegt. Ihr farbiger Aufbau dient nicht der Verfestigung der Gestalten, sondern er lässt das sehnende Drängen nach der Freiheit des Gestaltlosen erleben.›[33] Der melancholische Schleier über den gegenständlichen Bildern! Ein Thema, in das wir uns an dieser Stelle aus Platzgründen leider nicht vertiefen können, obwohl eine eingehendere Betrachtung angebracht und aufschlussreich wäre. Bei Otto Meyer-Amden und in Giovanni Segantinis symbolistischen Bildern würden wir auf ähnliche Stimmungslagen treffen, aber auch und vor allem, davon bin ich überzeugt, bei dem von den Surrealisten besonders verehrten Odilon Redon.

Eine Verschiebung der Akzente findet erst im Laufe der zwanziger Jahre statt, die sich im darauf folgenden Jahrzehnt noch verstärkt: Die abstrakten Werke werden seltener. Mehrere Gründe sind dafür verantwortlich zu machen, so der zunehmende Erfolg bei einem Publikum, das gegenständliche Arbeiten bevorzugt, die vielen Aufträge für Wand- und Glasmalereien, der konservativer werdende Zeitgeist. Dem Fünfzigjährigen widmet das Zürcher Kunsthaus im Herbst 1927 eine Ausstellung. Die zwei neuen abstrakten Gemälde, die dort neben gegenständlichen Bildern und älteren ungegenständlichen Arbeiten zu sehen sind, tragen den gleichen Titel: *Erinnerung an italienische Primitive.*[34] Augusto Giacomettis Blick ist nun deutlich rückwärtsgewandt, neben der Ölfarbe verwendet er reichlich Goldbronze. Eine schwere, samtene, symbolgeladene Stimmung in der Art des Fin de Siècle umgibt die beiden Bilder, die weit weniger modern wirken als frühere Abstraktionen. In den internationalen Ausstellungen Giacomettis zwischen 1928 und 1935 – von Berlin über Paris bis Mailand – liegt der Schwerpunkt der Präsentation jeweils eindeutig bei den neueren und neuesten gegenständlichen Arbeiten, obwohl in aller Regel auch Abstraktionen gezeigt werden. Nach 1935 finden keine Ausstellungen mehr ausserhalb der Schweiz statt. Die politische Situation verhindert die weitere Rezeption von Augusto Giacomettis Œuvre auf internationaler Ebene. Als das Kunsthaus Zürich im Jahr 1937 in einer weiteren Einzel-ausstellung seit 1927 entstandene Werke zeigt, sind die einzigen abstrakten Werke Pastelle. Es sollten keine weiteren Abstraktionen folgen. Der Kreis schliesst sich in einem 1937 gemalten Interieur.[35] Links gibt eine Türöffnung den Blick auf einen hinteren Raum mit einem gegen-ständlichen Bild frei. Rechts, an einer Wand im Vordergrund, lehnen zwei kleine Stilleben Giacomettis, darüber hängt eines seiner ungegen-ständlichen Gemälde von 1912: Nur noch Erinnerung, nur noch ein Bild im Bild – Melancholie auch hier.[36]

Als die Berner Kunsthalle im Frühsommer 1959 das Gesamtwerk Augusto Giacomettis präsentiert, hatte sich das Klima grundlegend ver-ändert. Die Kritik entdeckt Parallelen zwischen seinen ungegenständlichen Arbeiten und damals aktuellen Tendenzen.[37] Augusto Giacometti gilt nun als Avantgardist, als Vorläufer des amerikanischen abstrakten Expressio-nismus und des französischen Tachismus. Das mag heute etwas einseitig und plakativ klingen, sollte jedoch einmal überprüft und näher untersucht werden. Aufschlussreich wäre vermutlich der Vergleich zwischen Augusto Giacomettis Werk und jenem von Einzelgängern wie Mark Tobey oder Clyfford Still; Verwandtschaften wären zu entdecken, die über rein formale Analogien hinausreichen. In den sechziger Jahren erwirbt das New Yorker Museum of Modern Art Augusto Giacomettis ungegenständliche *Sommernacht* von 1917.[38] In den siebziger Jahren stellt eine Ausstellungs-tournee, die zuletzt im New Yorker Solomon R. Guggenheim Museum Station macht, dem amerikanischen Publikum das Werk von Cuno Amiet, Giovanni Giacometti und Augusto Giacometti vor.[39] Am stärksten beachtet wird Augusto Giacomettis Œuvre. Neue Perspektiven tun sich einige Jahre später, 1986, auf. Avantgarde und Mystizismus schliessen einan-der nicht mehr aus. Früher übersah die auf lineare Entwicklungen fixierte Kunstgeschichte ganz gerne und ziemlich bewusst angebliche Anomalien – der frühe Mondrian etwa, oder der späte Malewitsch – 1986 aber zeigt eine Ausstellung im Los Angeles County Museum of Modern Art *The Spiritual in Art: Abstract Painting* 1890-1985. Augusto Giacometti wird bei den Pionieren der Abstraktion in Europa eingereiht und ist in der Ausstellung mit dem kosmisch brodelnden *Werden* von 1919 vertreten, wo sich unserem Blick, wie durch ein Fernrohr gesehen, ein dunkler Himmelsausschnitt mit helleren Farbnebeln und Blitzen offenbart.[40]

Was war Augusto Giacometti für ein Künstler? Das ist in der Tat eine Frage, die wir uns zum Schluss noch stellen könnten. Die Frage ist nicht leicht zu beantworten und die Antwort kann heute nur nuanciert ausfallen. Er war ein konservativer, bürgerlicher Künstler *und* ein Vorläufer verschiedener Avantgarden, ein abstrakter *und* ein gegenständlicher Maler, ein Erneuerer der Glasmalerei *und* ein Gesprächspartner der italienischen Futuristen, ein Akademieprofessor im Aktzeichnen *und* einer der *Présidents et Présidentes du mouvement Dada* – und einiges noch dazu.[41]

Marco Obrist

Anmerkungen

[1] Das Skizzenbuch wird im Schweizerischen Institut für Kunstwissenschaft in Zürich aufbewahrt.
[2] S. 194 in diesem Band.
[3] Ebd.
[4] Ebd., S. 199.
[5] Vgl. ebd. S. 170-173. Giovanni, ein enger Freund von Cuno Amiet, und der ebenfalls mit Amiet befreundete Augusto Giacometti waren miteinander verwandt – Cousins im zweiten Grad. Beide stammten aus dem Bergell, aber Kontakte zwischen den beiden Malern gab es kaum. Die Erklärung dafür mag in der Familiengeschichte zu finden sein, was Augusto in seinen Schriften durchblicken lässt.
[6] Giacomettis Mitgliedschaft in der Zürcher Loge *Modestia cum Libertate* ist nicht ohne Auswirkungen auf seine Kunst geblieben und hat vermutlich auch seine politische Einstellung mitgeprägt. Vgl. Beat Stutzer, Lutz Windhöfel, *Augusto Giacometti. Leben und Werk*, Chur: Bündner Monatsblatt, 1991 S. 57-58, 63-64 und 69-70.
[7] Vgl. z. B. *Augusto Giacometti 1877-1847. Gemälde, Aquarelle, Pastelle, Entwürfe*, [Ausstellungskatalog], Luzern, Kunstmuseum, 1987 und Beat Stutzer/Lutz Windhöfel, *Augusto Giacometti, Leben und Werk*. (wie Anm. 6).
[8] Im Katalog der grossen Futurismusausstellung von 1986 ist Giacometti in der Abteilung *Verso il futurismo* mit einer Arbeit von 1899 vertreten. Zu lesen ist dort auch: ‹Von 1902 bis 1915 lebt er in Florenz, wo einige junge Futuristen seine Arbeit kennenlernen.› [Ü.d.A.]. Vgl. *Futurismo & Futurismi*, [Ausstellungskatalog], Venedig, Palazzo Grassi, 1986, S. 37 und 485.
[9] Vgl. S. 72 in diesem Band. Der Italiener Carrà, um 1910 einer der wichtigsten Futuristen, rezensierte 1935 Augusto Giacomettis mailänder Ausstellung in *L'Ambrosiano* vom 19. Juni 1935. Kennengelernt haben sich die beiden Künstler erst 1936, anlässlich der Eröffnung der

Biennale in Venedig. Vgl. S. 239 in diesem Band und A. M. Zendralli, *Augusto Giacometti,* Zürich-Leipzig: Orell Füssli, 1936, S. 100 - 103.

[10] Querverbindungen zwischen Dadaisten und Futuristen sind durchaus bezeugt. Bis 1918 fand, vor allem über Tristan Tzara, ein reger Austausch zwischen den beiden avantgardistischen Gruppen statt.

[11] E. Pettoruti, ‹Un gran pintor suizo: Augusto Giacometti›, in: *Critica,* [Buenos Aires], 28.11.1927.

[12] Pettoruti stellt 1916 in der gleichen Galerie, in der Fachliteratur abwechslungsweise als *Gonelli* und *Gonnelli* bezeichnet, ebenfalls aus; 1924 kehrt er nach Argentinien zurück. In der Schweiz finden 1969 grössere Pettoruti-Ausstellungen in der Basler Kunsthalle und im Genfer Musée Roth statt. Vgl. *Futurismo & Futurismi* (wie Anm. 8), Abb. S. 259 und S. 542 und *Emilio Pettoruti, Ölbilder Collagen, Zeichnungen,* [Ausstellungskatalog], Basel, Kunsthalle 1969.

[13] Ballas Gemälde befindet sich in der Civica Galleria d'Arte Moderna in Mailand. Vgl. *Futurismo & Futurismi* (wie Anm. 8), Abb. S. 73.

[14] Das Bild befindet sich im Bündner Kunstmuseum in Chur. Vgl. Stutzer/Windhöfel (wie Anm. 6), Abb. 174.

[15] Übersetzung des Autors. Für den originalen Wortlaut in italienischer Sprache vgl. Ardengo Soffici, *Primi principi di una estetica futurista,* Firenze: Vallecchi, 1920, S. 25, wieder abgedruckt in: Maria Drudi Gambillo, Teresa Fiori (Hrsg.), *Archivi del Futurismo Volume I,* Roma: De Luca, 1958, S. 557-589, vgl. S. 563.

[16] Hans Arp, *Unsern täglichen Traum. Erinnerungen aus den Jahren 1914-1954,* Zürich: Arche, ohne Jahr [1980] (1955), S. 55.

[17] Henri Béhar (Hrsg.), *Tristan Tzara. Œuvres complètes. Volume I: 1912-1924* Paris: Flammarion, 1975, S. 599.

[18] Hans Arp, *Unsern täglichen Traum...* (wie Anm. 16), S. 56.

[19] Vgl. Hans Bolliger, Guido Magnaguagno und Raimund Meyer, *Dada in Zürich,* Zürich, Kunsthaus, Sammlungsheft 11, 1994 (1985), S. 267.

[20] S. 146 in diesem Band.

[21] Zit. n. Hans Arp, Richard Huelsenbeck und Tristan Tzara, *Die Geburt des Dada in Zürich. Dichtung und Chronik der Gründer,* Zürich: Arche, 1957, S. 178. Vgl. auch Hans Bolliger u. A., *Dada in Zürich* (wie Anm. 19), S. 211-212.

[22] Hans Arp, *Unsern täglichen Traum...* (wie Anm. 16), S. 55-56. Für die zwanzig Meter lange Schleife vgl.: Hans Arp u.A., *Die Geburt des Dada in Zürich...* (wie Anm. 21), S. 10.

[23] Hans Arp, *Unsern täglichen Traum...* (wie Anm. 16), S. 56.

[24] Hans Arp u.A. *Die Geburt des Dada in Zürich...* (wie Anm. 21), S. 9-10.

[25] Ebd., S. 10.

[26] William Rubin, *Dada and Surrealist Art,* New York: Harry Abrams, 1968, S. 75.

[27] Hans Arp, *Unsern täglichen Traum...* (wie Anm. 16), S. 56.

[28] Hans Bolliger u.A., *Dada in Zürich* (wie Anm. 19), S. 53 und 74 mit Anm. 194.

[29] Ebd., S. 53 und 74 mit Anm. 176. Vgl. auch Raimund Meyer, Judith Hossli, Guido Magnaguagno, Juri Steiner und Hans Bolliger, *Dada global,* Zürich, Kunsthaus, Sammlungsheft 18, 1994, S. 128.

[30] Vgl. Hans Bolliger u.A., *Dada in Zürich* (wie Anm. 19), S. 222-224 und 240-241.

[31] Vgl. ebd., S. 247-251.

[32] Erwin Poeschel, *Augusto Giacometti*, Zürich: Rascher, 1922, S. 11.

[33] *Sonderausstellung Augusto Giacometti*, [Ausstellungskatalog], Zürich, Kunstsalon Wolfsberg, 1921, S. 5.

[34] Das kleinere Gemälde befindet sich seit 1928 im Bündner Kunstmuseum in Chur. Vgl. Beat Stutzer/Lutz Windhöfel, *Augusto Giacometti. Leben und Werk*, (wie Anm. 6), Abb. 215. Das grössere wechselte am 25. März 1996 im Auktionshaus Christie's in Zürich für 589'000 Franken die Hand: Ein Rekordpreis für den Künstler, wenn auch nur während eines Jahres. Im gleichen Auktionshaus erzielt ein gegenständliches symbolistisches Gemälde, ‹Die Sinnlichkeit› von 1909, am 14. April 1997 einen wesentlich höheren Preis. Die beiden ungegenständlichen Bilder sind farbig abgebildet in: Hans Hartmann (Hrsg.), *Augusto Giacometti. Ein Leben für die Farbe*, [Ausstellungskatalog], Chur, Bündner Kunstmuseum, 1981, S. 154-155.

[35] Vgl. Beat Stutzer/Lutz Windhöfel, *Augusto Giacometti. Leben und Werk*, (wie Anm. 6), Abb. 242.

[36] Es handelt sich bei der dargestellten Abstraktion eindeutig um *Eine Besteigung des Piz Duan*, heute im Zürcher Kunsthaus. Vgl. ebd., Abb. 171.

[37] Vgl. etwa J. F. [vermutlich James Fitzsimmons], ‹Augusto Giacometti (1877-1947): first 'informel' and 'lyrical abstract' painter›, in: *Art International*, Vol. 3, No. 7 (1959), S. 80-81. Kaum fassbar für das amerikanische Publikum ist Augusto Giacometti noch in Robert Motherwells wichtiger Dada-Anthologie von 1951, wo er mehrmals - ohne weiteren Kommentar - kurz erwähnt und einmal gar mit Alberto Giacometti verwechselt wird. Vgl. Robert Motherwell (Hrsg.), *Dada Painters and Poets: An Anthology*, New York: Wittenborn, Schulz, 1951, S. 240.

[38] Vgl. Beat Stutzer/Lutz Windhöfel, *Augusto Giacometti. Leben und Werk*, (wie Anm. 6), Abb. 176.

[39] *Three Swiss Painters. Cuno Amiet, Giovanni Giacometti, Augusto Giacometti*, [Ausstellungskatalog], The Pennsylvania State University, 1973.

[40] Das Bild befindet sich im Zürcher Kunsthaus. Vgl. Stutzer/Windhöfel (wie Anm. 6), Abb. 193 und *The Spiritual in Art: Abstract Painting 1890-1985*, [Ausstellungskatalog], Los Angeles, Los Angeles County Museum of Art, 1986, Abb. S. 334 und S. 421.

[41] Vgl. Hans Bolliger u.A., *Dada in Zürich* (wie Anm. 19), S. 211-212. Die zuerst im Dada Almanach von 1920 publizierte Liste ist wieder abgedruckt im Reprint: Richard Huelsenbeck (Hrsg.), *Dada Almanach*, Something Else Press, 1966, S. 95-96, und in: Hans Arp u.A., *Die Geburt des Dada in Zürich...* (wie Anm. 21), S. 180.

Anhang

Kurzbiographie

1877 Antonio Augusto Giacometti wird am 16. August als erster von drei Söhnen von Marta und Giacomo Giacometti-Stampa in Stampa/Bergell geboren. Der zweite Bruder verstarb schon als Kleinkind, der dritte schied zwanzigjährig freiwillig aus dem Leben. – Augusto ist ein Vetter zweiten Grades von Giovanni Giacometti, dem Vater von Alberto Giacometti.

1889 Zwölfjährig zieht Augusto zu seiner Tante Marietta Torriani nach Zürich, wo er die Sekundarschule besucht.

1891 Rückkehr nach Stampa; Besuch der Realschule.

1891-1894 Besuch der Bündner Kantonsschule in Chur.

1894-1897 Ausbildung an der Kunstgewerbeschule in Zürich; Zeichenlehrerdiplom für mittlere und höhere Schulen. Trifft in der Schulbibliothek auf das im Vorjahr erschienene Buch ‹La plante et ses applications ornementales› von Eugène Grasset. Reist im Frühsommer 1897 mit seinen Studienkollegen Dübendorfer, Weber, Buchmann und Bercher nach Paris.

1897-1901 Übersiedlung nach Paris. Anfänglich Kurse an der Ecole Nationale des Arts Décoratifs und Besuch der Académie Colarossi. Seit dem Herbst 1897 Studium bei Eugène Grasset.

1901 Kuraufenthalt im Sanatorium in Wald/ZH.

1902-1915 Aufenthalt in Florenz, intensive Auseinandersetzung mit den Werken der Frührenaissance.

1908-1915 Lehrauftrag für figürliches Zeichnen an der privaten Accademia internazionale des Luzerner Bildhauers Joseph Zbinden in Florenz. Freundschaft mit den Malern Wilhelm Balmer und August Babberger. Hält sich während der Sommermonate jeweils in Stampa auf.

1915 Niederlassung in Zürich und Bezug des Ateliers an der Rämistrasse, nahe dem Bellevue-Platz. Giacometti lernt die Zürcher Kunstsammler Richard Kisling und Alfred Rütschi kennen. – Fortan zahlreiche Aufträge für Fresken und Glasmalereien in öffentlichen Profan- und Sakralbauten in Zürich und Umgebung sowie in Graubünden.

1917 Bekanntschaft mit den Dadaisten Tristan Tzara, Marcel Janco, Sophie Taeuber-Arp, Hugo Ball. Giacometti nimmt zusammen mit Alice Bailly an der 8. Dada-Soirée im Kaufleutensaal teil.

1918-1920 Mitgliedschaft bei der Künstlergruppe ‹Das Neue Leben›.

1921 Italienreise nach Venedig, Mailand, Turin und Neapel; Marseille.

1922 Erneute Italienreise.

1927 Unternimmt mit Mitteln des Mäzens Alfred Rütschi eine Reise über München, Berlin, Sassnitz nach Trelleborg, Oslo, Kopenhagen, Hamburg und Amsterdam.

1928 Reise nach London; tief beeindruckt von der Malerei William Turners und der Präraffaeliten Rosetti und Burne-Jones.

1931 Reise nach Nordafrika (Tunis und Kairuan).

1932 Reise nach Algier, Constantine, Biskra und Touggourt.

1933 Giacometti hält im Studio Fluntern in Zürich den Rundfunkvortrag ‹Die Farbe und Ich›.

1934 Wahl Giacomettis zum Mitglied der Eidgenössischen Kunstkommission.

1939 Ernennung zum Präsidenten der Eidgenössischen Kunstkommission.

1941-1944 Giacometti verfasst seine Lebenserinnerungen: ‹Von Stampa nach Florenz› erschien 1943; ‹Von Florenz bis Zürich› erschien 1948, ein Jahr nach dem Tod des Verfassers.

1942 Herzattacke; Aufenthalt in der Klinik Hirslanden/ZH.

1947 Giacometti erkrankt am 28. Mai schwer und wird in die Klinik Hirslanden eingeliefert. Er stirbt am 9. Juni im Alter von siebzig Jahren.

Literaturverzeichnis

Katalog der Gemälde-Sammlung des Bündnerischen Kunstvereins im Rätischen Museum zu Chur, Chur 1906

Katalog der Gemälde-Sammlung des Bündnerischen Kunstvereins im Rätischen Museum zu Chur, Chur 1913

Schweizerisches Künstler-Lexikon, redigiert von CARL BRUN, 3 Bde., und Suppl., Frauenfeld: Huber, 1905-1917

E. FRÖHLICHER, in: Das Werk, Heft 4, April 1917, S. 55ff.

ERWIN POESCHEL, Augusto Giacometti, in: Pro Helvetia, April, 1921, S. 172-189

ERWIN POESCHEL, Augusto Giacometti, Zürich: Rascher, 1922

ERWIN POESCHEL, Glasgemälde von Augusto Giacometti, in: Das Werk, Jg. XI, Winterthur 1924, S. 183-188

ERWIN POESCHEL, Die Fresken von Augusto Giacometti im Amtshaus I der Stadt Zürich, in: Das Werk, Jg. XIII, Winterthur 1926, S.333-340

ERWIN POESCHEL, Augusto Giacometti (Monographien zur Schweizer

Kunst, dritter Band), Zürich/Leipzig: Orell Füssli, 1928 (mit einem Œuvreverzeichnis für die Jahre 1892-1927)

ERWIN POESCHEL, Die Fenster von Augusto Giacometti in der Kirche St. Johann auf Davos, in: Das Werk, Jg. XV, Winterthur 1928, S. 369-373

W., Augusto Giacometti, in: L'Art en Suisse, Revue mensuelle Illustrée, Genève, Janvier 1928, S. 12-16

ARNOLDO M. ZENDRALLI, Augusto Giacometti nell'occasione del 50° di sua vita (16 agosto 1927), Lugano 1928

Kunsthaus Chur. Katalog der Kant. Kunstsammlung Chur, Chur 1930

MAXIMILIEN GAUTHIER, Augusto Giacometti, Paris 1930, Zürich 1931

P. CHIESA, Augusto Giacometti, in: Voce della Rezia, Nr. 15, Bellinzona 1931

GEORGES CHARENSOL, Augusto Giacometti, Zürich/Paris 1932

WALDEMAR GEORGES, Augusto Giacometti, Paris: Editions des quatre chemins, 1932

AUGUSTO GIACOMETTI, Die Farbe und Ich, Zürich 1934

ARNOLDO M. ZENDRALLI, Augusto Giacometti, Zürich/Leipzig: Orell Füssli Verlag, 1936 (mit einem Œuvreverzeichnis für die Jahre 1927-1935)

EDUARD BRINER, Augusto Giacometti – Bildermappe, Zürich 1935 (und 1950)

ERWIN POESCHEL, Augusto Giacometti zum 60. Geburtstag, in: Neue Zürcher Zeitung, Nr. 1466, 15. August 1937

ADOLF RIBI, Augusto Giacometti: Zum 60. Geburtstag 16. August 1937, in: Rätia. Bündnerische Zeitschrift für Kultur, Jhg. 1, Nr. 3, Februar 1938, S. 122-131

AUGUSTO GIACOMETTI, Von Stampa bis Florenz, Zürich: Rascher, 1943 (italienische Übersetzung, Lugano/Bellinzona 1943)

ARNOLDO M. ZENDRALLI, Il libro di Augusto Giacometti, Bellinzona 1943 (verschiedene Texte und Schriften; mit einem Œuvreverzeichnis für die Jahre 1936-1942)

ERWIN POESCHEL, Eine Selbstbiographie von Augusto Giacometti, in: Rätia. Bündnerische Zeitschrift für Kultur, Jg. 7, 1943/44, S. 55-59

ERWIN POESCHEL, Ansprache anlässlich der Beerdigung Augusto Giacomettis in Stampa, in: Schweizer Kunst, Heft 6, Juli 1947, S. 58-59; in: AUGUSTO GIACOMETTI, Von Florenz bis Zürich. Blätter der Erinnerung, Zürich 1948, S. 137-139

ERWIN POESCHEL, Zum Gedächtnis von Augusto Giacometti †9.Juni 1947, in: Bündnerisches Monatsblatt. Zeitschrift für Bündner. Geschichte, Landes- und Volkskunde, Nr. 11, Chur, November 1947, S. 321-328

AUGUSTO GIACOMETTI, Von Florenz bis Zürich. Blätter der Erinnerung, Zürich: Rascher, 1948

AUGUSTO GIACOMETTI, Da Firenze a Zurigo, Poschiavo 1948 (Versione italiana, con appendice di ARNALDO. M. ZENDRALLI; mit einem Œuvreverzeichnis für die Jahre 1942-1947)

CUNO AMIET, Über Kunst und Künstler, Bern: Bernische Kunstgesellschaft, 1948, S. 81-82; Neue Zürcher Zeitung, Nr. 1158, 15. Juni 1947

ERWIN POESCHEL, Augusto Giacometti: Nomaden, in: Bericht der Gottfried-Keller-Stiftung, Jg. 1948/49, S. 52-53

ULRICH CHRISTOFFEL, Das Legat Augusto Giacometti, in: Schweizer Museen, No. 3, Genf 1949

R. ZALA, Augusto Giacometti in una nuova prospettiva, Poschiavo 1959

ERWIN POESCHEL, Die Entwürfe Augusto Giacomettis für die Mosaike im Hof des Schweizerischen Landesmuseums, in: Zeitschrift für Schweizerische Archäologie und Kunstgeschichte, Bd. 23, 1963/64

Künstler-Lexikon der Schweiz. XX. Jahrhundert, redigiert von EDUARD PLÜSS und HANS CHRISTOPH VON TAVEL, 2 Bde., Frauenfeld: Huber, 1958-1967

Zürich 1914-1918. Bilder, Dokumente, Texte, in: Du, Heft 9, September 1966

ERWIN POESCHEL, Zur Kunst- und Kulturgeschichte Graubündens. Ausgewählte Aufsätze, hrsg. von der Gesellschaft für Schweizerische Kunstgeschichte, dem Schweizerischen Institut für Kunstwissenschaft Zürich und der kantonalen Denkmalpflege Graubünden, Zürich 1967 (darin enthalten: Die Fresken von Augusto Giacometti im Amtshaus I der Stadt Zürich, Glasgemälde von Augusto Giacometti, Die Fenster von Augusto Giacometti in der Kirche St. Johann auf Davos, Augusto Giacometti: Nomaden, Eine Selbstbiographie von Augusto Giacometti, Augusto Giacometti zum 60. Geburtstag, Ansprache bei der Beerdigung von Augusto Giacometti in Stampa)

HANS CHRISTOPH VON TAVEL, Ein Jahrhundert Schweizer Malerei und Plastik. Von Böcklin bis Alberto Giacometti, Bern 1969

Bündner Kunstsammlung. Die ausgestellten Werke, Texte von EMIL

HUNGERBÜHLER und HANS CHRISTOPH VON TAVEL, Kunsthaus Chur, 1970

GEORGE MAUNER, Augusto Giacometti, in Kat. Ausst. Three Swiss Painters, Pennsylvania State University [siehe Einzelausstellungen], 1973/74 Im Bündner Kunstmuseum: Einführung in den abstrakten Expressionismus, in: Bündner Schulblatt, Nr. 4, 1977/78, S. 225

E. SIMONETT-GIOVANOLI, Augusto Giacometti (1877-1947), in: Almanacco del Grigioni Italiano 1978

DOROTHEA CHRIST, Augusto Giacometti: Verkündigung an die Hirten, in: Der schweizerische Beobachter, Nr. 23, Glattbrugg, 15. Dezember 1978 (Farbabb. auf Titelseite)

K. BERGER, Japonismus in der westlichen Malerei: 1860-1920, München 1980, S. 300

LUKAS GLOOR, Ungegenständliche Malerei 1900-1945 in der Schweiz, Begleitbroschüre zur didaktischen Dokumentationsausstellung, hrsg. vom Schweizerischen Institut für Kunstwissenschaft, Zürich 1980

HANS HARTMANN, Augusto Giacometti, Pionier der abstrakten Kunst. Ein Leben für die Farbe, Chur: Bündner Kunstmuseum, 1981

ANDREA MEULI, In Farbabstraktionen umgesetzte Sinneseindrücke (Aus der Sammlung des Bündner Kunstmuseums LXXXIV), in: Bündner Zeitung, Chur, 2. Juni 1983

ERDMANN NEUMEISTER, Die Trias der Giacometti. Gegensätzlichkeiten im Weltverständnis, in: Kunst und Antiquitäten, Zeitschrift für Kunstfreunde, Sammler und Museen, Heft 5, München, 1983

ANDREA MEULI, Bündner Kunst - Themen und Zusammenhänge, GSMBA, Sektion Graubünden/Gasser AG, Chur 1983 (unpaginiert)

HANS A. LÜTHY/ HANS-JÖRG HEUSSER, Kunst in der Schweiz 1890-1980, Zürich/Schwäbisch Hall: Orell Füssli, 1983, S. 23 (Abb.)

TINA GRÜTTER, Augusto Giacometti: Osterei, in: Kunstmuseum Luzern, Sammlungskatalog der Gemälde, hrsg. anlässlich des 50jährigen Jubiläums des Kunstmuseums Luzern im Kunsthaus und der Bernhard Eglin-Stiftung, Luzern 1983, S.150-151.

ROMAN HOLLENSTEIN, Augusto Giacometti, in: Kunstmuseum Olten, Sammlungskatalog, Schweizerisches Institut für Kunstwissenschaft, Kataloge Schweizer Museen und Sammlungen 8, Zürich/Olten 1983, S. 144-146.

BEAT STUTZER, Zur bildenden Kunst in Graubünden, in: Graubünden

Grigioni Grischun, Samedan, 1984, S. 158, Farbabb.

BEAT STUTZER, Anmerkungen zu Augusto Giacomettis abstrakter Malerei, in Kat. Ausst. Augusto Giacometti 1877-1947. Schilderijen, aquarellen, pastels, ontwerpen, Nijmeegs Museum ‹Commanderie van Sint-Jan› [Nijmegen], 1986/87; Augusto Giacometti 1877-1947. Gemälde, Aquarelle, Pastelle, Entwürfe, Clemens-Sels-Museum, Neuss, 1987; Augusto Giacometti 1877-1947. Gemälde, Aquarelle, Pastelle, Entwürfe, Kunstmuseum Luzern, 1987

HANS VAN DER GRINTEN, Augusto Giacomettis späte Bilder, in Kat. Ausst. Augusto Giacometti 1877-1947. Schilderijen, aquarellen, pastels, ontwerpen, Nijmeegs Museum ‹Commanderie van Sint-Jan› [Nijmegen], 1986/87; Augusto Giacometti 1877-1947. Gemälde, Aquarelle, Pastelle, Entwürfe, Clemens-Sels-Museum, Neuss, 1987; Augusto Giacometti 1877-1947. Gemälde, Aquarelle, Pastelle, Entwürfe, Kunstmuseum Luzern, 1987

GISELA GÖTTE, Augusto Giacometti und Eugène Grasset, in Kat. Ausst. Augusto Giacometti 1877-1947. Schilderijen, aquarellen, pastels, ontwerpen, Nijmeegs Museum ‹Commanderie van Sint-Jan› [Nijmegen], 1986/87; Augusto Giacometti 1877-1947. Gemälde, Aquarelle, Pastelle, Entwürfe, Clemens-Sels-Museum, Neuss, 1987; Augusto Giacometti 1877-1947. Gemälde, Aquarelle, Pastelle, Entwürfe, Kunstmuseum Luzern, 1987

BEAT STUTZER, Vorstösse in das Neuland der Ungegenständlichkeit, in: Vaterland, Wochenend-Journal, Nr. 26, 4. Juli 1987

ERNST SCHEIDEGGER, Die Giacomettis im Bergell, in: Du, Nr. 6, 1987

HUGO WAGNER, Aus den Bündner Kunstsammlungen, in: Kunstkalender der Berner Allgemeinen Versicherungs-Gesellschaft, 1987

BEAT STUTZER, Augusto Giacometti, in: Kat. Ausst. Giacometti. Giovanni, Augusto, Alberto, Diego, Centro Cultural / Arte Contemporáneo, Mexico City, 1987, S. 116

JÖRG HUBER ‹Dem lieben Gott Konkurrenz machen›. Augusto Giacometti: ‹Fantasie über eine Kartoffelblüte›, in: Der schweizerische Beobachter, 31. Juli 1987

BEAT FISCHER, Augusto Giacomettis Erstlingswerk für die sakrale Glasmalerei, in: Bündner Jahrbuch 1988, Chur o.J. [1989], S. 19-27

MARKUS BERNAUER, Augusto Giacometti, Bilder, 1937, in: Schweizerischer Bankverein, Dezember 1988

BEAT STUTZER, Augusto Giacometti: Rainbow, in: From Liotard to Le

Corbusier, 200 Years of Swiss Painting, 1730-1930, High Museum of Art, Atlanta, Georgia, ed. by the Swiss Institute for Art Research, Zürich 1988, S. 162-163.

ERDMANN NEUMEISTER, Ein Festsaal farbiger Phantasien. Die Fresken Augusto Giacomettis im Amtshaus I sind restauriert, doch schwer zugänglich, in: Turicum, Vierteljahresschrift für Kultur, Wissenschaft und Wirtschaft, Zürich, Herbst 1989, S.12-18

ANDREA MEULI, Bilder einer Sammlung. 101 Werke aus dem Bündner Kunstmuseum, Chur 1989, S. 88, 160.

BEAT STUTZER, Augusto Giacometti: Selbstbildnis, in: Bündner Kunst-kalender 1990, Chur: Gasser AG, 1989

BEAT STUTZER, Bündner Kunstmuseum Chur. Gemälde und Skulp-turen, Schweizerisches Institut für Kunstwissenschaft, Kataloge Schweizer Museen und Sammlungen 12; Stiftung Bündner Kunstsammlung, Chur 1989 (verschiedene Beiträge zu Augusto Giacometti)

BEAT STUTZER, LUTZ WINDHÖFEL, Augusto Giacometti. Leben und Werk, Verlag Bündner Monatsblatt, Chur 1991

Personenregister

A

Agnelli, Fausto degli 229, 239
Aktuaryus, Galerie 170, 226, 231
Alexandrowsky, Luba 73
Altenburger, Elisabeth 152
Altherr, Alfred 85
Amiet, Cuno 15, 160ff, 170, 236, 240, 252, 260, 266
Angelico, Fra 48ff, 200
Antongini, Tom 246
Arp, Hans 145, 262, 263

B

Babberger, August 73, 78, 84, 92, 225, 236
Bailly, Alice 145, 146, 263
Ball, Hugo 145
Balla, Giacomo 262
Bally, Theodor Armand 149
Balmer, Wilhelm 66, 69, 91, 223
Bänninger, Charles Otto 176, 252
Barraud, Maurice 136, 224, 245
Baud-Bovy, Daniel 160ff, 240
Baumann, Fritz 264
Baumberger, Otto 136, 224
Baur, Albert 74
Bercher, Henri-Edouard 43, 66
Beretta, Emilio Mario 239
Blailé, Alfred-Henri 162, 165
Blanchet, Alexandre 136, 224
Böcklin, Arnold 91, 223
Bodmer, Paul 134

Bovy, Adrien 164
Braque, George 194
Buchli, Werner 66
Buchmann, Wilfried 38, 43, 149
Bühler, Hans Adolf 196

C

Carrà, Carlo 229, 239
Charensol, Georges 160
Cennini, Cennino 92
Chevreuil, Marie-Eugène 195
Chiattone, Giuseppe 239
Chiesa , Francesco 213, 214, 242, 247
Chiesa, Pietro 229, 242
Cleis, Ugo 239
Clément, Charles 136, 224
Clénin, Walter 164
Crane, Walter 40

D

Delacroix, Eugène 196
Dübendorfer, Rudolf 43, 39

E

Escher, Gertrud 152
Escher, Rudolf 66

F

Fierens, Paul 160
Focardi, Ruggero 75

279

Band I der Reihe
Rhätisches Geisteserbe:

Leonhard Ragaz im Profil

Gedanken, Biographisches, Lebenszeugnisse

Leonhard Ragaz, geboren 1868 in Tamins, wirkte als Pfarrer in
Flerden, Urmein und Tschappina, später in Chur und in Basel.
Ab 1908 unterrichtete er als Professor für Theologie an der
Universität Zürich. Nach seinem aufsehenerregenden Rücktritt
im Jahre 1921 leistete er vor allem soziale Bildungsarbeit. Der
Gartenhof in Zürich-Aussersihl wurde zum Zentrum für die
Bewegung des Religiösen Sozialismus. Dort erschien die
Zeitschrift *Neue Wege*, deren Herausgabe 1941 wegen Zensur
eingestellt werden musste. Zahlreiche Stätten für volksnahe
Bildung gehen auf seine Initiative zurück. Zusammen mit seiner
Frau Clara Ragaz–Nadig engagierte er sich für Friedensarbeit
und Völkerverständigung. Leonhard Ragaz starb am 6. Dezember
1945 in Zürich. Das vorliegende Buch will einen Einblick in sein
weitreichendes Schaffen geben. Vor allem aber soll es zeigen, wie
aktuell seine Gedanken heute noch sind.

Preis Sfr. 24.80 ISBN 3-905261-05-7

Zu bestellen in Ihrer Buchhandlung oder direkt bei:

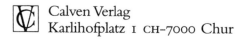

Calven Verlag   Tel. (0041) 081.252.10.81
Karlihofplatz 1 CH-7000 Chur   Fax (0041) 081.252.10.03

Ebenfalls im Calven Verlag erschienen:

Gertrud Bianchi-Bauer,
Amrit Rai-Small:
Vertrauen

Sfr. 34.-- ISBN 3-905261-06-5

Peter Metz:
Geschichte des Kantons Graubünden

Band I
Sfr. 79.50 ISBN 3-905261-01-4

Band II
Sfr. 79.50 ISBN 3-905261-02-2

Band III
Sfr. 79.50 ISBN 3-905261-03-0

Sonderaktion:
Alle drei Bände für Sfr. 150.--

Peter Liver:
Rechtsgeschichtliche Aufsätze

Sfr. 48.-- ISBN 3-905261-11-1

Zu bestellen in Ihrer Buchhandlung oder direkt bei:

Calven Verlag
Karlihofplatz 1 CH-7000 Chur

Tel. (0041) 081.252.10.81
Fax (0041) 081.252.10.03